고장 난 회사들

주가가 알려주지 않는 문제적 조직의 시그널

고장 난 회사들

마틴 린드스트롬 지음 | 박세연 옮김

THE
MINISTRY
OF COMMON
SENSE

어크로스

대기업 같은 거대 조직에서 일한 경험이 있는 사람이라면 누구나 고개를 끄덕이며 이 책의 모든 페이지에 밑줄을 그을 것이다. …마틴 린드스트롬은 기업 내부에서 비상식을 근절하기 위한 계획을 제시한다. 여기엔 배워서는 안 될 우스꽝스러운 사례가 가득하다.
－〈파이낸셜타임스〉

직장에서의 관료주의적 장애물을 없애기 위해 각 개인이 할 수 있는 단계들이 있다. 린드스트롬은 "핵심은 공통으로 느끼는 좌절과 즉각적인 성과에 초점을 맞추고, 권한을 리더뿐 아니라 모든 구성원의 손에 쥐어주는 것"이라고 말한다.
－〈포브스〉

린드스트롬은 회사, 업무 및 삶에 대한 더 넓은 관점을 얻기 위해 한발 뒤로 물러설 것을 제안한다. …그러한 노력이 리더인 당신의 회복을 돕고, 생명이 다하기 직전인 당신 조직의 기업문화를 되살릴 수 있을 것이다.
－〈Inc.〉

조직 내 관료주의에 빠져 있다고 느끼는, 그리고 일터에서 삶의 질을 개선하려는 모든 이들의 필독서.
－아리아나 허핑턴 〈허핑턴포스트〉 창립자

마틴 린드스트롬의 유쾌한 이 책은 얼마나 많은 조직이 고객과 직원을 미치게 만들고 있는지 잘 보여준다. 상식이 예외가 아닌 원칙이 되는 조직을 구축하기 위한 흥미롭고 유용한 방법과 도구로 가득하다.

−로버트 서튼 스탠퍼드 대학 교수, 《또라이 제로 조직》 저자

마틴의 이번 작품은 재미있고 속도감이 있으며, 영감을 주는 동시에 실천 가능한 방법까지 알려준다. 더 나은 상식으로부터 이익을 얻기 위한 모든 방법을 찾자. 강력히 추천한다.

−르네 마보안 인시아드 교수, 《블루오션 전략》 공저자

마틴 린드스트롬의 '상식적인' 접근 방식은 기발하고 유머러스하며, 대단히 실용적이다. 여기서 그는 망가진 시스템을 복원함으로써 직원의 업무 능력을 향상시키고 고객만족도를 높이는 방법을 보여준다.

−에이미 에드먼슨 하버드 비즈니스 스쿨 교수, 《두려움 없는 조직》 저자

린드스트롬은 종종 정책 매뉴얼이 거대해질수록 조직의 상식이 작아진다는 것을 증명한다. 더 중요한 것은, 모든 수준의 리더들에게 그 놀라운 추세를 어떻게 되돌릴 수 있는지 보여준다는 점이다.

−데이비드 버커스 전 오럴 로버츠 대학 경영학 교수, 《경영의 이동》 저자

재치와 유머가 넘치는 이 책에서, 린드스트롬은 기술, 규칙 및 규정에 대한 맹목적인 수용과 공감 능력 부족이 우리와 조직 전체의 판단력을 떨어뜨려 직원 경험, 문화, 고객만족도를 해칠 수 있다고 주장한다. 고객 충성도와 재정적 성공으로 직진하는 법을 찾고 있다면, 이 책을 읽어보라.

─리즈 와이즈먼 리더십 전문가, 《멀티플레이어》 저자

진지한 주제에 대한 유머러스한 접근. 조직은 관료주의 때문에 스스로 허물어진다. 조직 내 상식을 회복하기 위한 쉽고 실용적이며 흥미진진한 방법들이 담겨 있다.

─휘트니 존슨 《A팀을 구축하라》 저자

넘쳐나는 파워포인트와 끝없는 회의는 일터의 발목을 잡는 관료주의 기업의 무수한 관행 중 일부에 불과하다. 그 결과 사기 저하, 생산성 낭비, 잘못된 의사결정이 나타난다. 고맙게도 마틴 린드스트롬은 성공을 방해하는 조직에 상식을 회복할 수 있는 구체적인 솔루션을 제공한다.

─카민 갤로 커뮤니케이션 전문가, 《어떻게 말할 것인가》 저자

내게 소중한 아이디어를 선사한 가일 어셀,
그리고 그 아이디어를 과감하게 실행에 옮긴 빌 윈터스에게

문제적 조직의 탄생

마셜 골드스미스

비즈니스 강사이자 코치, 혹은 저자로서 나는 일을 더 잘하고 싶은 사람들과 항상 함께한다. 그리고 때로는 자신이 지금 어디에 서 있는지 모르는 경영자에게 자문을 해준다. 내가 생각하는 청사진은 내적인 것이기도 하고(나는 어디로 가고 있는가) 외적인 것이기도 하다(내가 조직 내에서 어떤 역할을 하는가). 일반적으로 이 두 가지가 합쳐져서 청사진을 완성한다. 나와 함께하는 사람들은 지금 성공을 가져다준 기술이 다음 단계로 나아가게 해줄 기술과 항상 일치하지는 않는다는 사실을 종종 깨닫곤 한다.

　그런데 왜 조직은 이러한 깨달음을 얻지 못하는 걸까? 많은 기업이 자신들이 하는 일을 오랫동안 잘해오고 있다. 그래서 그들은 더 이상 스스로에게 질문을 던지지 않는다. 또한 기업의 장점과 약점에 대해 환상을 갖고 있다. 다시 말해 장점은 중요하게 여기고 약점은 과소평가하는 경향이 있다(일반적으로 외부인은 그 사실을 쉽게 알아채지만 내부인은 그렇지 않다). 많은 기업이 잘 깨닫지 못하는 진실은 기존의 다양한 관행과 규칙, 정책, 문화 때문에 성공한 것이 아니라 그러한 장애물에도 불구하고 성공했다는 것이다.

마틴 린드스트롬은 선구적인 브랜딩 전문가로 오랫동안 일했다. 싱커스50Thinkers50은 린드스트롬을 세계 최고 비즈니스 리더 50인으로 3년 연속 선정했다. 그는 지금도 놀라운 여러 혁신을 이끌고 있다. 그가 보여준 혁신 사례는 그것이 모두 한 사람의 머리에서 나왔다는 사실을 믿기 힘들 정도이다. 그리고 최근에는 글로벌 비즈니스와 기업문화를 내부에서 외부로 전환하는 과제에 집중하고 있다. 그는 세계 어디를 가든 항상 같은 문제와 맞닥뜨린다. 바로 상식의 결핍이다.

우리는 우리가 바라보는 자신의 모습, 그리고 외부 세상이 바라보는 자신의 모습의 괴리로 인해 많은 어려움을 겪는다. 여기서 결론을 미리 말하자면, 우리 자신보다 외부 세상의 시각이 일반적으로 옳다는 것이다. 예전에 나는 '모조Mojo(내 책의 제목이기도 한)'를 "내부에서 외부로 퍼져나가는, 자신이 지금 하고 있는 일에 대한 긍정적인 마음가짐"이라고 정의한 바 있다. 모조는 구성원의 행복감과 참여도를 높여준다. 반대로 모조의 어두운 쌍둥이인 '노조Nojo'는 "내부에서 외부로 퍼져나가는, 자신이 지금 하고 있는 일에 대한 부정적인 마음가짐"을 말한다. 노조의 범주 안에서 우리는 상식의 결핍을 발견하게 된다.

　마틴은 흥미로우면서도 많은 정보를 담고 있는 이 책에서 여러 조직에서 상식이 없어져버린 다양한 사례를 소개한다. 이들 이야기 속에서 우리는 낡은 규칙이나 끝없이 이어지는 회의, 형편없는 고객 서비스, 법률 및 감사와 관련된 문제를 만나게 된다. 하지만 비즈니스와 조직문화 개선 전문가인 마틴은 결과와 원인을 따로 떼어놓지 않는다. 그는 조직 내부로 깊숙이 침투해서 조직에서 발생하는 비효율성과 비현실성, 그리고 만연한 부조리의 뿌리를 파헤친다. 또한 그는 기업의 내부 문제가 고객이 겪는 어려움과 밀접한 관계가 있음을 보여준다. 사용법을 도무지 알 수 없는 TV 리모컨과 복잡하고 어지러운 기업 웹사이트는 경영진과 직원들이 지나치게 내부에 집중한 나머지 알아차리지 못하는 조직 내 병목 현상과 밀접한 관련이 있다. 특히 마틴은 상식이 사라진 곳에서는 공감도 찾아볼 수 없다고 역설한다.

　내 경험상 직원이 스스로 일을 찾아서 할 때, 우리는 그를 열정적인 사람이라고 부른다. 반면에 해야만 하는 일을 할 때, 우리는 그들을 수동적인 사람이라 부른다. 대부분의 기업은 안 좋은 의사결정이나 행동으로부터 명예를 지킬 수 있는 제한적인 시스템을 갖추고 있다. 바로 회피다. 그들은 자신이 하고 있는 일에만 집중하고 자신의 업무가 아니면 관심을 보이지 않는다. 마틴은 이 책에서 기업들 대부분이 하지 않는 일, 그리고 해야만 하는 일에 대해 말한다. 그리고 규모와 형태를 떠나 모든 조직에 상식과 공감을 불어넣을 구체적인 해결 방안을 제시한다.

나는 360도 피드백을 통해 업무 효율성을 높이고 비즈니스 관계를 개선할 수 있다고 믿어왔다. 그리고 마틴은 이 책에서 자신만의 360도 피드백 버전을 제시하고 있다. 독자들은 놀라움과 흥미, 그리고 안도감을 느끼게 될 것이다. 그것은 비단 당신만의 이야기가 아니다! 우리는 결국 B2B나 B2C와 같은 개념이 큰 의미가 없다는 사실을 발견하게 될 것이다. 그리고 모든 것이 H2H, 다시 말해 인간 대 인간으로 수렴된다는 사실을 깨닫게 될 것이다. 이것이야말로 이 책이 말하고자 하는 바다.

마셜 골드스미스
싱커스50, 〈패스트컴퍼니〉, 글로벌구루스가 인정한 세계적인 경영 코치. 저서로는 베스트셀러인 《일 잘하는 당신이 성공을 못하는 20가지 비밀》, 《트리거》, 《모조》가 있다.

차례

상식이란 세상을 있는 그대로 바라보고
당연한 방식으로 행동하는 것을 말한다.

조시 빌링스

들어가며

괜찮다고 생각할 때가 가장 안 괜찮다

◆ 일하고 있는데 컴퓨터가 갑자기 다운되어버린 적이 있는가? 좋은 소식은 컴퓨터 회사 웹사이트에서 고객지원을 받을 수 있다는 것이다. 하지만 나쁜 소식은 컴퓨터가 다운되는 바람에 인터넷에 접속할 방법이 없다는 사실이다.

◆ 참조(cc)로 이메일을 받고 있다면, 당신이 논의 과정의 일부라는 사실을 의미한다. 사람들은 그 논의에서 당신을 배제하지 않을 것이다. 그리고 메일에 쓴 문제와 해결책에 당신이 많은 관심이 있을 것이라 기대한다. 하지만 그런 메일이 158통이나 올 때, 당신은 아마도 그런 이메일을 받지 않을 수만 있다면 기꺼이 비용을 들이려 할 것이다.

◆ 출장계획서를 부서장에게 제출했지만 부서장이 갑작스레 휴가를 쓰는 바람에 승인을 받지 못했다. 안타깝게도 회사의 IT 시스템

은 24시간이 지나면 제출한 출장계획서가 무효화된다. 즉, 출장계획서를 다시 작성해야 한다.

◆ 당신은 지금 NFL 신인 수비수로, 역사상 최악의 전염병 사태 속에서 첫 번째 시즌을 맞이하고 있다. 하지만 이런 시국에도 경기장에서는 사회적 거리두기가 불가능하다. 프로 미식축구 경기는 거칠고, 욕설이 오가고, 서로 몸을 부대끼고, 땀방울이 튀는 격한 경기다. 하지만 걱정하지 않아도 된다. 협회 측도 그 사실을 잘 알고 있다. NFL은 공문을 통해 경기 후 선수 및 코치들끼리의 만남은 물론, 선수 간 유니폼을 교환하는 오랜 전통도 금하고 있다.[1]

오늘날 우리는 상식을 완전히 벗어난 상황을 종종 마주한다. 나역시 마찬가지다. 글로벌 컨설턴트로 일하는 나는 기업의 의뢰를받아 브랜드를 만들거나 개선하는 작업을 한다. 하지만 실제로 열에 아홉은 변화의 주도자로서 조직의 맹점과 잘못된 의사소통, 형편없는 고객 서비스, 제대로 기능하지 않는 제품, 짜증 나는 포장 방식, 오프라인 및 온라인에서 전반적으로 드러나는 문제점들을 발견하고 해결하는 역할을 맡는다. 그 과정에서 나는 상식의 결핍이라고 부를 만한 현상이 미국은 물론 전 세계의 기업들 사이에 전염병처럼 퍼져 있다는 사실을 깨닫게 되었다.

2년 전 어느 날 공항에서(실제로 나는 많은 시간을 공항에서 보낸다) 헤드폰을 하나 샀다. 검은색의 그 헤드폰은 외부 소음을 잘 차단하고, 블루투스 기능도 탑재된 고급 모델로 디자인도 날렵해 썼을 때 텔레토비처럼 보일 위험도 없었다. 나는 영수증을 챙기고 탑승 게이트로 향했다.

그때만 해도 내가 몰랐던 것은 헤드폰을 꺼내는 데 무려 45분의 시간이 걸린다는 사실이었다. 헤드폰은 상자 안에 핀으로 단단히 고정되어 있었고, 딱딱하고 투명한 플라스틱 커버가 제품을 덮고 있었다. 케이블은 또 다른 직사각형 플라스틱 상자 안에 들어 있었다. 그런데 헤드폰을 감싸고 있는 플라스틱 포장을 아무리 구부리고 찌그러뜨려도 뜯을 수가 없었다.

상자를 세게 비틀어보기도 했지만 손만 아팠다. 이로 물어뜯기까지 했지만 이만 아플 뿐이었다. 결국 피냐타(사탕과 과자를 넣은 종이 상자나 인형으로, 멕시코에서는 눈을 가리고 막대로 피냐타를 내리쳐 깨뜨리는 놀이를 한다-옮긴이)처럼 상자를 들고 의자 한쪽에다 내리치기 시작했다.

점점 짜증이 났다. 비행기 출발 시간도 얼마 남지 않았다. 나는 플라스틱 포장을 뚫을 만한 열쇠나 손톱깎이 같은 물건이 있는지 가방을 뒤졌다. 그러나 없었다. 결국 탑승 게이트의 직원에게 도움을 청했다. "혹시 가위 있나요?" 아쉽게도 없었다. "아니면 칼이라도?" 직원은 내가 탑승 게이트에서 그런 물건을 찾지 않기를 바라는 눈치였다.

다급해진 나는 헤드폰을 산 매장으로 달려가 직원에게 도움을 청했다. "헤드폰을 꺼낼 수가 없어요." 그러자 직원은 그런 일이 익숙한 듯 서랍에서 문구용 칼을 꺼내더니 1분 동안 플라스틱 포장을 말 그대로 썰어버렸다. 마침내 헤드폰과 케이블이 빠져 나왔다. 직원이 나에게 물었다. "상자 필요하신가요?" 나는 말했다. "아뇨. 꼴도 보기 싫어요."

이 이야기는 '상식'의 정반대편에 있는 사례다. 그 헤드폰은 무려 400달러짜리였다. 당연하게도 톱과 같은 절단 장비가 내게 있을 리 없었다. 공항에서 헤드폰을 구매하는 행위는 비행기 안에서 음악을 듣거나, 혹은 불쾌한 소음으로부터 벗어나기 위한 것이라는 사실을 의미한다. 그런데 공항에서 그런 포장을 대체 어떻게 뜯으란 말인가?

만약 상식의 결핍이 보편적인 문제라거나 혹은 대부분의 글로벌 기업이 합리성과 실용성, 편의성을 외면하고 있다는 사실을 입증하기 위해 내가 이 사례를 고르고 골라 이 책에 실은 것이라고 생각한다면, 장담하건대 그건 당신의 희망사항에 불과하다.

바보야, 문제는 조명이 아니야

일반적으로 내게 컨설팅을 의뢰하는 기업은 브랜드의 핵심 목표를 새롭게 세우거나 소비자 만족도를 끌어올리고자 한다. 그들은 내게 새로운 로고를 만들어달라거나, 웹사이트 디자인을 바꿔달라거나, 혹은 향수나 맥주, 손목시계, 매장의 브랜드를 만들어달라고 요청한다. 그러나 많은 경우 그 기업의 '실질적인' 문제(사기 저하, 생산성 하락, 소비자 불만, 혁신의 부재)는 태어난 지 2주 된 골든리트리버도 바보 같다고 느낄 만큼 시스템과 절차에서 상식을 외면했다는 사실에 있다. 그들은 처음부터 상식이 존재하지 않았거나, 혹은 그들도 모르는 사이에 상식이 사라져버렸다는 사실을 알지 못한다. 만연한 상식의 결핍은 기업의 '실질적인' 비즈니스(말하자면 경쟁자보다 더 나은 서비스를 제공하고 소비자의 요구에 기민하게 반응하는 일)를 가로막는다. 오늘날 기업은 조직 내부의 복잡한 문제로 인해, 그리고 눈에 보이지 않는 다양한 관료주의의 폐해로 인해 방향 감각을 잃고 그 대가를 치르고 있다. 이는 우리가 생각하는 것보다 훨씬 더 중대한 문제다(어쩌면 당신은 이미 그렇게 느끼고 있을지 모른다).

코로나19가 터지기 전이었던 2년 전에 나는 스위스국제항공Swiss International Air Lines의 의뢰로 이코노미 좌석에 대한 이미지 개선 작업을 맡게 되었다. 이는 아주 실질적인 문제였다. 내가 경영진을 만났을 때, 그들은 외관 몇 가지를 개선하고 싶어 했다. 예를 들어 기내 스크린에 뜨는 환영 메시지를 수정하거나, 실내등을 좀 더 부드럽게 바꾸거나, 혹은 새로운 기내식을 개발하는 등의 아이디어를 냈다. 그러나 나는 그러한 아이디어를 고민하기에 앞서, 왜 고객만족도가 떨어지고 있는지, 그리고 왜 정시 도착률이 업계 18위에 그

오늘날 기업은 조직 내부의
복잡한 문제로 인해,
그리고 눈에 보이지 않는
다양한 관료주의의 폐해로
인해 방향 감각을 잃고
그 대가를 치르고 있다.

치는지에 대한 '실질적인' 이유를 알고 싶다고 했다. 이를 위해 나는 몇 달 동안 승무원들과 함께 승객들을 직접 찾아가 비행기를 탄다는 것이 어떤 것인지 들어봤다. 또한 지상 근무자와 조종사, 승무원을 한데 모아놓고 각자의 동료가 실제로 무슨 일을 하는지에 대해 이야기를 나누도록 했다. 나는 사람들이 비행기를 타는 경험을 묘사하면서 계속 한 단어를 떠올린다는 사실을 발견했다. 그것은 다름 아닌 '불안'이었다.

하늘 높이 떠 있다는 것은 사실 불안도 아니었다. 그것은 아마도 다양한 불안 중 가장 소박한 불안일 것이다. 공항 내 낯선 이들과 보안검색대 직원들, 함께 타는 승객, 승무원과 가까이 있어야 하는 불안감이 있다. 혹시 테러리스트나 코로나19 감염자가 있는 건 아닐까(혹은 둘 다) 하는 불안과 또 공항에 시간 맞춰 도착해야 한다는 불안감도 있다. 그리고 발권 대기줄에서 자신의 캐리어가 부피나 중량 초과는 아닐까 걱정한다. 이제 회색 수납통이 줄지어 놓여 있는 보안검색대로 간다. 보안요원들은 노트북을 꺼내놓으라고 백 번이나 상기시킨다(당신은 이미 노트북을 손에 들고 있다). 소지품을 모두 내놓고, 허리띠를 풀고, 신발을 벗으라고 말한다. 그리고 누군가 손을 머리 위로 올리라고 외친다. 그렇게 하면 허리띠가 느슨해지면서 바지가 슬금슬금 내려간다. 또 다른 보안요원은 셔츠 주머니 속에 숨은 틱택(민트 향이 나는 이탈리아의 캔디 브랜드 – 옮긴이) 한 알을 꺼내라고 호통을 친다.

그렇게 간신히 보안검사를 통과했다. 하지만 끝난 게 아니다. 어떤 구역, 혹은 어떤 범주의 승객이 먼저 비행기에 탑승할 것인가에 대한 불안이 남아 있다(쥬빌리골드, 사파이어실버, 스털링플래티넘, 데킬라선라이즈 등). 당신이 7구역에 있다면, 그건 시신, 세 마리의 성난 저먼 셰퍼드, 수면제 먹은 페르시안 고양이 등의 화물과 동시에 탑승하게 된다는 것을 의미한다. 항공사 직원이 항공권을 스캔하고 나면 항공기 문을 통과한 당신은 또 다른 긴 줄과 맞닥뜨리게 된다. 비즈니스 클래스 구역을 지날 때면 이런 불안이 든다. '이 사람들은 대체 어떻게 이런 자리에 앉아 있는 걸까? 나보다 잘난 게 없는 것 같은데 말이야. 내가 뭘 잘못하고 있는 걸까?' 또한 수많은 팔과 팔꿈치, 그리고 마스크를 턱까지 내린 채 통로에 버티고 있는 사람을 비집고 짐 가방을 얹을 공간을 찾을 때에도 불안이 엄습한다. 다음으로 옆자리 승객에 대한 불안, 이륙할 때 느끼는 불안, 난기류를 만나거나 산에 충돌할지 모른다는 불안, 그리고 〈데일리 메일〉에서 '항공기 안에서 벌어진 충격적인 순간'이라는 헤드라인 기사에 등장하는 정신 나간 사람이 이 안에도 있을지 모른다는 불안 등등.

불안은 비행기가 목적지에 도착하고 나서도 계속된다. 눈이 내리면 어떡하지? 덥지는 않을까? 우버나 택시를 잡으려면 얼마나 걸릴까? 출퇴근 시간인가? 짐이 분실되었으면 어쩌나? 내 캐리어가 맨 마지막에 나오는 건 아닐까? 불안은 멈추지 않는다.

이렇듯 승객 대부분에게 스크린의 환영 메시지나 실내등, 기내식보다 더 중요한 것은 걱정과 통제 불능, 폐소공포증, 두려움 등 우리가 느끼는 '불안' 요소들이다.

이 불안들은 비행기를 타봤다면 누구나 느꼈을 것이다. 모두가 알 수 있는 일 아닐까? 그로부터 몇 달 후 스위스국제항공은 새로운 부서를 신설했다. 이 부서의 목표는 승객들이 느끼는 불안을 최소화하고 조직 내부에서 상식의 결핍이 드러나는 곳을 찾아내는 것이었다. 이후 스위스국제항공은 기존의 문제를 다른 방식으로 처리하기 시작했다.

이제 스위스국제항공을 이용해 취리히에서 JFK 공항으로 갈 때, 착륙 45분 전에 기내 방송이 나온다. 여기서 조종사는 게이트 번호는 물론, 입국 심사가 얼마나 걸리는지, 현지 날씨는 어떤지, 수하물 찾는 곳까지 얼마나 걸리는지, 그리고 택시나 차량 서비스를 이용해 도심까지 들어가는 데 얼마나 걸리는지 자세하게 말해준다. 물론 스위스국제항공은 이러한 사항들을 알려야 할 의무가 없으며 이를 통제할 능력도 없다. 그래도 승객들은 항공사가 자신의 일정과 감정, 불안에 세심하게 신경을 쓰고 있다고 느끼면서 비행기에서 내리게 된다.

스위스국제항공이 그동안 주목하지 않았던 상식 관련 문제는 또 있었다. 일반적으로 승객들이 비행기에서 내릴 때, 주황색 재킷을 입은 청소원들이 기내에 들어오기 위해 대기하고 있다. 그들은 기내에 들어오자마자 좌석의 팔걸이를 올리고 진공청소기를 돌린 후에 부지런히 닦고 문지른다. 그리고 캔과 포장지, 잡지, 신문 등 승객이 버리고 간 모든 것을 주워 담는다. 다음으로 팔걸이를 다시 원래 위치로 내려놓는다. 그런데 왜 내려놓는 걸까? 나의 한 동료는 팔걸이가 세워져 있을 때와 내려져 있을 때 중간 자리나 창가 쪽 자리로 가서 앉기까지 얼마나 시간이 걸리는지 실제로 재봤다. 결과는 2~3초 차이가 났다. 동료는 계산을 해봤다. 항공기 안에는 총 220~240개의 좌석이 있다. 청소원들은 모든 팔걸이를 올렸다 내린다. 그 과정에서 팔걸이를 다시 내리는 데 상당한 시간이 소요되었다. 그렇다면 그냥 팔걸이를 올려둔 채로 승객이 더 쉽게 안쪽 자리로 들어가도록 하는 것이 어떨까?

그로부터 1년이 채 지나지 않아서 스위스국제항공은 고객의 마음속에서 정확한 시간과 배려, 공감과 동의어가 되었다. 매출은 올랐고 충성 고객의 비중도 늘었다. 예전에 서로 의사소통이 없던 부서들도 이제는 긴밀하게 협조하고 있다. 최근 비즈니스 및 기술 웹사이트인 '비즈니스인사이더Business Insider'는 스위스국제항공을 유럽 내 2위 항공사로 선정했다.[2]

우리 회사는 잘 돌아간다는 착각

전 세계 인구의 절반 가까이가 기업이나 관공서, 학교, 병원, 은행, 보험회사, 연구소, 언론사, 제약 회사 등 다양한 형태의 조직에서 일하고 있다. 내가 이들에게 조직 내부에 상식과 관련된 문제가 얼마나 있는지 물어보면, 대부분 어리둥절한 표정을 짓는다. 그러고는 몇몇 문제가 있기는 하지만 그리 심각한 수준은 아니라고 답한다. 또한 그들의 조직이 지극히 상식적으로 '운영'되고 있다고 덧붙인다. '문제없이 잘 돌아가고 있습니다. 예전보다 훨씬 좋은 IT 시스템을 새롭게 도입했거든요. (이미 조금은 낡기는 했지만) 우리 조직은 점점 더 발전하고 있습니다. 일반적인 수준 이상이죠. 제 말을 못 믿으시겠다면 얼마 전 발표한 분기 보고서를 확인해보세요. 그러면 월스트리트가 우리 기업의 성과에 얼마나 만족하고 있는지 알게 될 겁니다.'

그러나 내 경험상 대규모 조직 내에는 상식과 관련된 문제가 엄청나게 많다. 나는 다양한 사례에서 어마어마하게 많은 상식 문제를 발견했다. 실제로 직원들과 이야기를 나눠보면, 가령 IT 부서는 다른 부서의 요구를 귀담아듣지 않고 그 어떤 문제가 발생해도 좀처럼 연락이 닿지 않는 괴짜들의 집단이라는 이야기를 듣게 될 것이다. 그리고 기업의 제품과 서비스에 대해 온라인에서 고객들이 무슨 말을 하는지 한번 들여다보라고 말할 것이다. 또한 비즈니스가 엉망인데 대체 누가 분기 보고서나 월스트리트의 평가에 관심을 갖겠느냐며 반문할 것이다.

그러나 이러한 경우는 결코 예외가 아니다. 앞서 언급한 사례처럼, 내가 이 책에서 소개하는 다양한 사례는 사실이라고 믿기 힘든 것들이 많다. 물론 익명성 보장을 위해 기업과 개인의 이름을 가명으로 처리한 경우도 있지만, 다음은 모두 실제 사례이다.

◆ 코로나19 사태가 심각해지면서 이탈리아 정부는 전파 가능성을 낮추기 위해 밀라노 지역의 레스토랑을 대상으로 화장실 사용 칸 수를 제한하는 법안을 통과시켰다. 이에 따라 그 지역 레스토랑은 모두 화장실 내에 하나의 칸만 남기고 나머지 칸은 자물쇠를 채워야 했다. 그런데 화장실을 사용하려는 레스토랑 손님은? 그렇다. 유일한 화장실 칸을 사용하기 위해 사람이 가득 차 있는 좁은 복도에서 줄을 서야만 했다. 그 비슷한 무렵에 나는 취리히에서 프랑크푸르트로 가는 비행기를 탔다. 스위스 당국은 코로나19 확산을 막기 위해 180명 승객 전원에게 출발 도시와 목적지를 자세히 기입하도록 했다. 게다가 나중에 잔기침을 하거나 근

> 내가 이들에게 조직 내부에 상식과 관련된 문제가 얼마나 있는지 물어보면, 대부분 그리 심각한 수준은 아니라고 답한다. 그러나 내 경험상 대규모 조직 내에는 상식과 관련된 문제가 엄청나게 많다.

육통이나 열이 있는 경우, 옆자리 승객 이름까지 적도록 했다. 그런데 문제는 비행기 안에 펜이 두 개밖에 없었다는 사실이었다. 그 펜은 20분 동안 좌석과 복도를 가로지르며 승객에서 승객으로, 그리고 세균 가득한 손에서 손으로 이동했다. 그 항공사는 비행기에서 내리는 과정에도 꼼꼼히 신경 썼다. 승객들은 한 열씩 차례로 일어나 마스크를 쓰고 소지품을 챙겨서 내렸다. 누구나 사용할 수 있는 손 세정제도 비치되어 있었다. 그리고 모두가 2미터 간격을 두고 이동했다. 하지만 터미널로 가는 셔틀버스를 기다리면서 승객들은 소 떼처럼 모여 있었다. 말할 필요도 없이 버스는 너무 비좁아서 팔꿈치끼리, 그리고 마스크끼리 닿기 일쑤였다.

◆ 한 기업이 업무를 단순화하기 위한 새로운 아이디어를 냈다. 그것은 최대한 많은 약어(줄임말)를 사용하는 것이었다. 가령 이런 식이다. '드류, 아직 GLC가 안 들어왔나요? SSNR 승인이 났나요? RDF 호환이 되나요?' 그런데 이후 약어 종류는 직원들이 따라잡기 힘들 정도로 크게 늘어났다. 이 문제를 해결하기 위해 기업은 '내부 약어사전Internal Acronym Dictionary'(줄여서 IAD)까지 발간했다. 지겹고 재미없는 이 사전이 나온 이후로, 직원들은 'consumer packaged goods(CPG가 아니라)'와 같은 표현을 쓸 때마다 약어사전을 찾아보라는 핀잔을 듣는다. 자신이 하고자 하는 말에 약어가 가능한 표현이 있는지 먼저 숙고하는 작업은 이제 기업 규칙corporate law, 아니 CL이 되었다.

◆ 홈데포에 장비와 부품을 납품하는 한 업체는 회의 중에, 매장에서 직원들 사이에 너무 많은 욕설이 오가고 있다는 지적을 들었다. 한 직원은 그게 업계 전반의 분위기이며, 고객들도 욕을 많이 하지 않느냐며 항변했다. 그러자 인사팀은 전체 직원에게 이런 메시지를 보냈다. "지금부터 욕은 직원과 고객 사이에서만 할 수 있습니다."

◆ 코로나19에 따른 이동 제한이 시작되고 불과 몇 주 만에 화장지는 맨해튼에서 주차 공간만큼이나 발견하기 힘들게 되었다. 전 세계 소셜미디어에는 텅텅 비어버린 대형 마트의 화장지 매대 사진과 영상이 거의 매일 올라왔고, 이는 더 많은 사재기를 부추겼다. 아마존 주문조차 몇 달을 기다려야 했다. 다행히 화장지를 구하는 데는 성공했지만 일자리를 잃은 이들에게, 실업급여를 받는 일은 새 일자리를 구하는 것보다 더 힘든 것으로 드러났다. 미국 전역에 걸쳐 실업급여는 대단히 늦게 지급되거나, 때로는 아예 지급되지 않았다. 진행 상황을 확인하기 위해 전화를 건 사람들은 담당 직원이 왜 자신이 신청한 실업급여가 보류 중인지, 혹은 왜 전체적으로 지급이 되지 않고 있는지 설명해주기를 기대하겠지만, ARS 음성만 몇 시간 동안 흘러나오다가 갑자기 끊어지는 경우가 허다했다.

마스크를 쓰든 안 쓰든, 대면 회의든 화상회의든, 혹은 유행병이 한창이든 지나간 이후든 간에, 우리는 모든 상황에서 상식의 결핍을 목격하게 될 것이다. 지금까지 소개한 사례는 당신이 일상적으로 맞닥뜨리게 되는 혼란과 부조리, 골치 아픈 문제와 억지스러운 경우가 당신이 일하는 곳에만 국한된 문제가 아님을 보여준다. 지금도 전 세계 곳곳에서 이런 말도 안 되는 일들이 버젓이 벌어지고 있다.

지금부터는 다양한 비즈니스 환경에서 벌어지는 믿기 힘든 상식의 결핍 사례와 이러한 문제를 해결하기까지의 로드맵을 보여주고자 한다. 나는 이 로드맵을 전 세계 어디에서나 적용할 수 있다고 믿는다. 사실 그건 '상식'에 불과한 일이다.

1장

상식을 사치로 여기는 사람들

이제 아마도 상식의 결핍이 규모와 분야를 떠나 전 세계 모든 조직에 널리 뿌리 내리고 있으며, 상황은 다소 암울하기까지 하다는 사실을 이해했을 것이다. 그런데 상식은 어디로 사라진 걸까? 상식의 결핍은 얼마나 심각한 수준일까? 사례를 살펴보자. 미국 도로교통안전국은 항공기 내에서 칼을 소지하는 것을 금지한다(하지만 도로교통안전국 홈페이지에 따르면, 뿔이나 인조 해골, 제빵기는 괜찮다고 한다).[1] 이탈리아 정부는 무기로 사용될 수 있다는 이유로 둥근 형태의 얼음을 금지하는 방안을 통과시켰다(그러나 네모난 얼음은 괜찮다). 내가 방문한 아시아 국가의 어느 화장실에는 이런 문구가 적혀 있었다. '변기 위에 올라서지 마시오.' 이러한 일상적인 상식의 결핍은 시간과 에너지를 쓰게 하고 짜증을 유발할 뿐 아니라 많은 비용까지 들게 한다. 한 컨설팅 기업의 조사에 따르면, 비즈니스 세계에서는 오래전에 만들어지고 난 뒤 수정되지 않은 규제와 절차로 인해 매년 150억 달러에 달하는 비용이 낭비되고 있다고 한다(그러한 규제와 절차를 유지하기 위해 내부적으로 들어가는 940억 달러의 비용은 여기에 포함되지 않았다).

이러한 이유로 나는 기업에서 컨설팅 의뢰를 받을 때 가장 먼저 소위 '상식팀'을 구축하는 방안을 모색한다. 상식팀은 경영자와 관리자가 인식조차 못 하는 부조리와 장애물을 없애는 데 집중한다. 상식팀은 결코 형식적이거나 임시적인 조직이 아니다. 실질적인 조직으로서 일관성 없는 시스템, 그리고 생산성과 사기를 떨어뜨리고 자원을 낭비하게 하는 여러 절차와 규칙을 없애 조직을 보호하는 일차적인 방어선이 되어준다.

오늘날 나는 세계를 돌아다니면서 조직문화를 거꾸로 뒤집는 일을 하고 있다. 그러나 그건 결코 쉬운 일이 아니다. 나는 20년 동안 글로벌 브랜딩 전문가이자 컨설턴트로 일했다. 하지만 돌이켜보건대 마이크로소프트, 펩시, 버거킹, 레고, 구글 등의 의뢰를 받아 추진했던 프로젝트 대부분 표면적인 처방에 머무르고 말았다. 나는 그 일을 무척 사랑했지만, 생각해보건대 그것은 치고 빠지기에 불과했다. 나는 이들 기업에 아이디어만 제시하고, 그것을 받아들이거나 거부하는 것은 그들의 몫으로 떠넘기고서 다음 프로젝트로 넘어갔다. 아무리 긍정적으로 평가를 하더라도 내 아이디어가 성공할 가능성은 50퍼센트 수준이었다. 어쨌든 그것은 내 문제가 아니라

기업의 문제였던 것이다. 2005년에 진행했던 맥도날드 해피밀 프로
젝트가 그랬다.

"흥미롭네요! 다만…"

맥도날드 해피밀은 아이들을 위한 메뉴다. 햄버거와 치즈버거, 치
킨너겟 중에서 하나를 고르면 조그마한 감자튀김과 음료, 그리고
TV 프로그램이나 영화에 등장하는 캐릭터 장난감을 준다. 몸에 좋
고 영양이 풍부하다고 말할 수는 없지만, 그래도 아이들에게 먹이
기 적당하고 가격도 저렴하다. 하지만 당시 전 세계적인 유행은 가
공식품이 아닌 친환경·건강 식품에 주목하고 있었다. 미국뿐 아니
라 유럽과 아시아까지 언론은 패스트푸드를 소아 비만의 원인으로
지목하고 있었다. 특히 영화감독 모건 스펄록 Morgan Spurlock 은 다큐
멘터리 작품 〈슈퍼 사이즈 미〉를 통해 한 달 동안 직접 맥도날드 음
식만 먹으면서 신체적·정신적 건강에 어떤 문제가 생겼는지 생생
하게 보여줬다. 이러한 사회 분위기 속에서 해피밀 프로젝트를 시
작하면서 나는 한 가지 가정을 세웠다. 그것은 아이들의 상상력을
자극하면서 동시에 몸에도 좋은 건강한 상품을 개발하자는 것이었
다. 그리고 그 아이디어의 이름을 판타지밀 Fantasy Meal 이라고 지었다.
판타지밀의 목표는 아이들이 채소를 먹게 만드는 것이었다.

판타지밀은 실제로 아이들에게 좋은 음식이었다. 한 가지 메뉴에서 나는 햄버거 빵을 발톱으로 쥐고 있는 작은 용과 오이와 당근 조각으로 계단을 만들었다. 또 다른 메뉴에서는 토마토와 당근으로 우주왕복선 모양을 만들었다. 나는 그 아이디어가 꽤 마음에 들었다. 아이들을 위해 친환경적이고 영양이 풍부한 메뉴를 개발함으로써 맥도날드는 문화적 흐름과 사회적 관심에 부응하는 기업으로 신뢰를 받을 것으로 기대했다. 아이들은 채소를 재미있게 먹고 부모들은 흡족해할 것이다. 모두가 이기는 게임이었다.

맥도날드의 반응도 꽤 좋았다. '흥미롭군요!'라는 담당자의 말을 나는 긍정적으로 받아들였다. 그러나 내가 몰랐던 것은 비즈니스맨이 그저 흥미롭다고 말할 때, 그건 지붕에서 뛰어내리는 편이 낫다는 것을 뜻한다는 사실이었다. 그렇다. 비즈니스 상황에서 흥미롭다는 말은 때로 1) 아이디어가 맘에 들지 않거나 2) 아이디어가 맘에 들지는 않지만 다른 동료에게 그것이 좋은 아이디어라고 설득할 수 있거나, 아니면 3) 아이디어는 마음에 들지만 상사를 설득할 방법이 없다는 것을 의미한다.

이후 몇 달 동안 내 판타지밀 아이디어는 맥도날드 글로벌 사무실을 이리저리 떠돌아다녔다. 그 과정에서 맥도날드 사람들은 내게 피드백을 주거나 갖가지 개선안을 제시했다. 그리고 언제나 이렇게 덧붙였다. '그래도 우리는 당신의 아이디어가 대단히 흥미롭다고 생각합니다.' 그리고 거의 1년이 지나 판타지밀 아이디어는 내게 되돌아왔다.

어릴 적 시장에서 엄마를 잃어버린 경험이 있는가? 멀리서 엄마의 뒷모습을 발견하고는 "엄마!"를 외치며 달려갔을 것이다. 그런데 자신을 돌아본 그 여자는 엄마가 아니라 다른 여자였다. 판타지밀 아이디어가 내게 돌아왔을 때, 내 기분이 바로 그랬다. 용과 오이로 만든 계단, 토마토와 당근으로 만든 우주왕복선 모두 사라지고 없었다. 대신에 조그마한 사과 하나만 달랑 남았다!

맥도날드 내부에서는 아마도 판타지밀을 상품화하는 데 얼마나 많은 비용이 들 것인지를 놓고 논의가 있었을 것이다. 새로운 공장을 짓고, 과일과 채소를 공급하기 위해 직원을 고용하는 것은 물론, 매장마다 새로운 장비를 설치해야 하는 문제에 대해서 논의했을 것이다. 맥도날드 측은 내게 많은 설명을 했지만, 기억나는 것은 그들의 대답이 '노'였다는 사실뿐이었다.

맥도날드는 지금도 매년 수십억 개의 햄버거를 팔고 있다. 이처럼 성공적인 상황에서 왜 굳이 무모한 도전을 한단 말인가? 내 판타지밀은 그저 흥미로운 아이디어에 불과했다.

내가 주변에 물어보면 물어볼수록 기발한 아이디어가 타협과 희석으로 색이 바래는(야심차게 시작하지만 결국 별 볼 일 없이 끝나고 마는) 것은 하나의 실질적인 '현상'인 것으로 드러났다. 이와 더불어 비즈니스 방식도 점차 부정적인 형태로 바뀌어갔다. 점점 더 많은 기업이 반복적인 노동을 자동화하기 위해 첨단 기술 시스템에 투자

하고 있다. 이러한 기술 시스템은 시간과 자원을 어떻게 사용해야 하는지 인간에게 지시를 내린다. 예를 들어 많은 기업이 비즈니스 활동을 객관적으로 평가하기 위해 KPI^{Key Performance Indicator}(핵심성과 지표. 전체 목표를 기준으로 개별 성과를 평가하기 위해 사용하는 지표)를 도입하고 있다. 하지만 이 시스템은 오히려 부서 간 협력을 저해하는 부정적인 영향을 미쳤다. 그에 따라 고객만족도와 직원들의 사기도 떨어졌다. 이러한 현상은 오늘날 전 세계적으로 나타나고 있다. 그리고 지금까지 점진적으로 성장했던 내 경력의 궤도도 중대한 변화를 맞이하게 되었다.

내 생각에, 문제의 핵심은 시스템이 아니라 '조직'과 '문화'에 관한 것이다. 기업이란 본질적으로 공동의 목표를 중심으로 긴밀하게 연결된 조직이다. 하지만 내가 살펴보는 곳곳에서 그러한 연결이 위태로울 정도로 느슨해지고 있었다. 그리고 이러한 상황 속에서 가장 먼저 허물어진 것은 다름 아닌 상식이었다.

이 기업에서 저 기업으로 돌아다니는 동안, 나는 조직 내 상식을 회복하기 위한 5단계 프로그램을 완성해나갔다. 이 프로그램에는 시간이 걸린다. 상식은 절대 하룻밤 새에 회복되지 않는다. 일반적으로 사람들이 조직 안으로 들어갈 때 어떤 변화가 일어난다. 그들은 자신이 인간이라는 사실을 망각한다. 그래서 외부인이 보기에 전혀 말이 되지 않는 규칙과 절차, 그리고 공식적·비공식적 행동 규범에 집착하기 시작한다. 그들은 은행에서 당좌예금이 동결되었다는 전화를 받았을 때, 혹은 고객지원 부서로 전화를 걸었지만 계속해서 전화가 다른 부서로 돌아가면서 "이 통화는 교육 목적으로 녹음되고 있습니다"라는 메시지만 반복해서 흘러나올 때 느꼈던 고통을 잊어버린다. 그럴 때, 외부인이 개입해서 조직 내 구성원이 보지 못하는 것들을 바로잡아야 한다.

좋은 소식은 조직 내 상식을 회복할 때, 구성원들은 인간적인 눈으로 세상을 바라보고, 이를 통해 기업 브랜드를 새롭게 구축해나간다는 사실이다.

조직 갈등이 탄생시킨 괴물 리모컨

온라인으로 신발을 주문했다고 해보자. 그런데 사이즈를 잘못 골랐다. 반송용 우편 라벨을 찾지 못해(애초에 없었던 듯하다) 우체국으로 가서 17달러를 내고 보낸다. 그런데 2주일이 지나도 업체로부터 아무런 답변이 없다. 환불이나 교환을 위해 전화를 걸려고 웹사이트를 뒤졌지만 아무리 찾아도 전화번호가 없다. 그 기업이 가장 싫어하는 것이 소비자의 전화이기 때문이다. 겨우겨우 알아내 전화를 하니 이 부서에서 저 부서로 세 번이나 전화를 돌린다. 당신은 전화기를 틀어막고서 소리를 지른다. 그리고 그 회사에서 나온 신발은 다시는 사지 않겠노라고 결심한다. 혹은 신발 교환이 이렇게 번거로운 일이라면 아예 신발을 신지 않겠다고 다짐한다.

그 신발 회사에 다니는 직원이 이러한 일을 겪었다고 해보자. 그가 그런 경험을 하고도 친구나 가족에게 자신의 회사에서 판매하는 신발을 추천하겠는가? 아마도 그러지 않을 것이다(기업의 직원이 1만 명이고, 모든 직원에게 적어도 스무 명의 지인이 있다고 해보자. 직원 추천만으로 성과를 개선하기에 충분할 것이다). 포드 CEO를 지낸 앨런 멀러리Alan Mulally는 회사에 들어온 지 2주일 만에 직원용 주차장에 세워져 있는 차량 대부분이 포드가 아니라는 사실을 발견하고는 기업이 제대로 굴러가지 않고 있다고 생각했다는 이야기를 내게 들려줬다.

기업의 효율성과 생산성, 직원의 사기와 만족감은 결국 조직이 얼마나 상식이 통하는가에 달렸다. 상식의 결핍은 TV 리모컨과 같은 뜻밖의 물건에서도 중대한 영향을 미친다.

몇 년 전 나는 콘퍼런스 참석차 마이애미의 한 호텔에 묵은 적이 있다. 뉴스를 보려고 TV 리모컨을 집어 들었는데 그 생김새가 대단히 복잡했다. 우주선도 조종할 수 있을 것 같았다. 그 안에는 무지하게 작은 숫자와 수많은 버튼이 박혀 있었고, 숫자 키패드는 세 부분으로 나뉘어 있었다. 그런데 전원 버튼은 어디 있지? ON이라고 적힌 붉은색 버튼인가? 잠깐, 왜 ON 버튼이 두 개지? 두 개를 동시에 누르면 ON 버튼이 하나밖에 없는 리모컨으로는 절대 볼 수 없는 놀라운 채널이 펼쳐지는 것일까? 그리고 '공급' 버튼은 뭐지? 'a-bc-d'는 뭘 의미하는 걸까? 화살표 버튼은 무슨 기능일까? 그렇게 몇 분 동안 마구잡이로 버튼을 눌러대고 나서야 마침내 TV가 켜졌다. 나는 몇 분 동안 뉴스를 보고는 TV를 껐다. 아니, 끄려고 노력했다. 리모컨에는 OFF 버튼이 두 개 있었다. 첫 번째 버튼을 누르자 방 안 조명

포드 CEO를 지낸 앨런 멀러리는 회사에 들어온 지 2주일 만에 직원용 주차장에 세워져 있는 차량 대부분이 포드가 아니라는 사실을 발견하고는 기업이 정상적인 상태가 아니라고 생각했다는 이야기를 내게 들려줬다.

이 분위기 있게 어두워졌다. 두 번째 OFF 버튼을 누르자 에어컨이 꺼졌다. TV는 그대로였다. 결국 나는 탁자 위로 올라가 엉덩이를 하늘로 쳐들고는 콘센트에서 플러그를 뽑았다. 그러자 TV와 함께 냉장고와 램프가 꺼졌다.

몇 달 후 뉴욕으로 가는 비행기에 올랐는데 옆자리 승객이 자신을 소개했다. 놀랍게도 그는 바로 그 TV 리모컨을 만든 회사의 엔지니어였다. 그는 말했다. "우리 회사 이름은 들어보지 못하셨을 겁니다." 나는 대답했다. "내기할까요?"

나는 노트북을 켜고는 리모컨을 주제로 작성한 파워포인트 슬라이드를 보여줬다. 그리고 그에게 물었다. "회사에 대체 무슨 일이 있었던 거죠?" 그러자 그는 다소 굳은 표정으로 조직 내부에 갈등이 있었다고 말했다. 여러 사업부가 리모컨의 형태를 놓고 경쟁을 벌였고 합의를 이루지 못했다. 결국 그 기업은 리모컨을 각각의 사

업부를 기준으로 여러 구역으로 나눌 수밖에 없었다. 첫 번째 구역은 TV 사업부의 영역이었다. 두 번째는 케이블 사업부, 그리고 세번째 구역은 TiVo 사업부에 할당되었다. 다음으로 네 번째는 위성 방송 사업부에, 마지막으로 다섯 번째는 빅밴드 시대나 힙합 뮤직 프로그램, 혹은 겨울에 장작이 타는 영상을 내보내는 것을 담당하는 사업부에 주어졌다. 그 엔지니어는 그들이 한 일에 대해, 그리고 얼마나 공정하게 상황을 해결했는지에 대해 떳떳한 표정이었다. 덕분에 내부의 알력 다툼은 해소되었다. 모든 사업부는 리모컨 영토에서 공정한 지분을 확보했다. 나는 말했다. "덕분에 나는 TV를 켜는 데 애를 먹었고요!" 그래도 그는 내가 왜 그러는지 모르겠다는 표정으로 바라봤다.

상식을 잃어버린 비즈니스

이렇게 복잡한 리모컨으로부터 우리는 조직 내 상식의 결핍을 유추해볼 수 있다. 그것은 어렵지 않다. 옆자리 엔지니어가 설명했듯이, 수많은 화살표와 키, 버튼, 숫자, 문자 등을 담은 TV 리모컨은 열악한 내부 의사소통과 조직 간 권력 다툼을 고스란히 드러낸다. 교각의 미세한 균열이 심각한 문제의 조짐을 나타내는 것처럼, 상식과 거리가 먼 리모컨은 그것을 생산한 기업 내부의 핵심 문제를 드러낸다. 기업의 여섯 부서가 리모컨 영토를 놓고 경쟁을 벌이는 동안, 어느 누구도 거시적인 관점으로, 다시 말해 소비자의 눈으로 리모컨을 바라보지 못했다.

이들 사업부는 아마도 서로 의사소통을 하지 않았을 것이다. 그래서 소비자가 말도 안 되는 정신분열적인 플라스틱 괴물 장비를 사용함으로써 혼란과 짜증, 분노를 느끼게 만들었다. 그 이유는 상식의 결핍으로 인해 조직과 직원, 소비자 관계가 단절되었기 때문이다. 여기서 최악은 무엇일까? 그것은 소비자가 스스로를 자책하게 된다는 것이다. 사람들은 리모컨 사용법을 이해하지 못하는 것이 자신의 잘못인 양 느낀다.

이는 우리 주변의 다양한 물건들이 조직 내부의 중요한 상식 문제를 드러내는 한 가지 사례에 불과하다. 나는 이 책을 통해 이와 같은 많은 사례를 소개하고자 한다. 예를 들어 내비게이션 앱인 웨이즈 Waze 는 고속도로가 막히니 국도로 우회하라고 안내한다. 하지만 수백 명의 웨이즈 사용자가 안내에 따라 국도로 몰려들면서 10킬로미터에 달하는 꽉 막힌 정체 구간에 갇히고 만다. 그리고 항공사는 창문 덮개를 올리라고(항공기 안전 규제에 따라?) 혹은 내리라고(기내 분위기를 위해?) 한다. 공항의 보안검색대는

> 여기서 최악은 무엇일까?
> 그것은 소비자가 스스로를
> 자책하게 된다는 것이다.
> 사람들은 리모컨 사용법을
> 이해하지 못하는 것이
> 자신의 잘못인 양 느낀다.

수화물 안에 들어 있는 병의 크기를 1온스로 제한한다. 하지만 1온스짜리 병을 여러 개 합치면 우리가 알고 있는 위험천만한 폭발물을 만들 수 있다는 사실은 무시한다. 게다가 미국 국토안보부는 온라인 양식을 통해 이렇게 묻는다. "당신은 테러리스트입니까?" 그리고 그 옆에는 "그렇습니다!"라는 체크 박스가 있다. 그리고 어떤 신용카드 단말기는 카드를 그어야 하고, 다른 단말기는 삽입해야 한다. 그리고 어떤 단말기는 서명을 요구하고, 다른 것은 요구하지 않는다. 혹은 사람들은 공연장에서 긴 줄을 서지 않도록 온라인으로 티켓을 구매한다. 하지만 그렇게 주문한 티켓을 받을 유일한 방법은…… 매표소에서 긴 줄을 서는 것이다. 또한 내가 아는 어느 기업은 직원들이 병가를 내고 쉬려면 최소한 24시간 전에 미리 신청하도록 규정하고 있다(생리적으로 그게 가능한 일인지 모르겠다).

이러한 사례는 끝없이 이어진다. 나는 앞으로 이러한 사례를 계속해서 소개할 것이다. 우리는 소비자로 마주하게 되는 수많은 부조리와 불편함 속에서 고장 난 기업 생태계, 다시 말해 갖가지 이유로 중요한 상식적인 원칙을 잃어버린 비즈니스 생태계를 발견하게 된다.

2장

공감이 뭔가요 먹는 건가요

한 기업은 회의 일정을 효과적으로 조율하기 위해 온라인 캘린더 시스템을 도입했다. 이 시스템을 활용하면 다른 직원이 언제 시간이 비어 있는지 쉽게 확인할 수 있다. 하지만 시스템 덕분에 사람들이 더욱 적극적으로 회의를 잡기 시작하면서 많은 직원의 일정이 회의로 가득 차버리는 부작용이 발생했다. 그래서 직원들은 별 연관없는 회의 요청을 받아들이지 않기 위해 캘린더 시스템에 거짓으로 회의 일정을 만들기 시작했다. 그리고 '진짜' 일정은 종이 캘린더에 따로 기록했다.

직원들이 다른 동료와 회의를 잡기 위해 일일이 전화로 물어봐야 한다면 적지 않은 예산을 들여 온라인 캘린더 시스템을 설치한 이유는 무엇인가?

점심때가 지난 오후 시간에 손님이 하나도 없는 한가한 레스토랑에 가본 적이 있는가? 아마도 좌석마다 테이블 매트와 그릇, 냅킨, 물잔이 준비되어 있는 텅 빈 홀에서 멋진 사진을 찍을 거라 기대할 것이다. 이제 당신은 레스토랑 지배인에게 두 사람이 식사를 할 것이라고 말한다. 그러자 지배인은 이렇게 대답한다. "자리를 확인하는 동안 잠시만 기다려주세요."

지배인은 컴퓨터 화면을 들여다보며 키보드로 입력을 한다. 탁탁탁. 하지만 아무리 둘러봐도 테이블은 모두 비어 있다. 아무도 없다. 그런데 이 사람은 지금 뭐 하고 있는 걸까? 그냥 이렇게 말하면 되지 않을까? "편한 자리에 앉으세요!" 그런데 그는 모니터를 노려보며 연신 키보드를 두들기고 있다. 논문을 마무리하고 있나? 시나리오를 쓰는 건가? 그러다가 고개를 들더니 홀을 둘러본다. 마치 당신은 보지 못하는 광경을 보고 있는 듯하다. 즐겁게 웃으며 떠들고 있는 말쑥하게 차려입은 손님들? 마침내 상황 파악이 된 듯 이렇게 말한다. "따라오세요." 그러고는 메뉴판 두 개를 들고서 텅 빈 홀을 가로질러 구석 자리로 안내한다. 바로 옆에는 화장실이 있다. 뭐, 어쨌든 화장실 가기는 편한 자리다. 지배인은 말한다. "즐거운 시간 보내세요."

당신은 대답한다. "네, 감사합니다."

고장 난 회사들

기업이 갖춰야 할 태도

뭔가가 눈앞에 있을 때보다 없을 때 그 존재를 발견하기가 더 힘들다. 상식이 그렇다. 논의를 계속 이어나가기 전에, 상식에 대한 정의를 내려보도록 하자. 사실 그건 쉽지 않다. 일반적으로 상식은 우리 마음속에 무의식적으로 존재하기 때문이다. 우리가 일상적으로 내리는 선택 역시 마찬가지다. 가령 길을 건너거나 자기 전에 전등을 끄는 것처럼 일상적인 행동을 할 때 우리는 왜 그런 선택을 내렸는지 곰곰이 생각해보지 않는다.

상식은 경험과 관찰, 지능과 직관에 의해 형성되고 다듬어진 본능이다. 상식은 수 세기에 걸쳐 인류의 경험, 다시 말해 행동 패턴을 관찰하고, 생명에 대한 위협을 피하고, 두려움의 대상을 멀리하고, 안전과 균형, 행복을 지키기 위해 노력했던 오랜 과정을 통해 진화했다. 상식은 또한 옳음과 그름, 효율성과 비효율성, 유용과 무용, 가치와 무가치, 질서와 혼란, 청결과 더러움, 건조함과 습함, 안전과 위험, 성숙함과 유치함, 이익과 손해, 신중함과 경박함을 구분하는 모든 능력의 '합계'를 뜻한다. 상식은 실용적이며 합리적이다. 그리고 상호적이고 역동적이다. 또한 분명하거나, 분명한 것으로 기대된다. 상식이 통할 때 행복과 생산성, 그리고 삶의 질이 높아진다. 반면 상식이 허물어질 때 우리는 머리를 쥐어뜯고 싶어진다.

일반적으로 상식의 학습은 가정과 학교에서 이뤄진다. 상식에 대한 교육은 어릴 적 시작되어 점진적이고 지속적으로 이뤄진다. 부모와 교사는 이렇게 말한다. '채소를 먹어라, 동생을 때려서는 안 된다, 양말을 신어라, 속옷을 갈아입어라, 양치해라, 비 올 땐 우산을 가지고 나가라.' 또한 우리는 친구와 형제, TV 프로그램과 영화, 책, 그리고 급우와의 경험을 통해 더 많은 상식을 접하게 된다. 이러한 상식, 그리고 상식 안에 포함된 암묵적인 내용은 아주 빠른 속도로 우리의 무의식 속에 자리 잡는다.

예를 들어 상식에 해당하는 행동을 생각해보자. 깨끗하게 씻기(아니면 아무도 근처에 오지 않을 테니까), 제때 식사하기(아니면 배가 고플 테니까), 디저트는 맨 마지막에 먹기(왜냐하면…… 그렇게 먹도록 나온 것이니까), 모르는 사람의 개를 만지지 않기(물릴 수 있으니까), 저축하기(돈을 다 써버리지 않도록), 운동하기(건강을 위해), 탄산음료 대신 물 마시기(살도 찌고 충치도 생기니까), 여덟 시간 잠자기(다음 날을 위해), 외출 전 히터 끄기(화재로 집을 홀랑 태워 먹지 않으려면) 등이 있겠다. 도전과 실패는 상식을 쌓는 데 중요한 역할을 한다. 가령 자동차 엔진오일을 갈거나, 강아지를 산책시키거나, 결혼기념일에 꽃을 사는 것이 그렇다. 흔히들 말하는 노하우도 마찬가지다. 가령 틴더Tinder(데이팅 앱 – 옮긴이)를 통해 누군가를 처음 만날 때 반드시 열린 장소에서 만나기(범죄의 위험이 있으니까), 운전 중 문자 보내지 않기(가로수를 들이받을 위험이 있으니까), 휴대전화 암호로 1234를 쓰지 않기(누군가 당신의 정보를 훔쳐 갈 것이므로), 소셜미디어에 자녀 사진을 올리지 않기(뭔가 좋지 않은 일이 일어날 수 있으므로) 등이 그렇다.

우리는 살아가는 동안 수많은 상식을 접하게 된다. 그런데 왜 조직 안에서는 상식을 찾아보기가 그토록 힘들단 말인가?

소설가 해리엇 비처 스토Harriet Beecher Stowe는 상식을 이렇게 정의했다. "있는 그대로 바라보고 기대되는 대로 행동하기."[1] 그렇다면 상식적인 기업은 고객과 직원이 스스로 대우받길 원하는 대로 그들을 대해야 하지 않을까? 합리적이고, 신뢰 있고, 현실적이고, 실용적인 제품과 서비스를 개발함으로써 상식이 중심을 지키도록 해야 하지 않을까? 나는 그렇게 생각한다. 아닌가?

고장 난 조직을 만드는 여섯 가지 요인

한 유명 글로벌 투자 기업(이름을 들으면 누구나 알 만한)은 10단계 '직급'으로 조직을 관리한다. 직급 1은 직접 고객을 응대하는 사람들이다. 그리고 계속 올라가면 직급 10에 CEO가 있다. 고객의 납부 요청을 처리하기 위해서는 직급 4의 승인이 필요하다. 물론 이를 위해서는 먼저 직급 1~3의 승인을 받아야 한다(그 기업은 승인은 한 단계씩 밟고 올라가도록 규정하고 있다).

그러나 각 단계마다 시간이 걸리기 때문에 열에 아홉은 납부가 제때 이뤄지지 못한다. 그럴 경우 페널티가 발생하게 된다. 그리고 그 페널티를 처리하기 위해서는 또다시 직급 4의 승인이 필요하다. 이 모든 절차는 지연을 줄이고 페널티를 최소화하기 위함이다. 그러나 이로 인해 오히려 더 많은 지연과 페널티가 발생하고 있다.

내가 보기에 비즈니스 세계에서 나타나는 상식의 붕괴 뒤에는 몇 가지 요인이 있다. 나중에 하나씩 자세히 살펴보겠지만, 여기서는 우선 간략하게 다뤄보도록 하자.

(부정적인) 고객경험

여기서 말하는 고객경험customer experience 이란 온라인이든 오프라인이든, 아니면 유선상이든 간에 기업이 소비자에게 제품이나 서비스를 제공하는 모든 접점을 뜻한다. 기업의 모든 직원은 좋은 고객경험을 줄 수 있다. 성공적인 조직과 브랜드는 언제나 고객의 입장에서 생각하고 행동한다.

그러나 이러한 일이 얼마나 드문지 알게 된다면 깜짝 놀랄 것이다(앞서 소개한 TV 리모컨과 헤드폰 사례를 떠올려보자). 기업 대부분 고객이 아니라 월스트리트와 주주에게만 신경을 쓴다. 그게 전부다. 그들은 제품과 서비스를 실제로 구매하고 사용하는 소비자에게 관심을 기울이지 않는다. 그리고 고객 중심의 기업이 가치를 창조할 뿐 아니라 지속적으로 성장할 수 있다는 사실을 무시한다. 이처럼 기업의 우선순위가 뒤바뀔 때 상식은 사라지고 만다.

사내 정치

당신은 아마도 에고와 수직 체계, 권력, 돈, 사람이 관련된 모든 곳에는 조직 내 정치가 있다는 주장에 동의할 것이다. 나는 다음과 같은 상황에서 정치가 문제가 된다고 생각한다. 1) 기업이 너무 다양한 직급으로 이뤄져 있을 때, 2) 직원들의 자리가 서로 멀찍이 떨어져 있을 때, 3) 상사가 생각과 주장을 습관적으로 바꿀 때, 4) 파벌이 조직문화를 지배할 때, 5) 내부 의사소통이 제대로 이뤄지지 않을 때, 6) 구성원들이 다른 사람의 일에 관심이 없고 오로지 자기 영역을 지키는 일에 집착할 때. 이러한 상황에서 상식은 종종 첫 번째 희생양이 된다.

기술

기술에 대해 불평하는 것은 의미가 없다. 하지만 그렇다고 해서 기술에 아무런 책임이 없다는 뜻은 아니다. 오늘날 기술은 우리 삶의 곳곳에 스며들어 있다. 아직 기술의 침입을 받지 않은 영역도 몇 년 후, 혹은 몇십 년 후 틀림없이 그렇게 될 것이다. 대부분의 경우 사람들은 기술이 창조한 새로운 가치와 편리함을 열정적으로 받아들인다. 아니면 기술의 위력이 압도적이어서 더 이상 우리의 생각은 중요한 것이 아니며, 우리의 의지와 상관없이 기술은 계속해서 발전해나갈 것이라고 체념하게 된 것인지도 모른다.

나는 기술에 반대하지 않는다. 하지만 기술은 때로 그 어떤 요인보다 강력한 상식의 적이다. 어떤 경우 기술은 공감을 파괴하고, 인간의 존재를 위협하고, 어른을 아이로 만들고, 혁신을 막는다. 그리고 무엇보다 우리(인류)가 쌓아온 상식의 가치를 의심하게 만든다. 2016년 미국 노동통계청 발표에 따르면, 미국인들이 그 어느 때보다 열심히 일하고 있음에도 불구하고 생산성은 2006년 이후로 계속해서 떨어지는 추세다.[2] 객관적으로 입증할 수는 없지만, 나는 기술에 부분적인 책임이 있다고 생각한다.

회의와 파워포인트

기업이 그들의 방식을 철저하게 고수한다면 아침부터 밤늦게까지 회의만 하다가 끝날 것이다. 아침 회의, 오전 회의, 점심 회의, 오후 회의, 저녁 회의, 야간 회의. 회의 대부분은 계획된 일정보다 늦게 시작해서 늦게 끝난다. 그리고 이렇다 할 결과물을 내놓지 못한다. 회의 중에 직원들은 상사에게 강한 인상을 심어주고 동료에게 자신이 얼마나 똑똑하고 열정적인지 보여주기 위해 노력한다. 아니면 다음 회의나 다음 다음 회의를, 혹은 자신이 맡은 파워포인트 프레젠테이션 준비를 하고 있을 것이다.

'저한테도 파워포인트 자료 좀 보내주세요.' 이 말보다 더 소름 돋는 말이 있을까? 누군가에게 그런 요청을 받을 때, 당신은 아마도 나처럼 그들은 이미 당신의 아이디어에 별 관심이 없다는 사실을 눈치챘을 것이다. 실제로 자료를 보내주더라도 그는 아마 그 파일을 열어보지도 않을 것이다. 대부분의 경우, 파워포인트는 시간과 생산성 낭비를 의미한다. 사람들은 이를 그저 관행으로 받아들인다.

넘쳐나는 규칙과 정책

우리는 어릴 적부터 이런 메시지를 접한다. '수영 금지, 잔디밭 출입 금지. 놀이 금지, 발빠짐 주의, 탑승객은 여권을 보여줄 것.' 그리고 나중에 성인이 되어 조직에 들어가면, 이러한 규칙과 정책은 배로 늘어난다. '저녁 8시 이후로 직원 전용 승강기를 이용할 것. 전 직원은 TG7 인증을 받을 것. 76Z 서류를 제출할 것. 당신의 요청은 거절되었습니다.' 온라인의 경우는 더욱 심각하다. '계좌 비밀번호를 3회 잘못 입력하면 접근이 금지됩니다. 이 페이지에 대한 접근 요청이 거부되었습니다. 비밀번호는 최소 여섯 자리 이상이어야 하며 대문자 하나와 숫자 두 개, 특수문자를 조합해야 하며……'

대부분의 기업은 수많은 규칙과 정책이 흘러넘친다. 공식적인 것도 있고 그렇지 않은 것도 있다. 그리고 대부분 문서의 형태로 존재한다. 그러나 누구도 그것을 거시적인 관점에서 검토하지는 않는다(그 양이 어마어마하므로). 마치 소프트웨어 업데이트나 다운로드를 하고 나면 등장하는 약관을 아무도 읽어보지 않는 것처럼 말이다. 우리는 아무 생각 없이 동의 버튼을 누른다. 그게 자신의 목숨을 양도하는 것이 아니길 기원하면서. 심각한 사실은 이러한 규칙과 정책이 조직문화의 일부로 자리 잡게 된다는 것이다. 누구도 이러한 규칙 모두를 제대로 알지 못하며, 이러한 사실은 구성원들에게 위압감을 준다. 직원들은 연필깎이를 사용하거나 립글로스를 바르는 것이 회사의 정책에 반하는 일은 아닌지, 혹은 경영진의 승인을 받지 않은 것은 아닌지 걱정한다. 경영진은 언제나 새로운 정책을 승인하지 않기 때문인가?

규칙에 대한 집착

오직 당신이 속한 조직만이 그토록 소심하게 규칙에 집착하는 걸까? 당연히 그렇지 않다. 사실상 모든 조직이 규칙에 집착한다. 조직에서 일하는 사람들 중 옷 입는 것에서 고객과 대화를 나누는 방식에 이르기까지, 규칙이나 매뉴얼로부터 자유로운 사람이 있을까?

그러나 내면의 목소리를 무시하고 규칙과 지시를 따르라는 말을 계속해서 들을 때, 사람들은 주체로서의 자아와 인간성을 잃어버리고 만다. 그 결과는 규칙의 승리와 상식의 패배다.

네슬레 프리미엄 이유식이 실패한 까닭

미국의 한 대도시는 이런 아이디어를 내놨다. "모든 시민이 어디서

나 와이파이에 접속할 수 있다면?" 만약 이 아이디어가 실현된다면 많은 기업을 그 도시로 유치할 수 있을 것이었다. 이에 시 당국은 곧바로 가로수와 전봇대를 활용하여 약 14미터 높이에 수백 개의 라우터(네트워크 연결 장치) 장비를 도시 전역에 설치했다. 이는 대략 3층 높이에 해당한다. 그러나 안타깝게도 시 공무원들은 라우터 장비가 위쪽이 아니라 아래쪽으로 신호를 보낸다는 사실을 몰랐거나, 혹은 깜박하고 말았다. 그 결과, 지상에서 3층까지에 위치한 모든 사무실과 가정은 수정처럼 맑은 와이파이 신호를 누리게 되었다. 그러나 4층 위로는 와이파이 안테나가 하나도 뜨지 않았다.

상식에 대한 논의를 더 진행하기에 앞서 한 가지 짚고 넘어갈 것이 있다. 지금까지 나는 상식을 합리적이고, 실용적이고, 현실적인 것으로 설명했다. 상식이란 우리가 훌륭한 의사결정을 내리게 도와주는 것이다. 우리는 직장이나 가정에서 합리적이고 신중하게 살아가려고 노력한다. 그리고 이를 위해 무엇을 하고 어떻게 대응해야 할지 직관적으로, 자동적으로 안다. 그러한 능력은 공부나 지식을 통해서가 아니라 인간으로서 기본적인 경험에서 나온다. 우리는 주변 상황이나 사실 관계를 파악해서 합리적인 선택을 내린다고 생각한다. 그러나 우리는 이미 정답을 알고 있다!

상식은 바로 이러한 모든 것에 관한 이야기다. 하지만 오늘날 세상에서 상식은 점점 찾아보기 어렵게 되었다. 그 이유는 생각만큼 간단하지 않다. 내 경험에 비춰볼 때, 기업에서(그리고 삶에서) 나타나는 상식의 결핍은 '공감'의 상실과 연결 고리를 갖고 있다.

이상한 말처럼 들린다면 앞서 언급한 공감 원칙, 즉 부모님과 선생님이 우리에게 가르쳐준 원칙(비가 올 때 우산을 가지고 나가라, 양치해라, 공손하게 부탁하고 감사하다고 말해라, 버스나 지하철에서 임산부나 노인에게 자리를 양보해라)을 떠올려보자. 다른 사람의 입장에서 그들의 감정을 느껴보는 것이야말로 공감의 핵심이다.

우리는 우산 없이 비를 맞으면 어떤지, 횡단보도에서 자동차가 아슬아슬하게 스쳐지나갈 때 어떤 느낌이 드는지, 현관문을 잠그거나 히터를 끄는 것을 잊어버리면 어떻게 되는지, 혹은 무례하게 부탁하거나 감사하다고 말하지 않을 때 어떤 상황이 벌어지는지 잘 알고 있다. 그리고 우리는 다른 사람들, 특히 아이들이 그런 실수를 저지르지 않기를 바란다. 상식은 합리성만큼이나 관심과 연대감, 감정적 동일시와 관련이 있다. 다시 말해 상식은 공감에 관한 이야기다.

나는 기업과 함께 일할 때 공감에 대해 많은 이야기를 하지 않는다. 기업은 일반적으로 공감을 감성적인 특성으로 치부한다. 공감은 비즈니스와 전혀 어울리지 않는 것처럼 보인다. 그래서 나는 상식 문제에 대해서 이야기할 때마다 할리우드 감독의 말을 종종 인용하곤 한다.

앨프리드 히치콕은 자신의 영화뿐만 아니라 각본을 쓰는 특별한

방식으로도 유명하다. 그는 각본을
쓰거나 연출을 할 때 언제나 두 가
지 각본을 작성한다. 그것은 파란
색 각본과 녹색 각본이라는 것이다.
파란색 각본은 대사와 지시, 카메
라 앵글, 카메라 숏, 무대 연출을 포

> 내 경험에 비춰볼 때,
> 기업에서(그리고 삶에서)
> 나타나는 상식의 결핍은
> '공감'의 상실과
> 연결 고리를 갖고 있다.

함하는 일반적인 각본과 비슷하다. 제임스 스튜어트가 이 시점에서
창밖으로 이웃이 칼을 닦는 장면을 보는가? 이는 파란색 각본이다.
새들이 공격할 때 티피 헤드런은 어디에 서 있는가? 역시 파란색 각
본이다. 반면 녹색 각본은 분 단위로, 혹은 초 단위로 히치콕이 원하
는 관객의 감정에 초점을 맞춘다. 걱정과 불안, 공포, 충격, 안도.

비즈니스 세계에서 파란색 각본이 원인을 설명한다면(예를 들어
비효율적인 운영), 녹색 각본은 그 원인이 미치는 전반적인 영향을 말
한다(예를 들어 상식의 결핍). 파란색 각본이 비협조적인 부서나 생
산성을 떨어트리는 시스템과 절차에 주목한다면, 녹색 각본은 상식
(그리고 많은 경우에 공감)이 사라진 곳에 주목한다. 그것은 전화를
11번에 걸쳐 다른 부서로 돌리는 고객 서비스팀일 수도 있고, 아니
면 회의 자체가 목적인 지루한 주간 회의일 수도 있다.

다시 말해 사실에 기반을 둔, 명백한, 그리고 측정 가능한 파란색
각본은 일상적인 문제와 기능 장애, 혹은 잘못된 의사소통에 집중
하는 반면, 녹색 각본은 이러한 문제가 미치는 영향에 주목한다. 즉,

부서 간의 공감, 고위 관리자와 중간 관리자 사이의 공감, 그리고 직원과 고객 사이의 공감의 결핍에 초점을 맞춘다.

그렇다면 공감이란 무엇인가? 공감은 다른 사람의 경험과 감정을 함께 느끼는 능력을 말한다. 흔히들 동정sympathy 과 공감empathy 을 비슷한 의미로 사용하지만, 나는 워크숍 강연에서 그 차이를 이렇게 설명한다.

당신과 내가 함께 배를 타고 바다를 항해하고 있다고 상상해보자. 바람과 파도가 거세다. 당신은 데크에 있다. 자세히 보니 허리를 굽힌 채 난간을 부여잡고 있다. 안색은 창백하다. 갑자기 바다를 향해 구토를 한다. 그때 내가 밖으로 나가 휴지를 건네며 "저런, 힘들어 보여요"라고 말하면 그건 동정이다. 하지만 당신이 토하는 것을 보고 나 역시 토한 것처럼 기분이 좋지 않다면 그건 공감이다.

동정이란 다른 사람의 느낌을 이해하는 것이다. 우리는 어머니를 떠나보낸 사람이나 해고당한 친구, 혹은 태풍으로 집을 잃은 이에게 동정을 표한다. 그러나 더 깊이 들어가지는 않는다. 또한 친구나 이웃, 혹은 매장 직원에게 일상적인 정중함을 표한다. 이러한 측면에서 미국이나 영국과 같은 사회에서 동정이란 일종의 문화적 지침을 뜻한다.

몇 년 전 미국을 처음인가 두 번째로 방문했을 때, 호텔 직원이 공손하게 건넨 인사말이 기억난다. "안녕하세요?How are you, sir?" 그때 나는 '내가 정말로 어떤 상태인지how I truly was'에 대해 솔직하고 진심 어린(그냥 "Fine"이라고 대답했으면 될 것을) 대답을 했다. 그러자 직원은 잠시 주춤하면서 아무 말도 하지 않았다(아마도 내가 병원에 가봐야 하는 게 아닐까 생각했을 것이다).

몇 년 전 런던을 방문했을 때에도 비슷한 경험을 했다. 그러나 반응은 정반대였다. 누군가 내게 인사를 건넸다. "안녕하세요?" 나는 그 사람의 반응을 보려고 아버지가 돌아가셔서 전혀 안녕하지 못하다고 답했다(그건 사실이었다). 그는 걸음을 멈추지 않고서 이렇게 대답했다. "그 말을 들으니 기쁘군요. 당신 덕분에 날씨가 좋군요.Good to hear it, I see you brought the good weather with you." 그의 대답은 동정은 일상적인 만남에서 형식적인 표현으로 기능할 뿐 그 안에 특별한 의미를 담고 있지 않다는 내 믿음을 확인시켜줬다.

(비행기를 탈 때마다 나는 얼음과 레몬이 든 탄산수를 요청한다. 그런데 그럴 때마다 뭔가 조금씩 다른 것을 가져다준다. 그건 아마도 승무원들이 그런 주문을 아주 많이 받기 때문일 것이다. 가령 얼음이나 레몬을 빼먹거나, 탄산수 대신에 그냥 물을 넣는 식이다. 이러한 사고를 예방하기 위해 나는 얼음 잔에다가 레몬과 탄산수를 넣어달라고 부탁한다. 그건 좀 낯선 요구라서 그런지 승무원들은 실수하지 않는다.)

반면 공감은 동정보다 더 깊고, 친밀하고, 밀접하다. 일상적으로 건

녹색 각본은 부서 간의 공감, 고위 관리자와 중간 관리자 사이의 공감, 그리고 직원과 고객 사이의 공감의 결핍에 초점을 맞춘다.

네는 반사적인 표현보다 더 사려 깊다. 해고나 파산을 당한 친구에게 공감을 느낄 때, 우리는 스스로 친구의 처지가 되었다고 여긴다. 공감은 자신이 그 일을 겪는다면 어떤 느낌일지 상상하게끔 만든다.

아기들은 다른 사람을 따라하도록 프로그래밍 되어 있다. 인간은 그런 식으로 학습한다. 갓난아이를 향해 혀를 내밀면 아이도 혀를 내민다. 엄마가 미소를 지으면 아이도 따라서 미소 짓는다. 친구가 팔에 상처가 나거나 발목을 삐었을 때, 우리는 그 고통을 함께 느낀다. 누군가 하품을 하면 우리도 하품을 한다. 마치 부르고 대답하는 것 같다. '하품'이라는 단어를 듣는 것만으로 하품을 하고 싶어진다. 다음 문장을 읽으면 어떤 느낌이 드는가? "긴 손톱으로 칠판 긁기."[3] 우리는 본능적으로 오싹함을 느낀다. 손톱으로 칠판을 긁는 소리는 아주 불쾌하다. 한 연구에 따르면, 이와 같은 소리(다른 예로 칼로 접시를 긁는 소리)는 인류의 선조인 침팬지가 내는 날카로운 경고의 울음소리와 비슷한 주파수이다. 이러한 불쾌함은 진화의 기원으로까지 거슬러 올라간다(예전에 나는 영국 제약 회사 글락소스미스클라인GlaxoSmithKline의 의뢰로 포커스 그룹 분석을 진행한 적이 있었다. 그때 나는 그룹 멤버들과 함께 새로 출시한 샴푸에 대해 이야기를 나누고 있었는데 어느샌가 모두가 머리를 긁적이고 있었다). 결론적으로 말해서, 인간으로서 우리의 생존은 공감, 즉 다른 사람의 마음을 느낄 줄 아는 능력에 달렸다.

몇 년 전 나는 네슬레Nestlé가 프랑스 시장에서 유기농 유아식 신

제품을 출시하는 과정에 참여한 적이 있었다. 그들이 내놓은 나튜어네스^{NaturNes}는 소금과 설탕, 화학물질 및 안정제를 넣지 않은, 시장에 출시된 제품 중 가장 순수하고 건강한 유아식이었다. 하지만 판매는 저조했다. 네슬레는 이 제품에 많은 돈을 쏟아부었지만, 왜 아기들이 도로 뱉어내는지 이유를 알지 못했다. 그러나 내가 프랑스를 돌아다니며 소비자를 만나 인터뷰를 시작했을 때, 그 이유는 금방 밝혀졌다. 일반적으로 엄마들은 아이에게 먹일 것을 먼저 먹어보고 맛있으면 미소를 지어서 표정으로 보여준다. 아이들은 이러한 엄마의 표정을 보고 마음의 준비를 한 뒤 음식을 받아먹는다. 여기서 나는 엄마들의 표정에 집중했다. 엄마들이 나튜어네스를 맛볼 때 표정이 좋지 않았다. 분명하게도 엄마들은 그 이유식을 싫어했다. 어른들이 먹기에는 너무 밍밍했다. 그리고 아기들은 엄마의 씁쓸한 표정에 음식을 뱉어내는 행위로 반응했다. 이후 네슬레는 원점으로 돌아가 기존 방식을 재검토해야 했다.

예외가 있긴 하지만 공감은 선천적으로 주어진다. 아기들은 다른 아기가 울면 따라 운다. 고무젖꼭지가 없는 다른 아기에게 자기 것을 주기도 한다. 또한 공감은 학습된다. 부모가 아이에게 잘 공감할 때, 아이의 공감 능력은 성숙한다. 반면 부모가 아이의 감정을 무시하거나 외면할 때, 아이의 공감 능력은 발달하지 못한다. 나이를 떠나 더 많은 사람과 상호작용을 할 때 우리의 공감 능력은 더 발달하게 된다. 이것이 핵심이다.

1달러로 VIP 고객을 등 돌리게 만들다

오늘날 대학생들은 공감 능력이 떨어지고 있다. 〈뉴욕 타임스〉 기사에 따르면,[4] 미시간 대학 연구팀은 1980년에서 2010년에 이르기까지 1만 4000명의 대학생을 대상으로 소위 '상호민감성interpersonal sensitivity'을 구성하는 네 가지 요인을 살펴봤다. 그리고 다른 학생의 불행에 대해 고통과 동정을 느끼는 정도를 알기 위해 책과 영화에 등장하는 가상의 인물을 포함하여 타인의 입장을 상상해보는 능력 등 다양한 항목을 검사했다. 그 기사는 이렇게 결론을 내렸다. "학생들은 공감에서(48퍼센트 하락), 그리고 관점 바꾸기(34퍼센트 하락)에서 상당히 낮은 점수를 기록했다" 그리고 이렇게 덧붙였다. "새천년과 더불어 비디오게임과 소셜미디어, 리얼리티 프로그램, 치열한 경쟁이 복합적으로 영향을 미치면서 젊은이들은 점차 자기중심적이고, 피상적이고, 개인주의와 야심을 추구하는 방향으로 변화했다."

미시간 대학은 2010년에 그 연구를 추진했다. 나는 이후로 10년 동안 공감력이 더 떨어졌을 것이라고 생각한다. 스마트폰이 우리와 세상 사이에 장벽이 되면서 우리는 더 이상 직접적으로 세상을 바라보지 않는다. 스마트폰은 이제 우리에게 방패이자 광선검, 그리고 심리적 안정감을 주는 가공의 신체 기관이 되었다. 스마트폰은 두려움과 불안, 외로움, 고독, 슬픔, 무가치함으로부터 우리를 보호

해준다. 데이트에서 바람을 맞았을 때에도 우리는 스마트폰을 만지작거리면서 씁쓸한 마음을 달랜다.

2019년에 비영리단체 커먼센스미디어 Common Sense Media 가 발표한 보고서에 따르면,[5] 부모들 중 26퍼센트는 잠들기 전 5분 동안 스마트폰이나 태블릿을 보며, 또한 비슷한 비율로 밤중에 깨어나 스마트폰을 확인한다. 그리고 23퍼센트는 잠에서 깨어나 5분 안에 스마트폰이나 태블릿을 들여다본다. 청소년으로 넘어오면 이 수치는 훨씬 높아진다. 청소년 중 40퍼센트가 잠들기 전에 스마트폰이나 태블릿을 보고, 36퍼센트는 밤중에 깨어 문자나 전화를 확인하고, 32퍼센트는 잠에서 깬 지 5분 안에 스마트폰을 손에 쥔다.

몇 년 전에 나온 또 다른 연구 결과를 살펴보면,[6] 두 사람이 10분 동안 대화를 나눌 때 단지 탁자 위에 스마트폰이 놓여 있는 것만으로도 서로에게 덜 공감하는 것으로 나타났다. 이에 대해 연구원들은 이렇게 설명했다. "나이와 성, 민족, 분위기 등 다른 어떤 요소보다 모바일 기기가 대화에 부정적인 영향을 미친 것으로 나타났다." 그리고 이렇게 덧붙였다. "모바일 기기가 없는 환경에서 대화를 나눈 사람들의 공감력이 더 좋았다."

몇몇 앞서가는 인공지능 기업들은 디지털 차원에서 공감을 강화하기 위해 노력하고 있다. 보스턴에 위치한 인공지능 기업 코기토 Cogito 는[7] 고객 서비스 직원이 '진심'을 충분히 드러내지 않았을 때 모니터 화면 구석에 하트 표시가 들어오도록 한다. 이와 같은 시각적 알림 시스템(통화 대기가 계속 이어질 경우에는 속도계 표시, 업무 처리 속도가 너무 느려지면 커피 표시가 뜬다)이 점점 더 많은 콜센터에서 쓰이고 있다. 그러한 기업에는 메트라이프 MetLife 도 포함되어 있다. 만약 직원이 이러한 알림을 무시할 때, 코기토는 상사에게 그 사실을 알린다.

전 세계 다양한 뉴스 웹사이트나 헤드라인을 훑어보면 인류가 얼마나 양극화되어 있는지 느끼게 된다. 그 이유는 뭘까? 우리는 정치나 범죄, 인종, 낙태, 혹은 성적 정체성과 관련하여 자신과 의견이 다른 사람과 좀처럼 공감하지 않는다(동정은 말할 것도 없다). 더군다나 소셜미디어가 성장하면서 인간적인 약점을 드러내는 것은 예전보다 더 힘든 일이 되어버렸다. 완벽에 대한 갈망이 우리의 공감을 좀먹고 있다. 온라인 세상에서는 모두가 행복하고 부유하다. 친구들은 유쾌하고 매력적이며, 당신과 함께 있는 것을 정말로 좋아한다! 그들은 소셜미디어 안에서 파티를 벌이거나 아니면 여행 중이다. 이탈리아나 터키, 카리브해를 돌아다니고 있다. 혹은 네덜란드 튤립 꽃밭에서 셀카를 찍고 있다. 자신의 발이 튤립을 짓밟고 있다는 사실은 모르거나 신경 쓰지 않은 채 말이다. 온라인 세상에서 우리는 친구들의 약점이나 결함을 알지 못한다. 그리고 우리 자신도 그런 모습을 드러내지 않는다.

그래서 우리는 소셜미디어에서 알게 된 사람을 현실에서 만났을 때 종종 충격을 받는다. 함께 점심을 먹으면서 그들은 암에 걸렸다가 간신히 완치했다는 이야기를 들려준다. 혹은 1년 사이에 다섯 번이나 우울증 치료를 받았다고, 딸이 중독 치료를 받고 있는 중이라고, 사위가 일자리를 구하지 못하고 있다고 털어놓는다. 그런 그들에게 우리가 해줄 수 있는 말이라고는 이런 것밖에 없다. "짐작도 못 했어요." 한 친구는 내게 소셜미디어 때문에 많은 친구를 잃었다고 했다. 소셜미디어로 친구들의 생활을 들여다보는 일에 너무 익숙해져버린 나머지 그들에게 편지를 쓰거나 전화를 하는 것을 잊어버렸기 때문이다.

공감과 상식이 그토록 긴밀하게 연결되어 있다면, 공감의 결핍은 기업에 어떤 영향을 미칠까? 이 질문에 대한 대답은 오늘날 기업들이 '인간'이라고 부를 수 있는 거의 모든 부분을 없애버리고 있다는 것이다. 측정하거나 정량화할 수 없을 때, 우리는 그것을 존재하지 않는 것으로 치부해버린다. 측정과 정량화가 가능할 때, 우리는 데이터를 가지고 옳고 그름을 판단한다. 가령 이메일이 반송되거나 서버와의 연결이 끊겼을 때, 우리는 잘못된 상태에 있는 것이다. 구글맵에 입력한 주소가 찾을 수 없는 곳이라고 나오면, 그것은 우리가 잘못 입력했기 때문이다.

그렇다면 무엇이 옳고 무엇이 그른가? 매뉴얼이나 설명서를 찾아보자. 아니면 인사팀에 물어보자. 혹은 법무팀에 자문을 구하자. 나는 2000년 초에 레고에서 포커스 그룹 연구를 진행했다. 그때 아이들과 함께 바닥에 앉아 레고 성을 쌓았다. 성을 완성하자 아이들은 그 위에 깃발을 꽂았다. 완성. 하지만 내가 깃발을 중앙이 아니라 조금 옆으로 치우치게 꽂았을 때, 아이들은 잘못되었다고 아우성을 쳤다. '설명서에 여기에 꽂으라고 나와 있어요! 깃발을 잘못 꽂으면 작동하지 않아요!'

오늘날 공감이 사라지면서 기업들은 대가를 치르고 있다. 결국 공감이란 평생의 충성 고객과 당신의 기업을 다시는 쳐다보지도 않겠다는 소비자를 나누는 기준이다. 예전에 한 경영자와 인터뷰를 한 적이 있다. 그는 내게 유럽의 한 대형 전자 매장에서 계산을 위해 줄을 서서 기다리다가 목격한 장면을 얘기해줬다. 그 매장은 그들의 친환경 이미지를 높이기 위해 새로운 규칙을 도입했다. 그것은 비닐봉지 값을 받는 것이었다. 그 경영자 앞에 한 여인이 서 있었는데 그녀의 카트에는 노트북과 프린터, 헤드폰 등 수천 달러에 달하는 물건이 실려 있었다.

계산이 모두 끝났을 때, 그 여성은 물건을 담을 비닐봉지가 필요하다는 사실을 깨달았다. 그녀가 비닐봉지를 달라고 하자 직원은 이렇게 대답했다. "1달러입니다." 그러나 여성에게는 잔돈이 없었고, 그래서 신용카드로 결제해달라고 했다. 하지만 직원은 신용카드로 결제할 수 있는 최소 금액이 5달러라며 거절했다. 그녀는 방금 수천 달러어치의 전자 제품을 샀다! 화가 난 그녀는 카트에 담긴 물건을 다 환불해버렸다. 그리고 직원에게 다시는 이 매장에 오지 않겠다고 했다. 누가 그녀를 비난할 수 있겠는가?

지난해 나는 스페인 마요르카에 있는 5성급 호텔인 파크하얏트에서 기업 파티 행사를 진행한 적이 있다. 사람들이 행사장에 모였을 때, 호텔 담당자는 내게 호텔 안에 있는 바가 자정에 문을 닫는다는 사실을 알려주는 것을 "잊어버렸다." 스페인 사람들이 저녁 9시나 10시가 되어야 저녁을 먹는다는 사실을 비춰볼 때, 참으로 이상한 일이었다. 그 담당자는 복잡한 국제 규정 때문에 자정 이후로는 술을 팔 수가 없다고 했다. 게다가 룸서비스는 저녁 10시 반 이후에는 제공되지 않는다고 했다. 결국 우리 일행은 예정보다 며칠 앞당겨 다음 날 체크아웃을 했다. 그리고 한 블록 떨어진 곳에 위치한 다른 호텔로 갔다. 거기에 있는 바는 새벽 2시까지 영업을 했다. 결론적으로 파크하얏트는 지역 특수성을 전혀 고려하지 않은, 말도 안되는 국제적 규정 때문에 수만 달러의 매출을 날려버린 것이다.

반면에 소비자 경험과 관련해서 바람직한 사례도 있다. 몇 년 전나는 도쿄에 있는 바에서 사케 한 잔을 주문했다. 일반적으로 일본사케는 작은 술잔이 나무 상자 안에 놓인 형태로 나온다. 그런데 주인이 내가 있는 테이블로 오더니 사케를 잔에 붓기 시작했다. 그녀는 술이 상자 안으로 흘러넘칠 만큼 계속해서 부었다. 나는 이유를물었다. 그녀는 내게 상대방이 기대하는 것보다 더 많이 주는 것이일본의 전통이라고 설명했다. 약속한 것보다 더 많이 제공함으로써 놀라움을 선사한다는 말이다. 이것이야말로 기억에 남을 만한 훌륭한 고객경험 뒤에 숨어 있는 한 가지 비밀이다. 그런데 왜 그게 비밀이어야 할까?

기업이 공감을 외면할 때, 상식이 사라질 뿐 아니라 미래의 혁신도 어려워진다.

3장

충성 고객을 떠나가게 하는 법

작년에 출장차 두바이에서 루마니아로 넘어갈 일이 있었다. 출발한 시간 반 전에 나는 동료와 함께 두바이 국제공항 내 에미레이트 항공에서 탑승 수속을 했다. 그런데 우리를 본, 마스크를 쓴 발권 담당자는 이렇게 말했다. "올림픽 육상 선수이신가 보군요." 그러고는 우리가 탈 비행기는 다른 터미널에서 출발한다고 했다. 일반적으로 터미널이 달라도 공항버스나 열차를 타면 10분 내에 출발 게이트에 도착한다. 그런데 두바이 공항은 달랐다. 직원의 설명에 따르면, 지금 택시를 잡아탄다고 해도 비행기가 출발할 때까지 게이트에 도착하기 힘들었다.

우리는 그냥 포기하기로 했다. 하지만 그 직원의 생각은 달랐다. 비행기 착륙장 뒤쪽으로 부지런히 달리면 45분 안에 게이트에 도착할 수 있다고 했다. 그러고는 난감해하는 우리를 바라보며 이렇게

말했다. "마침 점심시간이군요. 저랑 함께 뛰시죠. 저도 운동을 좀
해야 해서요."

그렇게 우리 세 사람은 캐리어를 끌고 한산한 계단과 복도를 달
렸다. 그동안 다섯 번의 보안검사를 거쳐야 했고, 그때마다 그 직원
은 자신의 배지를 꺼내 보였다(때로는 과장된 설명과 함께). 그리고
45분 뒤, 우리는 가쁜 숨을 몰아쉬며 게이트에 도착할 수 있었다.

그런데 그 직원은 왜 그렇게까지 했을까? 공감 때문이었다. 그는
내 상황을 자신이 처한 것처럼 여겼던 것이다. 덕분에 나는 평생 에
미레이트 항공의 충성 고객이 되었다. 여기서 우리는 기원전 500년
으로 거슬러 올라가는 황금률을 발견하게 된다. 그것은 바로 '자신
이 대우받길 원하는 대로 남을 대하라'는 것이다. 이를 부정문으로
바꿔보면, '자신이 대우를 받기 싫어하는 방식으로 남을 대하지 말
라'가 되겠다.

캐스키드슨이 놓친 것

워크숍을 진행할 때마다 나는 직원들에게 가장 기억에 남는 고객
서비스 경험을 말해보라고 한다. 워크숍 장소가 스위스든 러시아
든, 혹은 태국이나 노스캐롤라이나이든 간에 나는 언제나 세 가지
공통점을 발견하게 된다. 첫째, 다급한 상황에 처한 경우다. 자신이

나 자녀가 아프다. 혹은 짐을 잃어버렸거나 안경이 부러졌다. 호텔 방이나 비행기에 휴대전화를 두고 나왔다. 둘째, 직원이 고객의 상황에 완전히 공감해줬다. 셋째, 문제해결을 위해 업무적 책임 이상의 행동을 했다.

그러나 이러한 경험은 좀처럼 찾아보기 힘들다. 그 이유가 뭘까? 대답은 간단하다. 기업은 고객의 이야기를 절대 가만히 앉아서 듣지 않는다. 조직에서 일하는 사람들은 종종 그들 자신도 소비자라는 사실을 잊어버린다. 그리고 이러한 공감의 상실은 상식의 결핍으로 이어진다.

나는 일을 하는 동안 계속해서 이러한 상황을 맞닥뜨린다. 가령 작년에는 유명 의류 및 라이프 스타일 브랜드인 캐스키드슨^{Cath Kidston}과 일을 하게 되었다. 어느 이른 아침, 나는 워크숍을 위해 먼저 경영진을 만났다. 그 기업은 그날 행사를 위해 비닐로 단단히 포장한 펜과 메모지를 준비했다. 그리고 기업에서 출시한 제품으로 가득한 상자도 비닐로 싸 준비해놨다. 나는 시간 절약을 위해 일찍 도착한 직원들에게 펜과 메모지, 제품 상자의 비닐 포장을 벗겨달라고 부탁했다. 그렇게 다섯 명이 달려들어 포장을 벗기는 데 30분 넘게 걸렸다.

나는 워크숍을 시작하면서 직원들에게 이렇게 물었다. "고객에게 얼마나 집중을 합니까?" 그들은 고객을 기업의 첫 번째 순위로 생각한다고 답했다. 나는 이렇게 물었다. "캐스키드슨 고객들은 환경에 관심이 있습니까?" 바로 대답이 돌아왔다. "네, 물론이죠." 나는 다시 물었다. "여러분 모두 집으로 돌아가면 다양한 물건을 온라인으로 주문하는 소비자입니다. 택배가 도착했을 때 뭐가 제일 문제입니까?"

직원들의 대답은 거의 만장일치였다. 그것은 '너무 많은 비닐, 너무 많은 포장재'였다. 어떤 여성은 종이 상자에서 셔츠 세 장을 꺼내는 데 한 시간 가까이 걸렸다고 했다. 나는 물었다. "이런 비슷한 경험을 하신 분?" 모두가 손을 들었다. 나는 참석자들에게 캐스키드슨 매장에서 일하는 동료들에게 주목하라고 했다. 매장 직원들은 상자 포장을 벗기는 데 몇 시간을 쏟아야 했다. 그들은 단지 펜이나 메모장이 아니라 가방과 컵, 접시, 셔츠, 드레스 등 수십 가지 제품의 포장을 벗겨야 했다. 환경문제는 차치하고서라도, 그 기업은 과도한 포장으로 직원의 시간과 생산성을 낭비하고 있었다.

결론적으로 말해서, 약간의 상식만 있었더라면 상황은 크게 달랐을 것이다.

그래서 나는 기업과 함께 일을 할 때마다 직원들을 고객의 집으로 데려간다. 그때 직원들은 처음으로 고객의 시선으로, 즉 안에서 밖이 아니라 밖에서 안으로 들여다보는 경험을 하게 된다. 기업이 제품이나 서비스를 판매한다면, 그 고객이 누구이며 그들이 무엇을 원하는지 알아야 하지 않겠는가?

몇 년 전 나는 콜롬비아 메데인에 위치한 한 이동통신사의 경영진과 실험을 한 적이 있었다. 경영진 중 누구도 실제 고객이 매장에서 겪는 경험을 해본 적이 없었다. 당시 그 기업은 어떤 고객도 59분 이상 기다리게 하지 않는다는 원칙을 세워두고 있었다(왜 60분이 아닌지 궁금해하는 독자를 위해 설명하자면, 고객을 한 시간 이상 대기시킬 경우 정부로부터 벌금을 부과받기 때문이다). 물론 59분은 충분히 지루한 시간이다. 하지만 문제는 여기서 끝이 아니었다. 그들은 그 원칙을 지키기 위해 고객들을 반쯤 미친 상태로 몰아가고 있었다.

당신이 매장에서 대기하는 고객이라고 상상해보자. 59분의 기다림 중 48분쯤에 한 직원이 당신을 카운터로 부른다. 그러고는 새 번호표를 건네면서 다른 줄에 서 있으라고 한다. 그러면 59분 시계는 다시 시작된다. 두 번째 기다림 끝에 만난 고객 서비스 직원은 자신이 문제를 해결할 수 없다며 세 번째 줄로 이동하라고 한다. 또 다른 59분의 기다림이 시작된다. 이렇게 대기는 세 시간까지 길어질 수 있다. 그럼에도 그 이동통신사 경영진은 그들의 고객이 어떤 일을 겪고 있는지 전혀 알지 못했다. 그래서 나는 지역 컨벤션센터 안에 있는 매장에 경영진 다섯 명을 초대했다.

실제 고객이 겪는 경험을 그대로 해보도록 하기 위해 나는 매장 내 실내 온도를 35도로 맞춰놨다. 그리고 매장 입구에는 소총을 든 보안 요원들을 세워놓았다(그 지역에서 그리 드문 광경은 아니었다). 매장 안에는 40명가량의 고객이 낡은 의자에 앉아 졸린 표정으로 TV에서 흘러나오는 기업 광고를 보고 있었다. 30초마다 벨이 울리면 맨 앞에 앉아 있던 고객이 카운터로 갔다.

그 지옥에서 두 시간을 기다린(상기된 얼굴에 땀이 흥건한) 한 임원은 워크숍을 기다리기 지쳤다면서 사무실로 돌아가겠다고 했다. 나는 그에게 이것이 바로 워크숍이며 끝까지 기다려야 한다고 말했다. 그러자 그는 짜증난 표정으로 자리에 도로 앉았다. 하지만 처음으로 뭔가를 깨달은 눈치였다. 나는 그 후로 두 시간 동안 그 임원과 함께 카운터에 앉은 직원이 고객에게 어떤 변명을 늘어놓는지 목록을 작성해봤다. '미안합니다만 도와드릴 수 없군요, 죄송하지만 제 책임이 아닙니다, 이 번호표를 들고 화요일에 다시 오세요, 여기 수신자부담 번호로 전화를 하세요, 죄송합니다만 그걸로는 신분 확인이 안 됩니다.'

매장을 빠져나가고자 했던 임원은 몹시 화가 났다. 하지만 이번에는 좋은 이유에서였다. 그는 마침내 자신 기업의 고객이 되는 것이 어떤 것인지, 그리고 비즈니스 환경에서 공감이 무엇을 의미하는지 이해하게 되었다.

그런데 이상한 사실은 이런 실험을 해본 기업이 거의 없다는 것이다. 물론 많은 기업이 소비자 대상으로 설문 조사를 한다. 포커스 그룹 작업도 한다. 하지만 그들의 제품이나 서비스를 실제로 구매하고 이용하는 사람들과 마주 앉아 이야기를 나눠보지는 않는다. 즉, 소비자의 관점으로 바라보려 하지 않는다. 직원들이 고객과 함께하도록 할 때, 조직의 근육기억(특정한 신체 활동을 반복함으로써 생성되는 기억-옮긴이)은 사라지면서 고객 중심적 마음가짐이 모습을 드러낸다.

예를 들어 스위스국제항공 사람들을(조종사와 승무원을 포함하여) 실제 승객의 집으로 데려갈 때까지, 그들은 비행기를 타는 것이 어떤 것인지 승객의 입장에서 한 번도 생각해보지 않았다. 항공사 직원들에게 비행기를 탄다는 것은 일이자 숙련된 업무였다. 즉, A 지점에서 B 지점으로 이동하는 가장 안전하고, 스트레스가 덜하고, 편리한 방법이었다. 스위스국제항공 직원들은 항공사 특전 덕분에 공항에서 줄을 서는 일이 거의 없었다. 그리고 기내 수하물을 실을 자리가 남아 있을지 걱정할 필요도 없었다. 또한 비행기에서 내리고 난 뒤 어떤 대중교통을 이용해야 할지 고민할 필요도 없었다. 그러니 힘들 게 뭐가 있겠는가?

기업은 고객에게 직접 물어야 한다. 그러면 그들은 기업이 알아야 할 모든 이야기를 들려줄 것이다. 예를 들어 작년에 나는 중동 지역의 한 대형 쇼핑몰 업체와 일했다. 일반적으로 쇼핑몰의 최대 고객은 여성이다. 하지만 그 쇼핑몰은 그렇지 않았다. 나는 그들에게 이렇게 말했다. "그 이유를 여성 고객에게 직접 물어보지 그래요?"

그렇게 우리는 10명 정도의 여성 고객과 인터뷰를 했다. 그런데 그들 모두 같은 걱정을 하고 있었다. 가

> 기업은 고객에게 직접 물어야 한다. 그러면 그들은 기업이 알아야 할 모든 이야기를 들려줄 것이다.

장 먼저 승강기를 이용할 때 불안감을 느꼈다. 특히 저녁 시간에는 더 그랬다. 다음으로 주차를 하면서도 불편함을 느꼈다. 주차 공간이 너무 좁아서 주차는 그들에게 하나의 도전 과제였다. 그로부터 3개월 후, 쇼핑몰 경영진은 승강기에 CCTV를 설치했고 주차 구역을 이중 라인으로 구분해서 보다 수월하게 주차할 수 있도록 했다. 이후 여성 고객의 수는 급증했다.

기업 사람들이 고객과 함께 하는 자리를 마련함으로써 얻을 수 있는 것은 단지 경영진의 통찰력만이 아니다. 이러한 노력은 또한 조직 내 구성원에게 기업이 변화를 진지하게 고민하고 있다는 메시지를 준다. 이는 변화를 위한 프로젝트를 시작할 때 반드시 필요한 부분이다.

자, 우리 모두 지금까지 열심히 달려왔다. 이제 호텔로 한번 들어가 볼까?

서비스가 독이 되는 순간

도체스터컬렉션Dorchester Collection은 전 세계 아홉 곳의 최고급 호텔을 운영하는 체인 기업이다. 우선 로스앤젤레스에 비버리힐스 호텔과 호텔 벨에어가 있고, 런던에는 도체스터 호텔과 거기서 멀리 떨어지지 않은 파크레인 45번지에 또 다른 호텔이 있다. 그리고 런던에서 차로 멀지 않은 애스콧에는 코워스파크가 있다. 이곳은 조지 왕조 시대의 저택으로, 해리 왕자가 매건 마클과 결혼하기 전에 윌리엄과 살았던 곳으로도 유명하다. 다음으로 파리에는 르모리스와 호텔 플라자 아테네가 있으며, 로마에는 호텔 이든, 그리고 밀란에는 호텔 프린시페 디 사보이아가 있다.

코로나19가 터지기 직전, 나는 도체스터컬렉션의 의뢰를 받아 '스위트룸'의 특별한 의미가 퇴색해버린 상황에서 그들의 스위트룸을 경쟁사와 차별화하는 프로젝트를 추진하게 되었다. 거기서 나의 실질적인 과제는 아홉 곳의 호텔에서 일하는 모든 직원이 고객의 눈으로 세상을 바라보도록 만드는 일이었다.

물론 간단한 문제가 아니었다. 그건 호텔 직원과 도체스터컬렉션 호텔에 묵는 고객 간의 엄청난 경제적 격차 때문이었다. 호텔 관리자나 로비 직원이 외국의 고위 인사, 글로벌 사업가, 기술 분야의 억만장자, 혹은 할리우드 스타의 요구를 이해하고 공감을 나눌 것이라 기대하기는 어려운 일이었다.

'자신이 대우받고 싶은 대로 남을 대하라'는 단순한 원칙을 많은 기업에서 그토록 찾아보기 힘든 이유는 무엇일까? 친절하고 사려 깊은 직원이 예상 밖의 일이나 기대 이상의 일을 해줄 때 우리는 최고의 경험을 한다는 것은 당연하지만, 그럼에도 나는 그런 경험을 할 때마다 깜짝 놀라곤 한다.

나는 두바이 공항에서 겪었던 것과 비슷한 경험을 비버리힐스 호텔에서도 하게 되었다. 체크인을 했을 때 나는 살짝 감기 기운이 있었다(눈물이 나고 목소리가 쉬었다). 나는 체크인을 마치고 객실로 들어갔다. 그런데 살펴보니 룸서비스가 이미 다녀간 뒤였다. 침대 옆에는 뜨거운 차가 담긴 주전자와 꿀, 레몬이 놓여 있었고, 그 옆으로는 내게 필요한 약을 구할 수 있는 인근 병원과 약국 전화번호와 더불어 호텔 지배인 이름이 적힌 메모가 놓여 있었다(물론 이러한 특별대우가 내게만 해당하는 것은 아니었다. 도체스터컬렉션은 모든 고객에게 한 걸음 더 나아간 서비스를 제공한다). 그들은 왜 그렇게까지 했던 것일까? 아마도 내 입장에서 무엇을 원하는지 고민했기 때문이었을 것이다.

우리가 이런 경험을 생생하게 기억하는 것은 이런 일이 드물기 때문이다. 호텔은 물론이거니와 기업 대부분 다양한 시스템과 절차, 과정에 얽매여 있다. 그 안에서 상식은 규칙이 아니라 예외가 된다. 최고급 서비스 산업에서 관리자는 분 단위로, 때로는 초 단위로 움직여야 한다. 하지만 문제는 기업의 시스템과 절차, 과정이 오히려 직원들이 그들의 고객이 누구인지, 고객이 무엇을 원하는지 보지 못하도록 막고 있다는 데 있다. 당연하게도 나는 '감기에 걸려서 온 덴마크 손님'이라는 제목의 운영 매뉴얼은 본 적이 없다. 또한 마찬가지로 호텔 직원이 내 젖은 눈과 쉰 목소리를 알아차릴 것이라고 기대하지도 않았다(그랬기에 그건 더욱 놀라운 일이었다).

내 감기가 누군가의 책임이라고 상상해보자. 과연 누구의 책임일까? 로비 직원? 관리인? 벨보이? 지배인?

기업의 시스템과 절차는 고객의 요구를 외면하도록 하는 것 말고도 다른 악영향을 미치기도 한다. 그것은 조직이 내부적으로만 집중하게 만든다는 사실이다. 그럴 때 비즈니스의 일관성이 사라진다. 할리우드 영화에서 특정 장면을 6주, 혹은 6개월 간격을 두고 촬영한다고 해도 디테일은 그대로 유지된다. 캐리 그랜트는 방에 들어올 때 입었던 똑같은 옷을 입고 있는가? 넥타이가 사라지지는 않았나? 강아지는 여전히 난로 옆에서 자고 있는가? 아니라면 어디로 사라진 걸까? 이러한 연속성이 영화의 완성도를 높이듯, 서비스를 완성해주는 요소이기도 하다.

호텔에서(혹은 다른 기업에서) 직원의 역할은 자신에게 주어진 역할을 수행하는 것은 물론, 다른 부서와 긴밀히 협조해 서비스의 연속성을 만드는 것이다. 물론 말은 쉽다. 내가 보기에 오늘날 기업의 95퍼센트가 이 간단하고 핵심적인 지혜를 망각하고 있다. 고객의 신뢰를 구축하기 위해서는 연속성, 혹은 일관성이 필요하다. 잘못된 정보로 넘쳐나는 세상에서 우리에게 부족한 한 가지가 있다면, 그것은 아마도 신뢰일 것이다. 일반적으로 신뢰는 상식과 함께 손을 잡고 나아간다.

호텔에는 많은 부서가 있다. 이들 부서는 충분한 의사소통을 주고받지 않는다. 이직률은 대단히 높다. 업무가 매끄럽게 이어지지 않는다. 저녁에 일하는 팀은 아침 7시에 다음 팀에게 업무를 넘겨준다. 야간 근무 직원이 한 고객이 편두통이 있다는 사실을 알았다면, 그는 마땅히 오전 근무조에 그 사실을 알려 후속 조치가 이어지게 해야 할 것이다. 다음으로 호텔 업무는 대단히 다양하다. 도어맨과 포터, 벨보이 등 일부 직원은 생계를 팁에 크게 의존한다. 반면 고객을 직접 상대하지 않는 임직원에게 팁은 그리 중요한 문제가 아니다. 또한 호텔은 한꺼번에 일이 몰리는 경우에 대비해야 한다. 가령 다섯 명의 고객이 체크인이나 체크아웃을 위해 동시에 프론트 데스크로 들이닥칠 수 있다. 혹은 주방 직원은 두 명뿐인데 13건의 룸서비스 주문이 동시에 들어올 수 있다. 일반적으로 호텔 고객은 75명에서 125명에 이르는 직원들(예약 관리와 룸서비스, 객실 관리 직원 등)과 간접적으로 상호작용한다. 이처럼 호텔 업무의 생태계는 대단히 복잡하고 광범위하기 때문에 부서 간 밀접한 상호관계, 다시 말해 긴밀한 연속성이 필요한 것이다.

다시 한번, 모든 조직에서 상식을 회복하기 위한 첫 단계는 그 구성원이 안에서 밖이 아니라 밖에서 안으로 그 조직을 바라보도록 훈련하는 것이다. 이를 시작하기 위한 좋은 방법은 직원들이 다른 호텔에서 고객으로 겪었던 최악의 경험을 떠올리게 하는 것이다. 대개 그런 경험은 한두 번씩 있을 것이다.

비행기를 타고 유럽에서 로스앤젤레스로 넘어왔다고 상상해보자. 직항으로 10시간 넘게 비행기를 탔다. 기내에 있는 변기 두 개는 고장이 났고, 한 아기는 끊임없이 울어댔다. 좌석 스크린은 조종사가 왼쪽으로 펼쳐진 멋진 풍광을 설명할 때마다 작동을 멈췄다(안타깝게도 당신은 오른쪽에 앉아 있었다. 혹은 파리와 런던, 이리 호수, 로키 산맥의 멋진 풍경이 오른쪽으로 펼쳐질 때면 왼쪽에 앉아 있었다).

마침내 호텔에 도착했을 때 당신은 완전히 녹초가 되었다. 시차로 인해 정신이 몽롱하다. 마치 유리창에 부딪힌 새가 된 느낌이다. 멍하고 뭔가 모르게 기분이 좋질 않다. 게다가 화장실도 급하다. 호텔에 도착할 때까지 줄곧 한 가지 생각만 했다. 그건 호텔 방에 들어서는 순간 곧장 침대로 뛰어들어 잠을 자는 것이었다.

로비 직원이 당신을 공손하게 맞이하며 룸 카드를 건네준다. 다음으로 벨보이가 위층으로 안내한다. 그는 말이 많다. '비행은 어떠셨습니까? 날씨가 참 좋죠? 이 호텔은 처음이신가 봐요?' 벨보이로 살아간다는 것은 결코 쉽지 않다. 앞서 언급했듯이 먹고살기 위해 팁을 받아야 하기 때문이다. 그가 지금이라도 친절을 거두고 입을 다물고 떠나준다면 팁을 두세 배로 줄 수 있을 것 같다. 하지만 그는 그만할 의사가 없어 보인다.

그의 독백은 계속된다. 가장 먼저, 문을 열고 닫는 법을 보여주면서 키 카드 사용법을 설명한다. 카드를 슬롯에 꽂은 뒤 조금 기다려야 전원이 들어온다고 말한다. 다음으로 미니바에 대해 설명한다. 또한 TV를 켜서 리모컨으로 넷플릭스를 보는 방법을 알려준다. 그러나 당신의 눈은 점점 감겨온다. 화장실도 급하다. 하지만 당신의 멍한 뇌는 그러한 요구 사항을 어떻게 전달해야 할지 알지 못한다.

벨보이는 이제 메이드가 모든 객실에서 수행하는 3중 청소 시스템에 대해 설명한다. "아주 좋아 보이는군요." 당신은 건성으로 대답하면서 이제 끝이기를 기대한다. 하지만 그는 여전히 멈출 생각이 없다. 다음으로 무슨 무슨 상을 탔다는 베개로 화제를 옮겨간다. 그는 총 여섯 종류의 베개가 있다는 설명과 함께 그 안에 들어 있는 깃털 충전재에 대해 자세하게 늘어놓는다. '지금 당장 베개로 제 숨통을 틀어막아주세요'라고 말하고 싶은 기분이다. 벨보이는 어느새 금고 쪽으로 가서 비밀번호를 설정하는 방법에 대해 설명하기 시작한다. 지금까지 내가 뭘 들었는지 하나도 기억나지 않는데도 말이다.

그래도 관대한 당신은 그를 떠나보내기 위해 팁을 건넨다. 그런데 팁을 너무 많이 준 것 같다. 벨보이는 더 열정적으로 마지막 대화의 불씨를 살린다. "상을 받은 우리 호텔의 농장 직배송 식재료를 쓰는 레스토랑에 대해 들어보셨나요? 토마토와 적양파는 나파 외곽의 유기농 농장에서 가져오고 소고기는 일본에서 공수해 오고 있습니다. 게다가 젤라또는 직접 만든 거랍니다." 결국 당신은 이렇게 말을 건넨다. "제가 당신을 너무 오래 붙잡아둔 것 같군요." 그러고는 속마음과 다르게 인자한 미소를 지어 보인다.

그가 떠나자 문을 두 번 걸어 잠그고는 비틀대며 화장실로 향한다. 볼일을 보고 나니 한결 기분이 좋아졌다. 4층 아래로 내려다보는 화려한 정원이 비로소 눈에 들어온다. 오랜 비행에 신선한 공기가 간절하다. 그런데 창문이 열리지 않는다. 빗장이나 창틀도 보이지 않는다. 다시 짜증이 치밀어 오르는 것을 느끼며 샤워기는 잘 되는지 살펴본다. 안타깝게도 객실 청소부가 레버를 수직으로 돌려놓는 것을 까먹는 바람에 뼛속까지 시린 차가운 물이 당신의 얼굴을 강타한다. 물을 세차게 맞고 간신히 중심을 잡는다.

벨이 울린다. 짐이 왔나 보다. 벨보이가 이미 객실의 다양한 시설에 대해 설명했다는 사실을 모르는 포터 직원은 TV 프리미엄 채널을 보는 방법을 설명하기 시작한다. 그의 설명은 미니바와 금고, 그리고 수상에 빛나는 베개의 깃털 충전재로 이어진다. 당신은 또 한 번 팁을 건네고 그를 떠나보낸다. 이제 당신의 방과 더불어 지갑도 텅 비었다. 드디어 옷을 벗고 이불 속으로 기어든다. 금세 잠이 든다.

얼마나 지났을까, 갑자기 침대 옆에 놓여 있던 아이폰 충전 겸용 알람 시계가 필 콜린스의 〈Sussudio〉를 연주하기 시작한다. 이 방에 마지막으로 묵었던 사람이 오후 4시 40분에 알람을 맞춰놓은 모양이다. 객실 청소부는 아마도 리셋을 잊어버렸을 것이다. 어떤 버튼을 눌러야 알람이 꺼지는지 도무지 모르겠다. 노래는 계속된다. 'give me a chance, give me a sign-n-n-n' 결국 전원을 뽑아버린다. 플러그와 함께 석고 부스러기도 우수수 떨어진다.

다시 잠이 든다. 그런데 노크 소리가 들린다. 미니바 점검이란다. 다시 잠이 든다. 또다시 노크. 룸 점검이란다. 다시 잠을 청한다. 또다시 노크. 객실 청소다. 결국 '방해하지 마시오' 팻말을 손잡이에 걸어놓고는 문을 쾅 닫는다. 다시 잠이 든다. 이번에는 전화기가 울린다. '오늘 저녁 턴다운서비스turndown service(취침 직전에 제공하는 서비스로 간단한 객실 청소와 함께 잠자리를 정돈해준다 – 옮긴이)가 필요하신가요?'

이후 며칠 동안 호텔에 대한 불만거리는 계속 늘어난다. 레드와인을 잔에 따라 마시고는 조금 남겨뒀다. 그런데 객실 청소부는 잔을 치우는 대신에 종이 덮개를 덮어놓는 방법을 선택했다. 아마도 내가 잔을 다 비우지 않은 것이라고 생각했나 보다. 하지만 그렇다고 하기엔 와인잔에 묻은 와인은 피처럼 말라붙어 있었고 동그란 테두리를 따라 초파리들이 늘어서 있는 상태였다. 어쩌면 한 50년 전쯤 객실 청소부가 반쯤 남은 김빠진 진저에일을 치웠을 때 그 방 손님이 불같이 화를 냈고 그 후로 호텔은 청소부들에게 단단히 주의를 준 것인지 모른다. 열리지 않는 창문에도 어쩌면 그런 비슷한 사연이 있을지 모른다. 아마도 1947년에 손님 하나가 창문을 열고 지붕 위로 기어 올라갔을지도. 이후로 호텔은 소송의 위험에서 벗어나기 위해 모든 창문을 봉인했던 것이다.

호텔에 묵은 첫날 밤에는 전등을 일일이 끄는 대신에 마스터 전원으로 한꺼번에 껐다. 하지만 그렇게 하면 모든 콘센트의 전원이 차단된다는 이야기를 누구도 내게 해주지 않았다. 덕분에 휴대전화와 태블릿, 노트북은 하나도 충전되지 않았다. 당연하게도 다음 날 아침 아무것도 전원이 들어오지 않았다.

고장 난 회사들

또한 화장실 휴지걸이를 변기에서 60센티미터나 뒤에 설치한 것은 누구의 아이디어였을까? 설치 예술가? 아니면 문어? 휴지를 집으려면 스포츠 경기에서 부상을 당하는 영상에서나 봤을 법한 장면처럼 어깨와 손목을 틀어야 했다.

시트와 이불은 누군가 그것을 매트리스에 접착제로 붙여놓은 것처럼 단단하게 고정되어 있다. 편지지를 뻣뻣한 봉투에 집어넣는 것처럼 몸을 밀어 넣어야 했다. 그렇게 억지로 이불 속으로 몸을 밀어 넣으니 나비 표본처럼 침대에 몸이 고정되었다. 발을 움직일라 치면 침대가 망가진 게 아닌지 걱정할 정도로 삐거덕거리는 소리가 났다.

일반적으로 여행자가 직면하게 되는 이러한 상황은 이전까지 도체스터컬렉션에서는 좀처럼 생각해본 적 없는, 다음과 같은 중요한 상식을 떠올리게 한다. '고객이 호텔에 도착했을 때 그들은 어떤 마음 상태일까?'

물론 대답은 다양하게 나올 수 있다. 그러나 일반적으로 체크인을 하는 손님은 오랜 이동으로 매우 지쳐 있고 시차로 힘들어하고 있다. 그래서 로비 직원이나 벨보이, 포터 등 누구와도 긴 이야기를 나누고 싶어 하지 않는다. 단지 쉬고 싶을 뿐이다. 그래서 나는 전 세계 호텔 기업과 함께 일할 때, 가장 먼저 직원들이 손님의 경험을 똑같이 해보도록 한다. 도체스터의 경우, 체크인부터 체크아웃에 이르는 '고객 여정'을 어떻게 최적화할 수 있었을까? 그것은 직원들이 고객의 경험을 단지 상상이 아니라 그들 스스로 똑같이 해보는 것으로 가능했다. 그럴 때 직원들은 상식을 되찾는다. 몇 년 전 내가 대형 신용카드 회사와 함께 진행한 한 가지 실험은 이러한 사실을 분명하게 보여준다.

법인카드가 정지되면 비로소 보이는 것들

그 신용카드 회사가 직면한 (많은) 문제 중 한 가지는 고객들이 그들의 서비스를 완전히 싫어한다는 사실이었다. 고객들은 그들이 느낀 실망감을 페이스북과 트위터로 공유했고, 온라인 게시판에 끔찍한 리뷰를 남겼다. 그들의 반응은 일관됐다. 실제로 그 신용카드 회사의 고객 서비스는 재앙에 가까웠다. 우선 통화대기 시간이 너무 길었다. 통화가 연결되었다고 해도 이 부서에서 저 부서로 넘어가면서 한 시간이 훌쩍 지나가기도 했다. 그럼에도 기업 임원들은 그러한 불편함을 공감하지 못했다. 그들에게 고객이란 단지 엑셀 파일 속 숫자에 불과했다. 화난 고객을 진정시키기 위해 그들이 시도했던 것이라고는 새로운 로열티 프로그램을 마련하는 것뿐이었다.

나는 이러한 상황을 살펴보면서 한 가지 작은 실험을 고안했다. 이를 위해서 약간의 속임수와 노력이 필요했다. 만약 성공한다면 임원들이 고객의 입장에서 세상을 바라보도록 만들 수 있을 것이었다. 나는 임원들과 저녁 약속을 하고 레스토랑을 예약했다. 그리고 기업의 사기방지팀에 연락해서 그 임원들의 신용카드를 24시간 동안 정지시켜달라고 요청했다. 그날 저녁 우리는 함께 택시를 타고 레스토랑으로 향했다.

목적지에 도착했을 때 한 임원이 택시 기사에게 신용카드를 건넸다. 물론 승인 거절이 났다. 그 임원은 이유를 알기 위해 자신이 근무하는 카드사로 전화를 걸었다. 통화대기가 오랫동안 이어졌다. 전화 속 자동응답 목소리는 이렇게 말했다. '현재 통화량이 많습니다. 모든 상담원이 통화 중입니다. 잠시만 기다려주세요. 감사합니다. 통화 내용은 교육 목적으로 녹음될 수 있습니다.' 그러고는 아무것도 모르는 아이를 대하듯 이렇게 말했다 '온라인으로도 서비스가 가능하다는 사실을 알고 계셨나요? 다음 주소를 입력하세요. www······.'

그 임원은 기다렸다. 그리고 또 기다렸다. 기다리는 내내 음악이 흘러나왔다. 가끔씩 자동응답 멘트가 흘러나왔다. '우리는 당신의 전화를 소중하게 생각합니다. 끊지 말고 기다려주세요.' 그리고 지겨운 음악이 또다시 시작되었다. 그러던 어느 순간, 임원은 전화속 지시에 따라 0번과 5번, 그리고 7번을 눌렀다. 통화는 그로부터 15분간 이어졌다. 통화가 끝났을 때, 그 임원은 세상에서 가장 불쾌한 표정을 짓고 있었다. 그는 고객 서비스가 마음에 들지 않는다고 계속해서 투덜댔다. 나는 물었다. "로열티 프로그램을 실시하면 좀 나아질까요?" 그는 말했다. "어림도 없습니다!" 그 순간 나는 그러한 상황을 일부러 꾸몄다는 사실을 그에게 털어났다.

그의 표정은 뭔가를 깨달았음을 말해줬다. 그가 고객의 고통을 이해하도록 만드는 유일한 방법은 직접 고통을 느껴보게 만드는 것뿐이었다. 10년 동안 받아봤던 현장 보고서, 두꺼운 통계 자료, 포커스 그룹 연구는 그에게 아무런 감흥을 주지 못했다. 결국 그는 이번 체험을 하고 나서야 고객의 고통에 공감하게 되었다.

그날 저녁, 나는 임원들과 함께 고객 데이터를 분석했다. 고객의 23퍼센트가 카드 분실과 도난, 해킹, 사기, 개인정보 도용, 뚜렷한 이유 없는 승인 거절 등 매년 비슷한 어려움을 겪고 있었다. 그로부터 몇 달 후 그 신용카드 회사는 고객만족을 위해 서비스 부서를 전면 개편했다.

물론 고객의 고통을 직접 경험하는 것이 불가능한 경우도 있다. 그럴 경우 상상이라도 해야 한다. 잠시 내 친구 리의 경험을 한번 살펴보자. 리는 어릴 적부터 몽유병을 앓았다. 집이건, 친구네 집이건, 호텔방이건 장소는 중요하지 않았다. 그런 리에게 옷을 벗고 잠을 자는 것은 그리 좋은 생각이 아니다. 하지만 그는 그렇게 하고 말았다. 몇 년 전 리는 새롭게 들어선 웨스트코스트 호텔에 묵었다. 그 건물은

> 그가 고객의 고통을
> 이해하도록 만드는
> 유일한 방법은 직접
> 고통을 느껴보게 만드는
> 것뿐이었다.

고장 난 회사들

승강기 및 난간과 더불어 모든 것이 통유리로 되어 있었다. 그날 밤, 리는 자다가 일어나 문을 열고 복도로 나갔다.

문이 닫히면서 잠기는 소리가 났고, 그 순간 리는 잠에서 깼다. 새벽 3시 10분이었다. 복도에는 전화가 한 대도 보이지 않았다. 리의 휴대전화는 방 안에서 충전 중이었다. 불쌍한 내 친구는 실오라기 하나 걸치지 않은 상태였다. 어쩔 수 없이 그는 통유리 승강기를 타고 로비로 내려갔다. 문이 열렸을 때, 리는 고개를 내밀고는 외쳤다. 여기요! 아무 반응이 없었다. 한 번 더 외쳤다. 여기요! 마침내 데스크 직원이 승강기에서 삐죽이 머리를 내민 리를 발견했다.

그가 승강기 쪽으로 다가갔을 때 리는 양손으로 몸을 가리고 구석에 쭈그려 앉아 있었다. 마치 르네상스 그림에 등장하는 아담과 같은 자태였다. 리는 자초지종을 설명하고는 비상 키를 달라고 했다. 직원은 말했다. "죄송하지만 신분 확인이 안 되면 키를 드릴 수 없습니다. 운전면허증이나 여권을 갖고 계신가요?" 리는 말했다. "보시다시피 지금은 아무것도 없어요!" 직원은 답했다. "죄송합니다. 호텔 규정이라서요."

잠시 실랑이 끝에 리는 수건을 빌렸고, 데스크 직원 및 보안요원과 함께 객실로 올라갔다. 보안요원이 문을 열었고 리는 두 남자 사이에서 금고를 열어 여권을 보여줬다.

KPI는 불가항력입니다, 고객님

'불가항력Force Majeure'이라는 말은 요즘 그리 자주 쓰는 표현은 아니다. '신의 섭리act of God'라고도 하는 불가항력은 예상치 못한 일이 터지면서 차질을 빚는 상황을 뜻한다. 예를 들어 코로나19가 대유행한다. 타이어가 펑크 나면서 파티에 늦는다. 눈보라가 몰아쳐 출근을 하지 못한다. 이는 일상생활에서 나타나는 불가항력의 사례다. 얼마 전 나는 세계적인 대형 선박운송 기업인 머스크Maersk와 일을 하게 되면서 불가항력이라는 개념에 익숙해지게 되었다.

머스크는 레고와 더불어 덴마크 역사상 가장 유명하고 성공한 기업이다. 1904년에 설립되어 코펜하겐에 자리 잡은 머스크는 선단 규모와 화물 수용 능력에서 세계 최대를 자랑하는 컨테이너 운송 기업으로, 오늘날 121개국 343개 항구를 기반으로 운영되고 있다. 머스크는 실질적으로 현대적인 해상운송 시스템을 개발했으며, 오늘날 전 세계 해양을 오가는 물동량의 5분의 1을 차지하고 있다. 일반적인 머스크 선박은 6미터 길이의 컨테이너 1만 8000개를 실을 수 있으며, 총 15만 톤이 넘는 화물을 실을 수 있다. 가령 BMW 자동차 8000대, 또는 나이키 운동화와 반바지, 탱크톱 수백만 벌, 혹은 한 달 동안 나이지리아에서 판매할 모든 품종의 화훼, 아니면 약품과 곡물, 콩가루, 살충제 수천 톤을 한 번에 실을 수 있다.

이후 조만간 내가 깨닫게 되었듯, 머스크는 한 세기 넘게 국제 해운 시장을 이끌어온 대표 기업으로서 대단히 합리적인 시스템을 갖춘 좌뇌형 조직이었다. 당연하게도 머스크는 최첨단 IT 시스템을 구비하고 있었다.

그런 머스크가 왜 내게 의뢰를 했을까? 그리고 나는 어떻게 그들의 비즈니스를 개선시킬 수 있을까?

먼저 우리는 선박과 운송이 역사적으로 대단히 오래된 산업이라는 사실을 이해해야 한다. 해운업의 시스템과 운영은 20세기 초부터 효율적으로 작동했다. 선박 안에 가득 쌓인 컨테이너를 본 적이 있는가? 실제로 머스크는 그 시스템을 '개발'한 기업이다. 하지만 세월이 흐르고 머스크가 주식회사로 거듭나면서 비즈니스의 모든 측면을 효율적으로 개선하라는 주주들의 압력이 거세졌다. 그에 따라 머스크는 다가올 분기 보고서에 주목하기 시작했다. 모든 상황은 좋았다. 물론 주가가 떨어지기 전까지는. 주가가 비틀대기 시작하자 머스크의 부서들은 서로 남 탓을 하기 시작했다. 다른 한편으로, 직원들은 KPI를 충족시키지 못했을 때 벌어지게 될 일을 걱정했다. 머스크는 변화가 필요하다고 생각했지만, 동시에 변화 뒤의 상황을 걱정했다.

고객 중심 비즈니스는 기업이 원하는 것이 아니라 고객이 원하는 것을 기반으로 설계되어야 한다. 이처럼 중요한 생각을 8만 8000명이 근무하는 조직에 불어넣기 위한 방법은 무엇일까? 거대한 조직일수록 시작은 작게 하는 것이 중요하다. 나는 머스크의 핵심 시장

세 곳인 중국과 인도, 독일 사업부의 고객 서비스 개선에 먼저 집중했다. 세 곳의 사업부를 바꿀 수 있다면, 올바른 방향으로 변화되고 있다는 확신을 머스크 경영진에게 줄 수 있을 것이었다.

이를 위해 나는 동료들과 함께 상하이로 날아가 머스크 콜센터 직원들과 인터뷰하기 시작했다. 당시 그들은 머스크의 고객만족도가 기대에 못 미친다는 사실을 알지 못했다. 직원들은 다만 고객사가 최고의 능력을 발휘하도록 최선을 다해 서비스하고 있다고 말했다. 나는 헤드셋을 끼고 자리에 앉아 통역가의 도움을 받아 직원들의 통화를 하나씩 들어보기 시작했다.

처음에는 특별히 이상한 점을 발견하지 못했다. 고객들은 전화를 걸어 불만을 제기하거나 힘든 상황을 토로했다. 콜센터 직원들은 어떻게든 문제를 해결하고자 했고, 그들이 할 수 없는 사안이면 해결 가능한 다른 부서로 전화를 돌렸다. 여전히 특이한 점은 없었다. 그런데 나중에 콜센터 데이터를 분석했을 때, 나는 걸려오는 통화의 상당수가 '불가항력' 범주로 분류된다는 사실을 확인하고는 깜짝 놀랐다. 궁금한 생각이 들었다. 대서양을 오가는 과정에서 어떻게 그렇게 많은 문제가 신의 간섭으로 발생하는 것일까? 포세이돈이 개입한 걸까? 그리고 며칠 후, 나는 불가항력이 복수심에 불타는 바다의 신이 아니라 비현실적인 KPI 시스템과 밀접한 관련이 있다는 사실을 발견했다.

머스크 콜센터 직원이 문제를 불가항력 범주로 집어넣을 때, 그들은 한 쪽짜리 보고서만 작성하면 되었다. 반면 다른 범주의 사안이나 불만 사항일 경우, 4~5쪽에 달하는 보고서를 작성해야 했다. 대략 한 페이지 작성에 1분이 걸린다고 해도, 일반적인 범주에 해당하는 문제가 많아질수록 그들의 하루가 그만큼 바빠진다는 것을 의미했다. 다시 말해 직원들이 그렇게 자주 불가항력 버튼을 클릭했던 것은 시간을 절약하기 위함이었다.

그런데 이러한 상황이 어떻게 계속될 수 있었을까? 대답은 간단했다. 그것은 KPI 때문이었다. 머스크는 콜센터의 성과와 생산성을 최고의 고객 서비스가 아니라 '시간'이라고 하는 단일 기준으로 평가했다. 그래서 콜센터의 생산성은 엄청나게 높게 나타났다. 고객의 전화를 얼마나 빨리 해결하고 다음 고객으로, 그리고 그 다음 고객으로 넘어가는가가 핵심이었던 것이다.

나는 불가항력 버튼이 KPI 기준을 따라잡기 위한 수단이었다는 사실은 물론, 머스크의 최대 경쟁사에서 쓰는 또 다른 기술도 발견했다. 그것은 '블라인드 포워드blind forward'라는 버튼이다. 그러나 이는 고객 서비스의 취지에 반하는 기술이다. '수동적인 공격'을 뜻하는 블라인드 포워드 버튼은 골치 아픈 문제로 전화를 건 고객, 혹은 말이 지나치게 많은 고객에 대처하는 한 가지 방법이다. 직원들은 이 버튼을 누름으로써 문제를 해결하는 대신에 전화를 건 사람을 무작위로 다른 사람이나 부서(영업, 마케팅, 전략, IT)로 넘겨버릴 수 있다. 그러면 고객은 조만간 영문도 모르고 전혀 준비도 되어 있지 않은, 심지어 왜 자신에게 전화가 넘어왔는지도 모르는 직원과 이야기를 나누고 있다는 사실을 깨닫게 된다. 나는 블라인드 포워드 버튼의 목적이 고객을 괴롭히기 위한 것인지, 그리고 다른 기업에서도 이러한 방법을 보편적으로 활용하는지 궁금하지 않을 수 없었다!

몇 달 후, 머스크는 상식을 되찾았다. 가장 먼저 경영진은 콜센터의 KPI 시스템을 수정함으로써 고객만족과 관련 있는 핵심 기준(신뢰성, 문제해결, 송장 품질)을 중심으로 성과를 평가하기 시작했다. 비록 사소하고 평범한 변화였음에도 이후 머스크의 고객만족도는 두 배 가까이 높아졌다. 그만큼 고객이 다른 경쟁사로 넘어갈 위험은 낮아졌다.

그런데 상식의 관점에서 볼 때 블라인드 포워드 버튼으로 이익을 보는 자는 누구일까? 기업? 고객? 아니면 그 누구도 아닌가?

고객은 이미 답을 알고 있다

지금까지 살펴봤듯이 고객 서비스를 개선하기 위한 가장 상식적인 변화는 간단하다. 기업이 해야 할 일은 다만 시간을 내서 고객과 직접 이야기를 나누려는 노력뿐이다.

예를 들어, 영국에서 인기가 높았던 캐스키드슨 지갑이 두 번째로 큰 시장인 아시아에서는 잘 팔리지 않았던 이유는 무엇일까? 나는 여러 명의 일본 고객에게 이 질문을 던졌고 그 이유를 곧바로 확인할 수 있었다.

서구 사회에서 지갑은 대부분 표준 사이즈로 만들어진다. 그 안에는 다양한 종류의 신분증과 직불 및 신용카드, 멤버십 카드, 도서관 및 회사 출입증을 넣을 수 있는 여러 개의 칸이 있다. 또한 이러한 신분증 및 카드 역시 표준 규격으로 출시되며, 지갑 제조업체는 그 규격을 기준으로 지갑을 디자인한다. 그렇다면 캐스키드슨 지갑이 아시아, 특히 일본 시장에서 잘 팔리지 않았던 이유는 무엇일까? 일반적으로 일본인은 서구인에 비해 훨씬 더 많은 카드를 지갑에 넣고 다닌다. 게다가 일본에서 유통되는 카드는 서구에 비해 작고 크기 또한 다양하다. 간단하게 말해서 규격이 문제였던 것이다. 그들이 갖고 있는 카드 중 절반은 캐스키드슨 지갑에 넣기에 너무 작거나 컸다.

돌이켜 보건대, 캐스키드슨은 아시아 시장에 지갑 라인을 런칭하기 전에 이러한 사실을 충분히 고려했어야 하지 않을까? 캐스키드슨은 또한 매장에도 별 신경을 쓰지 않았다. 한번 생각해보자. 캐스키드슨의 최대 고객은 딸을 둔 엄마들이다. 그런데 왜 매장 내 마네킹은 죄다 30~40대 여성뿐인가? 엄마와 딸 마네킹을 함께 세워놓고 제품을 진열하는 것이 보다 효과적이지 않을까? 많은 여성은 행복한 엄마와 딸을 이상적인 가정의 상징으로 여긴다. 그들의 이상향 속에서 엄마와 딸은 커플룩을 입고, 싸우지 않고, 서로에게 모든 것을 터놓고 말한다(알다시피 패션은 현실이 아니라 이상을 판매하는 산업이다). 또한 엄마는 자신의 취향을 딸에게 물려주고자 한다. 이후 캐스키드슨 매장 관리자들이 여성 마네킹 옆에 어린이 마네킹을 세워놓자, 키즈 의류 라인의 매출이 치솟았다.

또한, 캐스키드슨 매장에서 쇼핑하는 여성들 대부분은 많은 제품을 한꺼번에 고르는 경향이 있었다. 그러다 손이 부족하면 몇몇 제품을 선반 위로 도로 가져다뒀다. 그래서 나는 매장 안에 쇼핑 바구니를 비치해둘 것을 제안했다. 이 아이디어는 이후 즉각적인 매출 상승으로 이어졌다. 마지막으로, 남성 고객은 아내나 여자 친구와 함께 마지못해 매장을 찾는 경우가 많았다. 그들은 기다리면서 몹시 지루해했다. 특히 여성을 위한 제품이 대부분인 캐스키드슨 매장에서는 더 그랬다. 그래서 나는 매장 안에 남성 고객을 위한 휴식 공간을 만들도록 제안했다. 이는 모든 연령대의 남성 고객에게 쇼핑의 피로를 덜어주기 위한 것이었다. 이러한 시도 역시 사소한 노력에 불과했지만, 고객에게 쇼핑이 보다 즐거운 여행이 되게 해줬다. 다시 한번 말하지만, 약간의 상식을 적용했을 뿐이다.

4장

교활한 사내 정치

내 첫 직장은 덴마크의 작은 도시 스키베에 있는 광고 회사였다. 그때 나는 젊고 에너지 넘치고 아이디어와 확신으로 가득했다. 또한 순진했다. 물론 순진한 사람은 일반적으로 스스로 순진하다고 생각하지 않지만, 그것 또한 순진해서 그런 것이다. 어쨌든 나는 엄청나게 열정적이고 야심 찼다. 그리고 CEO의 '귀' 역할을 자처했다. 아마도 CEO는 내게서 열정적이었던 젊을 적 자신의 모습을 발견했던 듯싶다.

입사한 지 몇 달 지나지 않아 나는 회사에서 확실히 자리를 잡았다. 당당한 일원이 된 것이다. 그러나 커튼 뒤에서 무슨 일이 벌어지고 있는지는 전혀 알지 못했다.

그 광고 회사에는 나보다 나이 많은 여성 아트디렉터가 있었다. 그녀의 사무실은 내 방 바로 옆이었다. 그녀는 특히 한 선임 컨설턴트와 가깝게 지냈다. 50대 후반의 그 컨설턴트 자리는 복도 맨 끝에 있었다. 나는 두 사람이 이야기를 나누고 점심을 함께 먹는 모습을 종종 목격했다. 물론 로맨틱한 사이는 아닌 그저 동료 관계였다. 나중에 알게 되었지만, 두 사람은 내가 알고 있는 것 이상으로 서로를 챙겨주는 각별한 사이였다.

입사 후 9개월쯤 된 어느 날 아침, 나는 여느 때처럼 일찍 출근했다. 그런데 평소와 달리 아트디렉터 사무실의 문이 닫혀 있었다. 이상한 상황은 계속되었다. 많은 사람이 그녀의 사무실을 드나들었고, 그들 대부분 내 동료들이었다. 궁금함을 참다 못한 나는 한 동료에게 무슨 일인지 물었다. 그녀는 이렇게 말했다. "당신과 관련해서 면담을 했어요. 많은 걸 묻더군요."

나? 나에 관한 무엇을? 내가 뭘 잘못했나? 그렇다면 그게 뭘까? 왜 내 동료들과 나에 대해 면담을 나눈단 말인가? 게다가 내 동료들 모두 아트디렉터가 나를 싫어하는 눈치였다고 말했다. 아마도 나를 회사에서 쫓아내기 위해 일을 꾸미는 것처럼 보였다.

나는 생각했다. '내게 이럴 순 없어.' 나는 상처받고 혼란스러워졌다. 그리고 무엇보다 화가 났다. 어떻게 내게 그런 일을? 그때까지 나는 열심히 살아왔다. 학교에서 열심히 공부했고 과제와 시험에도 충실했다. 12살 무렵에는 스스로 광고 회사를 차리기도 했다. 그리고 취직을 했고 미친 듯이 일했다. 중요한 규칙은 따랐지만 낡고 부조리한 규칙에는 이의를 제기했다. 그런데 동료들은 내게, 그러한 나의 삶과 전혀 어울리지 않는 이야기를 하고 있었다.

내 짐작은 맞았다. 나중에 확인한 바에 따르면, 그 아트디렉터는 나에 대해 악의적인 소문을 퍼뜨리고 있었다. 그녀의 목적은 최대한 많은 동료를 설득해서 나를 해고하는 것이었다. 그 이유는 자신과 친한 선임 컨설턴트의 자리를 지키기 위해서였다.

그러나 나는 단 한 번도 그 컨설턴트의 자리를 욕심낸 적이 없었다! 혹시 계속 그렇게 열정적으로 일을 하면 언젠가 그의 자리를 차지하게 될 것이라는 사실을 나만 몰랐던가? 그때 나는 처음으로 사내 정치를 경험했다. 물론 그건 마지막이 아니었다. 참으로 이상하게도 몇 년 후에는 정반대의 상황을 경험하게 되었다. 당시 나는 글로벌 광고 기업인 BBDO에서 일하고 있었다. 내게는 나보다 나이가 많은 부하 직원이 있었다. 어느 날 오후 그녀의 자리를 지나가는데 컴퓨터 화면보호기가 눈에 들어왔다. 그 화면 속에는 행복한 표정의 판다가 하늘을 향해 날아올랐다가 떨어지고 있었다. 참으로 귀여운 모습이었다. 그런데 판다의 오른쪽 발목에 사슬과 쇠공이 달려 있었다. 나는 화면을 가리키며 물었다. "저게 뭐죠?" 그러자 그녀는 아무렇지 않은 듯 이렇게 말했다. "당신 밑에서 일하고 있는 저예요."

나는 부하 직원으로부터 일종의 통고를 받은 셈이었다. 물론 나는

> 정치적인 기업의 경영진과 직원은 자신들의 수직 체계에 갇혀서 외부 세상을 제대로 바라보지 못한다.

내가 부하 직원에게 가혹하게 굴거나 무리한 요구를 한다고 생각하지 않았다. 판다에게서 꿈을 빼앗는 그런 사람이 아니었다. 그런데 내가 그처럼 끔찍한 상사라고? 어쩌면 나는 나도 모르는 사이 모종의 정치적 고리를 만들고 있었던 건지 모른다.

권력은 비공식 조직도에 있다

사내 정치가 직장에서 상식을 파괴한다는 주장은 매우 복잡 미묘해서 언뜻 이해하기 힘들다. 내 스스로 경험했듯이, 사내 정치는 은연중에 널리 퍼져나가 구성원들이 인식하지 못하는 사이에 관계와 생산성을 망가뜨린다.

지위와 권력, 야심, 경쟁이 존재하는 모든 곳에서 정치는 이루어진다. 정치는 인간의 본능이자 '동물'의 본능이며, 고등학교 교실은 물론 비즈니스 세계에도 만연해 있다. 정치적인 기업의 경영진과 직원은 자신들의 수직 체계에 갇혀서 외부 세상을 제대로 바라보지 못한다. 이러한 조직 내 정치를 이해하기 위한 한 가지 좋은 방법은 좀 색다른 체스 게임을 떠올려보는 것이다.

두 선수가 체스판 앞에 마주 앉아 있다고 상상해보자. 처음에는 아무것도 이상할 게 없다. 양쪽에 16개씩, 총 32개의 검은 말과 흰 말이 놓여 있다. 체스를 해본 사람은 알겠지만 이 게임의 목적은 체크메이트, 다시 말해 자신의 폰과 룩, 비숍, 나이트 등을 이용해서 상대의 킹을 꼼짝 못하게 만드는 것이다. 체스에서 어떤 말은 한 칸씩, 다른 말은 두 칸씩 이동한다. 또 다른 말은 대각선으로 이동한다. 사내 정치는 이러한 체스 게임과 닮았다. 하지만 중요한 차이점이 있으니 그것은 맘대로 규칙을 어길 수 있다는 것이다. 정치판에서 선수들은 자신의 말을 '위장'할 수 있다. 즉, 어떤 말도 실제 보이는 것과 다를 수 있다. 퀸이 사실은 비숍일 수 있고 나이트가 퀸일 수 있다. 폰과 루키가 정체를 서로 바꿀 수도 있다. 이 게임에서 규칙은 아무런 소용이 없다. 한 칸이든 두 칸이든, 아니면 대각선이든 마음대로 움직일 수 있다. 킹이 정말 킹일까? 혹시 비숍이 킹은 아닐까? 퀸은 어떻게 움직일까?

조직을 실질적으로 움직이는 사람도 이러한 말과 같다. 그래서 나는 기업의 의뢰를 받아 일을 시작할 때 가장 먼저 직원들과 인터뷰를 한다.

기업에는 공식적인 조직표와 더불어 비공식적 조직표도 존재한다. 나는 비공식적 조직표를 통해 조직 안에서 일어나는 진짜 일을 파악한다. 연구 결과 역시 이러한 사실을 뒷받침한다. 한 연구 사례를 보면, 어떤 군수 업체가 계약을 따냈다. 그 기업이 계약 조건을 이행하기 위해서는 생산량을 늘려 하루에 50단위를 만들어내야 했다.[1] 그리고 이를 위해 새로운 엔지니어를 영입하고, 직원도 더 뽑고, 공장 관리자를 교체했다. 또한 생산 라인도 확장했다. 하지만 아무런 변화가 없었다. 공장의 생산량은 여전히 하루 35단위에 머물러 있었다. 결국 그 기업은 원인을 밝혀내기 위해 해외에서 한 엔지니어를 초빙했다.

그 엔지니어는 공장을 둘러보는 대신 직원들을 만나 이야기를 나눴다. 때로는 그들과 함께 술을 마시기도 했다. 그는 그 과정에서 '공식적인' 조직표와는 달리 직원들의 존경을 받는 경험 많은 한 임원이 실제 권력을 쥐고 있다는 사실을 알아냈다. 그 임원은 경영진의 대우에 불만을 품고 있었고 그 때문에 생산 속도를 제어하고 있었다. 즉, 하루 35단위에 머물도록 고의적으로 막고 있었던 것이다. 그 엔지니어는 그 임원을 만나 불만 사항을 들어봤다. 그리고 새로운 계약이 그들에게 어떤 이익이 될 것인지 설명했다. 이후 기업의 생산성은 목표치를 달성했고 때로 초과하기까지 했다.

다음으로 노텔Nortel의 사례로 넘어가보자. 이 대규모 텔레콤 기업[2]은 규모가 성장하면서 모든 직급에 걸쳐 많은 직원을 채용했다. 구성원 모두 기업의 공식적인 조직표를 잘 알고 있었다. 그런데 무슨 문제가 있었을까? 그것은 누구에게도 의사 결정을 내릴 권한이 주어지지 않았다는 것이었다. 이로 인해 가파른

사내 정치는 이러한 체스 게임과 닮았다. 하지만 중요한 차이점이 있으니 그것은 맘대로 규칙을 어길 수 있다는 것이다. 어떤 말도 실제 보이는 것과 다를 수 있다. 킹이 정말 킹일까? 혹시 비숍이 킹은 아닐까? 퀸은 어떻게 움직일까?

고장 난 회사들

성장에도 불구하고 노텔은 심각한 병목현상을 겪게 되었다. 그리고 기민하게 움직이는 경쟁사에 조금씩 시장을 내어주기 시작했고, 급기야 파산 직전으로 몰리고 말았다. 당시 조직 내 누구도 비공식적 조직표라는 것이 존재하고 있으며, 그들이 여기에 주목해야 한다는 사실을 알지 못했다.

당신이 속한 조직에 대해 한번 생각해보자. 보이지 않는 잉크로 작성된 규칙이 있는가? 아무도 시키지 않았음에도 주말까지 나와서 일을 해야 하거나, 혹은 매주 금요일 회의에 참석해야 하는 것은 아닌가? 그리고 이러한 암묵적인 약속을 어길 경우, 다른 구성원들이 당신을 동료로 여기지 않을 것인가? 상사가 특정한 브랜드의 제품을 갖고 있기 때문에, 당신은 그보다 낮은 브랜드의 차를 몰거나 시계를 차야 하는가? 아무도 이야기하지 않고 인정하기 싫어하지만, 인사팀이 조직을 좌지우지하는 것은 아닌가?

이러한 질문들을 염두에 두고서, 나는 조직의 표본에 해당하는 사람들과 인터뷰를 한다. 여기에는 경영진과 중간 관리자, 사원, 인턴, 접수원, 혹은 청소부까지 포함한다. 그리고 이메일과 전화 통화의 흐름을 추적해본다. 또한 직원의 동의하에 메시지 플랫폼인 왓츠앱에서 메시지 흐름도 확인한다. 한번은 어떤 부서에서 한 집단이 다른 집단과 긴밀하게 메시지를 주고받는다는 사실을 확인한 적이 있었다. 그러나 두 집단 사이에 공식적인 연결 고리는 전혀 없었다. 나는 직원들에게 이렇게 물었다. '힘든 문제가 생겼을 때 회사에서 누구를 찾아갈 것입니까?' 혹은 '아이디어가 파괴되는 곳은 어디입니까? 그리고 당신의 업무를 정말로 힘들게 만드는 다섯 사람은 누구입니까?'

예를 들어 이러한 경우들이 있다. CEO가 모든 의사결정 권한을 인사팀장에게 넘긴다. COO가 자신의 권한을 지키고, 협력을 가로막고, 동료의 권한을 빼앗는 일에만 정신이 팔린 위험천만한 갈등 유발자다. 혹은 4층 법무팀에서 일하는 한 까다로운 관리자가 모든 컨설팅 프로젝트를 훼방 놓고 있다. 때로는 반대되는 경우도 있다. 예를 들어 세 명의 직원이 성과를 올리고 모든 문제에 참신한 해결책을 제시한다는 이야기가 들려오기도 한다(이러한 이야기를 CEO와 공유할 때마다 그들은 대개 이런 반응을 보인다. "그걸 알기까지 1년이 걸렸군요").

사내 정치를 경고하는 신호들

2008년 경기 침체가 시작될 무렵에 워런 버핏은 이런 말을 했다. "물이 빠지고 나면 누가 발가벗고 수영을 하고 있는지 알게 될 것이다."[3] 기업의 비공식적 조직표가 드러났을 때에도 이와 비슷한 일이 벌어진다. 그때 당신은 아마도 엽서에 그려진 평화로운 해안가의 풍경이 아니라, 바위 틈의 웅덩이와 모래톱, 해조류, 괴이하게 생긴

온갖 해양 생물을 발견하게 될 것이다. 그리고 녹슨 부표와 난파선의 잔해, 사람을 순식간에 집어삼키는 거센 조류를 보게 될 것이다.

조직 내에서 가장 교활한 정치적 인물은 누구인가? 할리우드 영화를 보면, 최고의 자리에 오르기 위해 수단과 방법을 가리지 않는 야심 찬 젊은이가 종종 등장한다. 영화가 끝나갈 무렵, 그는 통유리로 된 크고 화려한 사무실에서 발아래로 펼쳐진 도시를 바라보며 홀로 서 있다. 그리고 이렇게 생각한다. '그만한 가치가 있었던가? 결국 나는 친구 하나 없는, 껍데기만 남은 반사회적 나르시시스트가 되고 말았어.'(물론 많은 관객은 이렇게 생각할 것이다. '그럼, 그럴 만한 가치가 있지' 그러나 영화관을 나가면서는 옆 사람에게 이렇게 속삭일 것이다. '결말이 너무 쓸쓸하군. 참 외로운 사람이야') 다행스럽게도 나는 현실에서 이런 사람을 만난 적이 없다. 기업에는 멋지고, 똑똑하고, 열정적이고, 선한 사람이 많다. 하지만 이런 사람들을 한군데 모아두면 국회의 정치판과 같아진다. 다음은 사내 정치의 존재를 알리는 몇 가지 신호다.

복잡한 직급

큰 성공을 거둔 세계적인 기업은 직급 체계가 단순하다. 3단계, 혹은 기껏해야 4단계로 이뤄져 있다. 반면 10단계를 넘어설 때(18단계에 이르는 기업도 있다!) 사내 정치는 그만큼 복잡해지고 업무 부담도 늘어난다. 한 단계가 추가될 때마다 업무 부담은 10퍼센트 이상 증가한다. 많은 기업에서 업무 시간의 약 60퍼센트가 이로 인해 낭비된다. 생산성은 크게 떨어질 수밖에 없다.

지리적으로 분산된 조직

뉴욕과 로스앤젤레스, 암스테르담, 런던, 싱가포르, 뭄바이에서 지사를 운영한다고 상상해보자. 그럴 때 언어 및 교육과 관련해 갖가지 문제가 생길 위험이 높다. 가령 서로 다른 문화와 세계관, 업무 시간대, 직급 체계에 따른 문제가 나타날 것이다. 1만 킬로미터나 떨어진 지사와 의사소통을 할 때, 일반적으로 우리는 스카이프 같은 통신 수단을 사용한다. 그러나 의사소통 과정에서 많은 혼란이 빚어질 것이며, 대부분 해결이 쉽지 않다.

특히 언어는 가장 중요하고 핵심적인 사안이다. 조직 내 구성원들은 외부인은 전혀 알아듣지 못할 전문용어와 약어로 구성된 그들만의 언어로 소통한다. 여기서 당신은 '우리'이거나 '그들' 즉, 내부인이거나 외부인이다. 그렇다면 전 세계에 지사를 운영하는 글로벌 조직은 어떻게 지역적 한계를 뛰어넘는 공유 언어를 창조할 수 있을까? 공유 언어야말로 글로벌 기업의 진정한 차별화 요소다. 그러나 많은 기업이 이 지점에서 어려움을 겪고 있다.

표리부동한 상사

앞서 언급했듯이 리더들은 조직 내에 상식과 관련된 문제가 거의 없다고 생각하는 경향이 있다. 또한 그들은 대개 의사결정을 민주적으로 한다고 말한다. 하지만 직원들은 그 말을 곧이곧대로 듣지 않는다. 상사가 의사결정 권한을 팀원에게 준다고 해도, 사실은 자신이 원하는 대답을 미리 정해놓고 있기 때문이다.

끼리끼리인 조직

머스크와 같은 기업은 틀림없이 감수성이 풍부한 시인이나 예술가 같은 사람은 뽑지 않을 것이다. 대신에 극단적으로 좌뇌형인 사람들만 받아들일 것이다. 입사 면접이 까다롭기로 유명한 구글 역시 마찬가지일 것이다. 최근까지도 구글은 면접에서 이런 질문을 던졌다. "인도에 빗방울이 떨어지는 것을 모형화해보시오. (인도의 길이는 1미터이고 빗방울은 1센티미터라고 할 때) 인도는 언제 완전히 젖게 되는가?"[4] 좀 더 쉬운 질문으로 이런 것도 있었다. "미국에서 얼마나 많은 사람이 매년 머리를 자를까?"

비슷한 사람들로 구성된 조직은 아마도 내부 정치와 관련해서 큰 어려움은 겪지 않을 것이다. 상식과 공감이 종적을 감춘 상황에서도 좋은 관계를 유지해나갈 것이다. 하지만 어떠한 문제로 조직이 붕괴될 때, 내적 저항(소위 면역 시스템)이 작동하면서 외부에서 구성원이 유입되는 것을 거부하게 된다. 그리고 그 상태에서 정치가 잔해처럼 조직 전반에 내려앉게 된다. 한 가지 안타까운 소식은 이러한 조직 붕괴가 거의 모든 기업에서 일어난다는 사실이다.

사일로와 KPI

일반적으로 기업은 50~150개에 달하는 KPI를 관리한다. 그러나 이와 관련해서 합계가 항상 부분보다 크다는 낙관적인 생각은 일단 접어두자. 오늘날 KPI의 병적인 확대는 조직이 서로 떨어진 독립적인 부분, 즉 사일로^{silo}(회사 안에 성이나 담을 쌓고 외부와 소통하지 않는 부서를 가리키는 말 – 옮긴이)로 이뤄져 있다는 사실을 드러낸다. 나는 KPI에 '고객 집중'이나 '고객만족'과 같은 항목이 포함된 사례를 많이 봤다. 하지만 좀 더 면밀히 들여다볼 때, 조직의 전체 역량에서 겨우 1~2퍼센트를 이러한 기준에 집중하고 있다는 사실을 발견하게 된다. 어떻게 2퍼센트만 고객에게 집중한단 말인가? 1년에 고작 3일만 고객에게 집중한다는 뜻이다!

더 나쁜 것은 KPI의 확대가 가끔 부정적인 결과로 이어진다는 사실이다. 사람들은 점차 거시적인 관점에서 바라보지 못하게 된다. 내가 함께 일한 어느 기업의 경우, 몇몇 원로 직원은 내게 KPI가 늘어나기 전에는 고객 이름을 모두 알고 있었노라고 자랑스럽게 얘기했다. 그러나 이제 조와 아이린은 1129번 고객과 3094번 고객이 되어버렸다. 숫자로 대체된 고객의 이름은 기업이 집중해야 할 대상을 잃어버리고 있다는 사실을 상징한다.

투자자들이 CEO의 장기적인 비전보다 다음 분기 성과에 집중하면서, 오늘날 KPI는 조직 전반에 걸쳐 '투명성'과 '책임'을 촉구하는 기준이 되고 말았다. 물론 기업은 KPI를 통해 투명성과 책임을 강화할 수 있다. 하지만 그것은 비즈니스의 일관성과 조직문화를 희생함으로써 가능한 일이다. 그 결과는 뭘까?.그것은 근시안적 관점으로 조직을 마비시키는 것이다. 그리고 이러한 상황에서 벗어나기 위해 기업은 더 많은 KPI와 자문, 보고서, 프레젠테이션에 집착한다.

사내 정치는 상식의 적이다. 기업의 방향과 우선순위가 명확하지 않을 때, 그에 따른 혼란은 조직 시스템을 망가뜨리고 원칙 대신에 개인에게 특권을 부여한다. 조직은 오직 내부에만 집중한다. 기업이 내부에만 집중할수록 스스로를 객관적으로, 혹은 투명하게 바라보지 못한다. 이는 마치 보이지 않는 올가미에 걸린 상황과 같다. 가공의 현실이 어느새 비공식적 법칙이 되어버린다. 이러한 상황에서 기업은 진지하게 고민하고 분석하지만 그들의 의사결정은 대개 비합리적이다. 그 과정에서 상식은 찾아볼 수 없다.

나는 오래전에 스칸디나비아항공^{SAS}의 비즈니스 클래스를 종종 이용했다. 그런데 한번은 기내식으로 공기 가득한 작은 봉지 안에 든 스낵이 나왔다. 나는 승무원에게 그 이유를 물었다. 그러자 그는 얼마 전 승객 1000명을 대상으로 광범위한 설문 조사를 실시했는데, 많은 사람이 기내식이 없는 것을 선호한다고 응답했기 때문이라고 설명했다.

대체 어떤 승객이 기내식을 포기하고 풍선 같은 프레첼 봉지를 선택한단 말인가? 그들이 말하는 "광범위한 설문 조사"는 대체 누구를 대상으로 이루어진 것인가? 그들이 던진 질문은 아마도 이런 식이 아니었을까 싶다. '코펜하겐에서 스톡홀름으로 가는 동안 500달러를 절약할 수 있다면, 당신은 기내식을 선택하시겠습니까, 아니면 500달러 할인을 선택하시겠습니까?' 그들은 아마도 이처럼 조작된 편향적인 결과를 핑계로 노동과 비용이 많이 드는 서비스(기내식)를 중단했을 것이다. 그러고는 '승객의 목소리에 귀를 기울였다'고 스스로 만족했을 것이다. 이는 거대한 컨설팅 기업이 가상의 현실을 창조하거나, 혹은 오직 편협한 시선으로 세상을 바라본 결과물에 불과하다. 기업이 컨설팅 업체와 계약을 맺을 때, 먼저 경영진이 가설을 세우고, 6개월 후 컨설팅 업체는 바로 그 가설을 절대적으로 뒷받침하는 연구 결과를 내놓는다. 그러나 이는 사후 정당화에 불과하다.

둘러대기와 비밀이 만연한 곳

하는 말과 그 속뜻이 다른(그러나 당신은 그 차이를 알고 있는) 비즈니스맨과 이야기를 나눠본 적이 있는가? 물론 표현과 의미의 차이는 전 세계적으로 다양하게 나타난다. 예를 들어 네덜란드와 덴마크 사람들은 솔직함으로 유명하다. 반면 스웨덴 사람들은 동의를 구하는 경향이 강하다. 많은 영국 비즈니스맨은 겉으로는 공손하지만,

속뜻은 다른 경우가 많다. 미국에서도 솔직함은 권장 사항이 아니다. 미국인들은 당신의 의견에 동의하지 않는다거나 당신의 아이디어나 전략이 쓸모없는 것이라고 말하지 않는다. 대신에 '반발'이나 '역풍' 같은 "외교적인" 표현을 사용한다. 미국에서는 아무도 해고를 당하지 않는다는 사실을 알고 있는가? 대신에 그들은 요정이 하늘에서 내려오듯 부드럽게 자리에서 내려올 뿐이다. 혹은 아이들이 풍선을 나무 위로 날려버리는 것처럼 기업은 그들을 그저 놓아줄 뿐이다. 그들은 고속도로가 아니라 해안도로 일주를 선택한 관광객처럼 이렇게 말한다. "당신의 거취와 관련해서 우리는 다른 선택을 내렸습니다."

빙빙 돌려 말하기와 관련해서 몇 가지 사례를 살펴보자. 이들 모두 상식과 거리가 멀다.

표현: 그 아이디어는 잠시 보류합시다.
속뜻: 그 말도 안 되는 아이디어에 아무 관심도 없습니다. 그래도 나중에 다시 고려할 것처럼 마무리합시다. 관심을 기울이는 척합시다! 좀 있으면 모두 잊어버릴 겁니다.

표현: 제게도 자료를 보내주세요!
속뜻: 됐습니다. 말도 안 되는 아이디어로 파워포인트를 만들면 저는 더 많은 숫자와 데이터로 반박을 할 겁니다. 당신의 자료를 읽어볼 생각이

없습니다.

표현: 좋은 아이디어군요! 기존 업무에 / 프로젝트에 / 위원회 안건에 /다음 회의에 포함시키도록 합시다.

속뜻: 지난 7년간 20명이 매달려온 그저 그런 프로젝트에 집어넣도록 합시다. 별다른 성과가 없을 거라는 사실을 굳이 설명할 필요는 없겠죠!

표현: 조가 지지한다면 저도 참여하겠습니다.

속뜻: 제가 동의한다고 해도 그 아이디어는 성공하지 못할 것입니다. 그래도 조가 함께 한다면 적어도 혼자서 실패를 하지는 않겠죠.

표현: 일단 회의를 취소합시다. 나중에 어떻게 연락하면 좋을지 알려주세요.

속뜻: 당신은 완전히 곤경에 빠졌군요.

표현: 전화 대신에 이메일로 보내주세요.

속뜻: 큰 문제가 터졌군요.

표현: 마틴, 당신이 알아둘 게 있어요. 자, 마틴. 그날 마지막 시간에……

속뜻: 마틴, 나는 말을 할 때마다 당신 이름을 부르고 있어요. 친근하고 부드럽게 말이죠. 마틴, 그건 내가 당신의 아이디어를 싫어한다는 것을

최대한 에둘러 표현하는 겁니다. 마틴. (혹은) 당신이 싫어요, 마틴. (혹은) 당신 이름조차 듣기 싫어요. 다시는 만날 일이 없었으면 해요.

사내 정치가 발생하는 진짜 원인은 비밀에 있다. 투명성의 부재야말로 기업을 실패로 몰아가는 가장 큰 요인이다.

나는 예전에 심각한 재정 위기에 빠진 슈퍼마켓 체인의 컨설팅 의뢰를 받은 적이 있다. 내가 보기에 그 기업은 철저하게 모든 걸 숨기려 했다. 그 이유가 뭘까? 기업의 대표는 아무런 연설조차 할 수 없었고, 직원들은 온라인에 뭔가를 게시할 수도 없었다. 고개를 돌리는 곳마다 새로운 NDA^nondisclosure agreement (기밀유지협약서) 와 맞닥뜨려야 했다. 망해가는 슈퍼마켓에서 대체 누가 뭘 훔쳐간단 말인가?

이후 그 기업은 내 조언에 따라 기존의 방식을 바꿔나가기 시작했다. 비밀을 줄이고 투명성을 강화했다. 나중에 그 기업의 CEO는 투명한 경영을 통해 중요한 두 가지 교훈을 배웠다고 말했다. 첫째, 기업이 무슨 일을 하는지 세상에 널리 알림으로써 훌륭한 인재를 끌어오기가 한결 쉬워졌다. 둘째, 불투명한 경영 방식으로 직원들을 고립시키고 있다는 사실을 깨달았다. 그 기업은 투명성을 높임으로써 구성원들의 협력을 강화했다. 그들이 새롭게 추구한 투명성은 긍정적인 자기만족감을 가져다줄 터였다.

그 밖에 조직에서 정치를 제거하고 상식이 통하게 할 방법으로 무엇이 있을까?

조직을 좀먹는 정치를 없앨 수 있는 한 가지 방법은 실수를 저지른 후에 만회하는 방법을 적극적으로 배우는 것이다. 한 가지 사례를 들어보자. 유나이티드항공United Airlines은 승객을 협박하는 항공사로 종종 거론되곤 했다. 그러나 우리는 이들의 사례를 다시 들여다볼 필요가 있다. 그것은 유나이티드항공이 결국 조직에 상식을 불어넣는 데 성공했기 때문이다.

2017년 시카고 오헤어 국제공항에서 유나이티드항공 보안요원들이 69세의 베트남계 미국인 의사를 비행기에서 강제로 끌어내는 사건이 있었다(말 그대로 그 승객을 비행기에서 질질 끌고 나왔다). 당시 초과 예약을 받았던 그 항공사는 네 명의 승객을 다음 편 비행기에 태우고자 했다(나중에 밝혀진 바에 따르면, 다음 공항에서 네 명의 자사 직원을 태우기 위해서였다고 한다). 그러나 아무도 지원하지 않았고 유나이티드항공은 무작위로 네 명을 골랐다. 그리고 끝까지 내릴 것을 거부했던 그 의사를 강제로 끌어내렸다. 하지만 그들이 몰랐던 것은 그 장면을 다른 승객들이 사진과 동영상으로 찍었다는 사실이었다. 결국 그 장면이 널리 퍼지면서 유나이티드항공은 치명타를 입고 말았다.

사건 영상이 전 세계 뉴스 채널을 통해 보도되고 24시간이 지난 후, 유나이티드항공 CEO 오스카 뮤노즈Oscar Munoz는 직원들의 대처 방식을 두둔하는 성명을 발표했다. 그는 보안요원들이 정당한 절차를 따랐으며 오히려 해당 승객이 폭력을 행사했다고 해명했다. 그러나 이러한 변명에 반발한 탑승객들은 그들이 찍은 영상으로 그 해명이 거짓임을 말해줬다.

그리고 48시간 후, 뮤노즈는 입장을 바꿔 사과문을 발표했다. 이로 인해 그는 이미 내정되어 있었던, 회장직을 놓쳐버렸다. 이후 유나이티드항공은 해당 승객과 합의를 봤다(합의금은 알려지지 않았다). 사건은 이렇게 마무리됐다. 그러나 여기서 중요한 사실은 유나이티드항공이 그 후로 조직 내부에 상식을 새롭게 주입하면서 기업 문화를 다시 구축하고 직원들의 행동방식을 바꾸는 데 성공했다는 것이다.

이러한 위기를 겪지 않을 때, 사내 정치를 제거하고 상식을 되찾는 최고의 방법은 투명성을 높이는 것이다. 최고의 기업들 모두 공통적으로 신뢰와 감성 지능이 높다. 그들은 비밀을 장려하지도 않고 그에 따른 보상을 하지도 않는다. 또한 이들은 광범위한 분야에 걸쳐 인재를 고루 채용한다. 이러한 조직에서 일하는 관리자는 자신보다 더 똑똑한 직원을 고용하는 데 두려움이 없고 부하 직원이 세운 공을 적극적으로 인정한다.

사내 정치를 없애고 상식을 불어넣기 위해 내가 사용하는 방법 중 하나로 캠프파이어가 있다. 아마도 대부분 어릴 적에 모닥불 주변에 둘러앉았던 기억이 있을 것이다. 그것은 우리의 모든 감각을 자극하는 경험이다. 따뜻한 감촉이 느껴진다. 나무가 타닥타닥 타는 소리가 들린다. 소시지 굽는 냄새, 마시멜로 녹는 냄새가 난다. 사람들은 웃고, 속삭이고, 비밀을 터놓고 말한다. 앨라배마 대학 인류학자들의 연구 결과에 따르면, 캠프파이어는 사람들의 혈압과 스트레스 지수를 낮추는 기능을 한다.[5] 일반적으로 우리는 불가에 오래 앉아 있을수록 더 많이 이완되는 것을 느낀다.

물론 그렇다고 해서 사무실 안에서 모닥불을 피우지는 않는다. 대신에 워크숍을 진행하면서 실내조명을 모두 끄고 강의실 중앙에 조명을 설치해둔다. 혹은 양초를 여러 개 켜두거나 모닥불 영상을 띄워놓기도 한다. 어두컴컴한 강의실에서 사람들은 다른 사람의 모습을 정확하게 보지 못한다. 여기서 직급과 연봉은 의미가 없다. 모두가 편안하게 이야기를 시작한다. 그리고 자신이 강의실 안에 있다는 사실을 점차 잊어버린다. 또한 내일과 모레 해야 할 일이나 규칙과 규제에 관한 문제를 잊어버린다. 대신에 그들은…… 솔직해진다.

나는 이러한 사실에 놀라지 않았다. 밝혀진 바에 따르면, 캠프파이어는 "과학자들이 말하는 '가벼운 황홀감soft fascination'을 만들어내고, 뇌에서 분석을 담당하는 영역을 쉬게끔 함으로써 마음을 편안하게 해준다. 일종의 자연적인 회복 수단인 셈이다. 자연은 끊임없이 움직이는 우리 의식을 쉬게 함으로써 오랫동안 잠들어 있던 열린 마음을 다시 일깨운다."[6]

놀랍게도 내가 수년에 걸쳐 자문을 해준 많은 기업이 캠프파이어 아이디어를 적극적으로 받아들여 정기적으로 실행하고 있다고 한다. 앞서 소개한 슈퍼마켓 체인의 경영진도 모든 매장에서 캠프파이어를 실행하고 있다. 각각의 매장에서는 매주 금요일 오후마다 20명가량의 직원이 모여 문제점과 일주일 동안 고객들이 제기한 불만 사항에 대해 논의한다. 그들은 이러한 행사를 통해 조직 내 정치를 억제하고 있다.

유나이티드항공과 마찬가지로, 다국적 금융 서비스 기업인 웰스파고Wells Fargo 역시 2016년에 심각한 문제에 봉착하게 되었다. 당시 웰스파고는 수백만 개의 가짜 계좌를 만들어 사용한 것으로 드러난 5000명이 넘는 직원을 해고했다. 이후 CEO가 물러나면서 이사회와 경영진 멤버도 다 교체되었다. 그러나 그것은 끝이 아니라 시작에 불과했다. 웰스파고의 문제는 조직 전반에 만연해 있었다. 그들은 담보대출에 부당한 수수료를 부과했고, 불필요한 자동차보험은 물론 심지어 반려동물 보험까지 가입하도록 강요했다. 최근에는 전산 시스템 오류로 수많은 고객의 주택이 압류당하는 일까지 벌어졌다. 이후 감독 기관은 웰스파고에 제재를 가

누구나 한 번쯤은 어릴 적에 모닥불 주변에 둘러앉았던 기억이 있을 것이다. 어두컴컴한 강의실에서 사람들은 다른 사람의 모습을 정확하게 보지 못한다. 여기서 직급과 연봉은 의미가 없다. 그들은 솔직해진다.

했고, 미국 법무부와 증권거래위원회를 비롯한 여러 기관이 수사에 착수했다. 오늘날 성장세가 크게 꺾인 웰스파고는 고객의(그리고 다른 모두의) 신뢰를 되찾기 위해 애쓰고 있다.

아직 장담하기에는 이르지만, 웰스파고의 노력이 내부적으로 도미노 효과를 일으키면서 조직의 면역 시스템을 강화하고 상식과 공감을 다시 불어넣을 것이다. 돌이켜보건대 웰스파고의 그러한 대응은 적절했다. 그들은 점차 조직을 개선함으로써 성과를 거뒀고, 그 성공을 세상에 널리 알렸다. 그들은 신문 광고를 통해 사과의 메시지와 함께 "잘못을 바로잡겠다"고 약속했다. 그리고 무엇보다 고객의 이익을 우선시하고 투명하게 경영하겠다고 밝혔다. 이러한 메시지는 직원들에게도 전해졌다. 웰스파고가 새로운 투명성으로 고객 신뢰를 회복할 것인지, 조직 내 정치를 없애버릴 것인지, 그리고 상식을 회복할 것인지는 앞으로 지켜봐야 할 것이다.

5장

누구를 위하여 시스템은 도입되었나

몇 년 전 나는 런던 패딩턴 역과 히스로 공항 사이를 18분 만에 운행하는 열차인 히스로 익스프레스Heathrow Express 티켓을 샀다. 열차를 기다리며 플랫폼에 서 있을 때, 예전에는 한 번도 본 적이 없는 표지판이 눈에 들어왔다. 거기에는 이런 글귀가 적혀 있었다. '모든 직원은 욕설과 폭행이 없는 환경에서 일할 권리가 있습니다. 이러한 행위는 어떤 상황에서도 용납될 수 없습니다. 그러한 일이 발생할 경우 반드시 후속 조치를 할 것입니다.'

　사실 이러한 표지판은 전 세계 곳곳에서 발견할 수 있다. 물론 기업이 직원의 안전에 신경을 쓰는 것은 바람직한 일이다. 그런데 '폭행'이라니? 어쩌다 참을성 없는 승객이 건방진 젊은 직원에게 욕을 하는 상황이 벌어질지 모른다. 하지만 대체 무슨 이유로 직원이 폭행까지 당하는 것일까?

사람들에게 물어봤을 때, 그 대답은 명확했다. 얼마 전 히스로 익스프레스는 10명 정도의 매표원을 해고하고 그 자리에 자동 발권기를 설치했다. 이후로 100명 가까운 승객이 20분마다 표를 사기 위해 긴 줄을 서서, 다음 열차가 들어올 때까지 쉼 없이 흘러가는 머리 위 디지털 시계를 조마조마한 마음으로 쳐다본다.

그러나 최악은 아직 시작되지도 않았다. 발권기에서 표를 뽑고 나면 좁은 개찰구 다섯 곳 중 하나를 통과하기 위해서 또다시 긴 줄을 서야 했다. 특히 체중이 많이 나가거나, 장애가 있거나, 큰 짐 가방을 든 승객은 따로 마련된 개찰구를 통과해야 했다. 그날 내가 보기에 담당 직원은 이미 퇴근을 한 듯했다. 승객들 모두 초조해하며 짜증을 냈다. 이번에 열차를 못 타면 비행기를 놓칠 거라고 중얼거리며 안절부절못하는 사람도 있었다. 그때 나는 비로소 성난 고객이 죄 없는 히스로 익스프레스 직원을 향해 구두를 벗어던질 수도 있겠다는 생각을 했다.

물론 히스로 익스프레스의 단호한 태도는 상식적인 반응이다. 누구도 그들의 대응이 잘못되었다고 비난하지 못할 것이다. 특히 전염병이 확산되는 상황에서는 말이다. 낯선 이의 욕설을 듣거나 얻어맞으며 일해야 하는 사람은 세상에 없다. 하지만 히스로 익스프레스는 화난 승객의 반응에 단호하게 대처하기에 앞서 이러한 상황을 유발한 근본적인 문제를 먼저 해결해야 한다.

히스로 익스프레스의 대응은 마치 의사가 어떤 약을 처방하고 나서 그 약의 부작용을 줄이기 위해 또 다른 약을 처방하는 것과 같다. 그렇다면 차라리 약을 하나도 먹지 않는 편이 시간을 절약하고 문제를 줄이는 선택이 아닐까? 이 사례에서 히스로 에어포트 홀딩스(히스로 익스프레스의 모기업)는 매일 수천 명의 승객이 이용하는 곳에 턱없이 부족한 발권기와 개찰구를 설치했을 때 벌어질 상황을 왜 예상하지 못했을까? 게다가 승객 대다수가 일주일치 짐을 끌고 다니는 관광객과 비즈니스맨인데도? 마치 열차와 비행기를 놓칠 거라고 비웃는 듯한 디지털 시계를 바라보며 발권기와 개찰구 앞에서 하염없이 줄을 서야 할 때 화가 치미는 것은 당연한 일 아닌가? 다시 한번 말하지만, 히스로 익스프레스의 단호한 정책은 정당하다. 하지만 그 정책을 현실에 적용하기에 앞서 중요한 사실을 놓치고 있었던 것은 아닐까?

만약 당신이 미국에서 국내선 항공기를 이용해본 적이 있다면, 많은 항공사 역시 상식을 놓치고 있다는 사실을 발견했을 것이다.

당신은 공항에 도착하자마자 체크인을 위해 긴 줄을 선다. 20분이 지나서야 비로소 당신 차례가 되었다. 그런데 발권 담당자는 어디 있지? 다섯 곳의 발권 부스 중 한 군데에 직원이 앉아 있다. 그리고 그는 1) 지루하고 산만해 보인다, 2) 당신을 바라보고 있지도 않다, 혹은 3) 트위터에 빠져 있다. 그때 한 젊은 항공사 직원이 다가와 카지노 슬롯머신처럼 생긴 기계를 가리킨다. 당신의 눈동자는 슬롯머신과 발권 직원 사이를 왔다 갔다 한다. 당황스럽다. 결국 직원에게 이렇게 묻는다. "기계를 사용해야 하나요? 아니면……." 직원이 대답한다. "기계요."

그렇다. 디지털 세상이다. 이런 세상에 산다는 건 얼마나 신나는 일인가. 자세히 보니 슬롯머신은 무인 발권기다. 기계를 터치하자 화면이 켜지면서 여권을 보여달라고 한다. 여권을 최대한 평평하게 펴서 슬롯에 집어넣는다. 기계는 말한다. '여권을 읽을 수 없습니다.' 여권을 뒤집어서 다른 슬롯에 집어넣는다. 그러나 결국 직원을 부를 수밖에 없다. "뭔가 잘못한 거 같아요." 직원이 기계를 몇 번 터치하자 처리가 된다.

기계는 이제 예약번호를 입력하라고 한다. 예약번호가 뭐더라? 여행사에서 이메일로 받은 확정서를 인쇄해서 어디에 뒀더라? 황급히 몸 이곳저곳을 뒤지니 바지 뒷주머니에서 구깃구깃한 종이 한 장이 나온다. 다행히 그 확정서다! 서둘러 예약번호를 입력한다. 그런데 기계는 이번에도 거부한다. 한 번 더 시도한다. 결과는 마찬가지다. 다른 승객을 도와주느라 정신없는 직원을 또다시 부른다. "죄송합니다. 여기서 어떻게 해야 할지 모르겠어요." 직원이 확인해보니 당신이 입력한 것은 예약번호가 아니라 여행사 번호다! 직원이 다시 예약번호를 입력한다. 하지만 이번에도 오류 메시지가 뜬다. 직원은 중얼거린다. "이상하네요."

5분 동안 끙끙댄 후 직원은 문제를 해결한다. 그러고는 자신을 애처롭게 불러대는 또 다른 승객 쪽으로 달려간다. 하지만 아직 다 끝난 게 아니다. 수하물이 있습니까? 있다면 몇 개입니까? 당신은 직불카드를 집어넣고 무려 30달러를 결제한다. 마침내 기계는 카운터로 가서 짐을 부치라고 말한다.

좋아. 됐다. 그런데 항공사 직원의 도움을 받고서도 다시 카운터로 가서 짐을 맡겨야 한다면 애초에 왜 무인 발권기를 설치했을까? 혹시 '몰래카메라'가 아닐까? 누가 이런 방식을 생각했을까? 어쨌든 당신은 가방을 끌고 카운터로 향한다. 담당 직원을 찾기까지 한참 시간이 걸린다. 결국 직원을 찾아 가방에 태그를 단다. 당신은 그에게 감사를 표하고 보안검색대 쪽으로 향한다. 그때 그 직원이 부른다 "잠깐만요!" 알고 보니 가방을 컨베이어벨트에 올리는 일은 직원의 몫이 아니다. 그건 '당신' 일이다! 당신만이 누릴 수 있는 멋진 특권이다! 짐을 부치려면 30달러를 결제하고 나서도 임시 천막처럼 보이는 곳으로 가방을 끌고 150미터나 가야 한다. 그런데 이럴거면 대체 왜 이런 첨단 기계를 도입한 것일까?

이에 대해 고객경험 컨설턴트 이언 골딩Ian Golding은 이렇게 말했다. "그 시스템은 아무 생각 없이 설계되었다. 디지털 기술을 엉망으로 활용한 사례다. 공항은 모든 일을 너무 간단하면서도 동시에 너무 복잡하게 만들어놨다."

이러한 문제는 언제나 더 큰 문제의 조짐이다.

그들은 왜 어둠 속에서 회의를 하게 되었을까

기술의 부정적인 면에 대해 쓰다 보면 언제나 불쾌하거나 시대에 뒤떨어진 상황에 대해 언급하게 된다. '왜 문화는 과거로 돌아가지 않는 걸까? 아이들이 길거리에서 스틱볼 놀이를 하고, 10대들은 음악을 듣고, 이웃은 만나서 서로에 대한 이야기를 나누고, 파리채로 파리를 잡던 그러한 시절로?' 오늘날 기술 발전을 비판하면 당신은 아마도 옛날 사람이라는 타박을 들을 것이다. 누구도 당신의 이야기에 귀를 기울이지 않을 것이다. 듣는다고 해도 아마 약간의 비웃음을 머금고 있을 것이다. 기술은 개인보다 큰 존재이며 당신이 무슨 말을 하더라도 발전의 흐름은 바뀌지 않는다.

그런데 왜 여기서 나는 기술을 상식의 종말을 가져온 중대한 요인으로 지목함으로써 고지식한 늙은이처럼 보일 위험을 감수하는 것일까?

그 이유는 세상을 더 편리하고 효율적으로 만들기 위한 디지털 기술과 혁신이 많은 경우에 우리의 삶을 오히려 더 복잡하게 만들기 때문이다. 이는 명백한 사실이다. 이로 인해 우리는 때로 엄청난 분노를 느끼기도 한다. 핀터레스트Pinterest와 리프트Lyft의 이사인 내 친구 마크 톰슨Mark Thompson은 이렇게 말했다. "기술의 진화는 우리가 제어하기 힘들 정도로 거세다. 스마트폰과 제약, 자동차, 건설 등 모든 기술이 우리 삶을 더 편리하게 만들어준다. 하지만 중요한 것은 우리가 기술의 노예로 전락하는 것이 아니라, 기술이 우리를 섬기도록 만들어나가는 일이다."

오늘날 많은 사람이 패딩턴 역에서, 그리고 미국의 모든 공항에서 최첨단 기계와 씨름을 하고 있다. 이러한 모습은 우리의 우려를 분명하게 보여준다. 여기서 나는 기업들이 코로나19가 종식된 뒤 기술 없이 살아남거나 그럴 수 있다고 말하려는 게 아니다. 그런 일은 불가능하다. 단지 기술 도입 자체가 목적이 되어 조직 안으로 억지로 기술을 밀어 넣으려고 하면 상식은 파괴되고 만다는 얘기를 하려는 것이다. 때로 기술은 지금껏 아무런 문제없던 고객경험을 허탈과 분노로 바꿔놓는다. 기업이 기술을 당연한 것으로 무작정 받아들일 때, 이러한 일은 더 잦아질 것이다.

한 가지 사례를 살펴보자. 2년 전 스위스국제항공은 비용 절감 방안을 고심하고 있었다. 그리고 기업의 비용과 에너지를 크게 절약해줄 수 있다고 약속한 업체와 계약을 맺었다. 몇 달 후 스위스국제항공 본사 건물의 모든 사무실에는 사람이 없을 때 실내조명이 자동으로 꺼지는 시스템이 설치되었다. 전기료를 절약하고 이를 통해 지구를 살리는 일에 동참할 수 있다면, 어느 기업이 이 기술의 도입을 마다하겠는가? 그런데 한 가지 문제가 있었다. 그것은 센서가 사람들이 업무에 집중하는 상황과 아무도 없는 상황을 종종 혼동한다는 것이었다. 회의가 시작된 지 10분 만에 조명이 꺼지면서 회의실이 어둠 속으로 가라앉는 일이 종종 발생했다. 그러면 마치 세상이 끝난 것 같은, 혹은 해커가 회사 전력망을 장악한 것 같은, 아니면 침입자가 밖에 숨어 있는 것 같은 느낌이 들었다.

시간이 흐르면서 사람들은 이러한 상황에 익숙해졌고, 어둠 속에서 벽을 더듬어 불을 켜는 일은 하나의 일과가 되었다. 본사에서 근무하는 직원들은 새로 도입한 그 기술을 하나같이 조롱했다. 하지만 본격적으로 이의를 제기하는 사람은 아무도 없었다.

누군가 기술 관련 문제를 꺼낼 때(와이파이 속도가 느리다거나 파워포인트가 멈췄다는 등) 사람들은 그들 자신이 겪은 비슷한 사례에 대해 많은 이야기를 늘어놓는다. 컴퓨터가 다운되거나 서버 속도가 느려질 때 사람들은 대부분 그냥 체념한다. 그들은 대개 스스로 상황이나 규정을 개선할 수 있다고 생각하지 않는다. 이로 인해 기업은 업무 효율성에서 엄청난 피해를 본다(기업의 생산성이 10퍼센트나 떨어지기도 한다).

얼마 전 나는 한 기업에서 기술 문제가 거론될 때마다 동료와 함께 그 내용을 노트북에 기록해봤다. 하루가 지나자 무려 67건에 이르렀다. 일주일이 지날 무렵에는 너무 많아서 그만 포기해야 했다. 일상에서도 이런 일은 흔하다. 구글맵을 따라가다가 잘못된 길로 빠지는 바

> 때로 기술은 지금껏 아무런 문제없던 고객경험을 허탈과 분노로 바꿔놓는다. 기업이 기술을 당연한 것으로 무작정 받아들일 때, 이러한 일은 더 잦아질 것이다.

람에 저녁 약속에 늦는다. 배달앱으로 치즈 피자를 주문했는데 페퍼로니 피자가 왔다. 친구와 가장 자주 나누는 대화 중 하나가 '문자 못 받았는데? 보낸 거 맞아?'이다.

최근에 나는 동료와 함께 저녁 모임에 참석했다. 거기에는 한 대기업의 대표도 나오기로 되어 있었다. 운전은 동료가 했고 나는 길 안내를 맡았다. 그런데 차가 심하게 막히는 바람에 제시간에 도착할 수 없게 되었다. 동료는 내게 대표에게 전화해 양해를 구하는 게 어떻겠냐고 했고, 나는 그렇게 했다. 아니 그렇게 하려고 노력했다. 전화 연결이 안 되어 대표의 음성사서함에 이런 메시지를 남겼다. "팀, 고속도로 정체가 심각하군요. 너무 막혀요. 최대한 빨리 가겠습니다. 15분 정도 늦을 것 같네요. Hey, Tim. The traffic is horrible on the highway—I mean seriously slow. Anyway, we'll be with you soon, hopefully in fifteen minutes."

마침내 레스토랑에 도착했을 때 일행들 모두 밖에 나와 있었다. 팀도 그들과 함께 있었다. 모두 근심 어린 표정이었다. 팀은 내게 물었다. "괜찮은가요?" 나는 영문을 몰랐다. "늦어서 미안합니다. 음성 메시지에 남긴 것처럼 차가 너무 막혀서요." 나는 팀의 설명을 듣고서야 왜 사람들이 밖으로 나와 걱정스러운 표정을 짓고 있었는지 이해하게 되었다. 그것은 내가 팀에게 보낸 음성 메시지가 자동으로 문자로 변환되어 전송되었기 때문이다. 덴마크 억양이 강한 나의 영어는 이렇게 옮겨져 있었다. "팀, 병원 요금이 엄청나군요. 저는 거의 취했지만 누군가 15분 내로 도착할 겁니다. Hey, Tim, the tariffs are horrible in this hospital. I was almost slaughtered, but someone will be with you in fifteen minutes. "

한때 함께 손을 잡고 간다고 생각했던 기술과 상식이 사실은 서로 다른 곳을 향하고 있음을 깨닫게 해주는 사례는 끝이 없다. 기술은 종종 우리를 미치게 만든다. 그리고 대부분의 경우 문제는 기술 그 자체에 있다.

생각해보자. 오늘날 기업은 언제나 최첨단 소프트웨어와 장비를 도입하고자 한다. 하지만 그 기술에 대해 진지하게 고민하는 경우는 많지 않다. 많은 글로벌 기업은 회사의 성장을 위해 무엇보다 직원들의 협력이 꼭 필요하다고 믿는다. 그리고 그들이 보다 수월하게 협력하도록 소프트웨어에 투자한다. 그것도 엄청난 비용을 들여서 말이다. 어떤 기업은 심지어 10가지나 되는 서로 다른 협력 소프트웨어 시스템을 운용하고 있다! 그러나 몇 년 후 그들은 소프트웨어의 사용을 중단한다. 그러고는 이렇게 말한다. '협력 소프트웨어를 사용해도 별 효과가 없군.' 맞는 말이다. 그것은 누구도 상식적인 차원에서 그 기술을 도입한 이유에 대해 진지하게 고민하지 않았기 때문이다.

여기서 나는 그 이유에 대해 말하고자 한다! 기업들은 일단 소프트웨어만 설치해놓으면 그걸로 끝이라고 생각하는 경향이 있다. 마찬가지로 많은 직원들이 얼마나 혹사당하고 단절되어 있다고 느끼

고장 난 회사들

는지, 혹은 '문화'라는 개념이 이제 실질적인 의미가 사라졌다는 사실은 전혀 고려하지 않은 채, 직원들이 재택근무하는 덕분에 코로나19가 유행하는 동안 엄청나게 비용을 절감할 것이라는 사실에만 집중하고 있다. 이들 기업은 소프트웨어만 있으면 직원들이 저절로 협력할 것이라고 믿고 있다. 교육이나 준비는 따로 하지 않는다. 그냥 시작하기만 하면 된다! 하지만 모두가 말하는 것처럼 협력 소프트웨어가 그렇게도 놀라운 기술이라면, 왜 다시 큰돈을 들여 추가적인 서비스 프로그램을 구매하는가? 그리고 몇 달 후 그 소프트웨어는 실행 계획과 추후 조치, 혹은 직원들을 위한 표준화 작업이 제대로 이뤄지지 않은 상태로 가동을 멈춘다. 결국 기업은 이 문제를 해결할 수 있는 유일한 해결책이 '또 다른' 협력 소프트웨어를 구매하는 것이라고 결론을 내린다.

기계에게 의사결정을 떠넘긴 사람들

PC가 있는가? 있다면 윈도우를 사용하는가? 그렇다면 한 가지 질문이 있다. 파워포인트 슬라이드를 만들 때, 왜 화면에 등장하는 화살표는 항상 내가 끌어당기는 방향과 반대 방향을 가리키는가? 윈도우는 왜 10가지 사진 중에서 "좋아하는 것을 고르시오"라고 말해놓고, 새가 있는 사진을 선택하면(나는 새를 무척 좋아한다) 새의 천적인 고양이 사진을 보내주는가? 마이크로소프트 비밀번호는 왜 그토록 길고, 이상하고, 입력하기 까다로운 것일까? 윈도우 관련 문제가 발생할 때마다 마이크로소프트의 '도움' 버튼을 찾기까지 왜 그리 오래 걸리는가? '검색' 버튼과 '찾기' 버튼이 동시에 존재하는 이유는 뭔가? '검색'을 해서 '찾기'를 하면 안 되는 걸까? 왜 나는 마이크로소프트 오피스의 업데이트 알림 메시지를 볼 때마다 본능적으로 시선을 피하게 되는가? (나는 '설치'를 누르면 노트북이 수십 년만큼이나 오래 멈춰버릴 것임을 알고 있다) 왜 줌은 회의 시간을 40분으로 제한하는가? '40'에 특별한 의미라도 있는 것일까?

아이폰을 사용하다가 배터리가 나간 적이 있는가? 애플은 아이폰 배터리가 대기 모드에서 250시간 동안 유지된다고 주장했다. 그러나 당연하게도 대기 모드에서는 아이폰을 사용할 수 없다. 또한 새로운 연락처를 입력할 때 왜 아직도 '홈 카테고리'가 뜨는가? 이제 내가 아는 이들 중에서 집에 유선 전화가 있는 사람은 아무도 없는데 말이다.

내가 유독 마이크로소프트와 애플만 공격하는 것처럼 보일 수도 있겠지만, 다른 컴퓨터 기업도 마찬가지다. 문제는 고객의 불만에 대해 어떤 고민도 하지 않는 IT 기술자가 설계한 난감한 디자인이나 컬러, 혹은 비밀번호뿐만이 아니다. 기술과 관련해서 가장 핵심적인 문제는 기술이 우리를 공감과 상식으로부터 멀어지게 만든다는 사실이다. 스카이프나 줌을 통해 친구와 대화할 때, 당신은 얼마나 자주 인스타그램이나 트위터를 들여다보는가? 그리고 얼마나 자주 포털 사이트 기사를 훑어보거나 날씨를 확인하는가? 혹은 무작위로 끼워 넣은 책갈피처럼 "우와", "그렇지", "맞아!"와 같은 영혼 없는 추임새를 삽입함으로써 대화의 장에서 공감과 멀어지는가?

한번 생각해보자. 우리의 직관은 상식과 더불어 수 세기 동안 진화해왔으며 인간 DNA에서 필수적이다. 우리는 사자가 눈앞에 나타났을 때 어떻게 해야 할지 본능적으로 알고 있다. 아기가 울 때 어떻게 반응해야 하는지 알고 있다. 그럼에도 우리는 기술과 데이터가 수 세기에 걸쳐 축적된 인간의 직관을 지배하도록 내버려두고 있다. 우리의 직관은 앞선 세대의 경험에서 비롯되었고, 선조들은 적어도 집단적인 차원에서 지금의 우리만큼 똑똑했다.

자, 빨리 대답해보자. 지금 외우고 있는 전화번호가 몇 개인가? 다섯 개? 세 개? 두 개? 자기 전화번호 하나? 다음으로 구글맵을 사용하지 않고 옆 동네에 있는 병원에 가는 방법을 말해보라. 어쩌면 병원이 있는지조차 모를 것이다. 데이터는 우리 동네 태국 식당이 지금 문을 열었는지, 낯선 이가 팟타이 메뉴에 몇 개의 별점을 줬는지, 그리고 종업원이 "쌀쌀맞아서" 별 반 개를 뺐다는 사실까지 말해준다.

오늘 날씨는 어떨까? 맑을까, 비가 올까? 그 대답은 스마트폰이 알고 있다. 물론 집집마다 창문이 활짝 열려 있고 많은 사람이 가벼운 차림으로 조깅을 즐기고 있는 화창한 오후에도 스마트폰 대기화면에는 빗방울 아이콘이 떠 있는 것을 봤던 경험이 대부분 있겠지만 말이다. 내 친구들은 파티나 행사를 계획할 때 일기예보를 계속해서 확인한다. 맑음이 아닐 경우, 그들은 또 다른 일기예보를 찾는다. 그래도 아니면 계속해서 다른 일기예보를 검색한다. 마치 검색을 하다 보면 모두에게 좋은 시간을 보장하는 완벽한 날씨 정보를 언젠가 발견하게 될 것이라고 믿는 듯하다.

우리 뇌는 점차 지름길이나 쉽고 간편한 해결책에, 그리고 우리를 대신해서 결정을 내려주는 다른 사람에게 의존하고 있다. 그런데 그렇게 의존하는 대상이 사라진다면 무슨 일이 벌어질 것인지, 그리고 어떻게 대응하고 대처해야 할 것인지 한번 생각해보자.

전 세계적으로 데이터가 끊임없이 증가하고 있다는 사실은 우리에게 다음과 같은 질문을 던진다. 뭔가를 안다는 것은 과연 무엇을 의미하는가? 특정한 사물이나 사람에게서 어떤 직감이나 낌새를 느낀다는 것은 무슨 의미인가? 데이터는 우리의 직감이나 감정보다 언제나 우월한 것인가? 그렇지 않다. 하지만 우리는 그런 것처럼 행동한다. 데이터가 직감을 압도할 때, 혹은 대답을 얻기 위해 온라인에만 의존할 때, 우리는 내면의 본능과 직관에 대한 신뢰를 잃어버리고 만다. 이제 우리는 오로지 '절차'나 '시스템'을 통해서 세상을 바라보고 있다. 어쩌면 30년 후에는 컴퓨터가 우리의 직관을 따라잡거나, 혹은 적어도 근접하게 될는지 모른다. 그러나 어쨌든 지금은 그렇지 않다.

스마트폰과 태블릿, 노트북이 업무적인 삶과 개인적인 삶을 장악하면서 상식과 공감을 쫓아갈 일은 크게 줄어들었다. 우리는 자신에게 주어진 모든 순간을 숙고를 위한 여유가 아니라 생산적인 것들로 채워 넣어야 한다는 강박관념을 갖고 있다. 가령 아침을 먹거나 공항으로 이동할 때 우리는 많은 것을 생각할 수 있다. 하지만 이제는 그런 여유조차 일하는 시간으로 바뀌고 있다. 컴퓨터와 태블릿, 스마트폰도 때로 리부팅이 필요하다. 전원을 끄지 않고 계속 사용하면 속도가 점점 느려진다. 우리 뇌도 다르지 않다. 기술 발전에 따라 고독과 자기만족이 증가하면서 공감력은 떨어지고 있다. 인류를 성공한 종으로 만들어준 바로 그 능력을 우리는 지금 포기하려 하고 있는 것이다. 더불어 상식도 함께 저버리고 있다.

내 이야기가 성급하게 들릴 수도 있겠지만, 오늘날 기술은 비즈니스 세계에서 상식을 지워나가고 있다. 인터넷이 등장하기 전에 기업은 직접 만나서 채용을 결정했다. 반면 오늘날 취업 면접은 스카이프, 혹은 인공지능 소프트웨어를 통해 이뤄진다. 인공지능 소프트웨어는 면담 과정에서 언어적인 답변보다 동공 움직임, 사용하는 용어, 어조 등을 통해 후보자의 능력과 특성을 평가한다. 호주의 몇몇 대형 은행은 코로나19가 유행하기 전부터 대면 방식의 면접을 완전히 중단했다. 대신에 컴퓨터가 후보자를 추리고, 인간은 그중에서 최종 선택을 내린다.

나는 여전히 인공지능이 인간의 상식을 대체할 수 있을 것이라고 생각하지 않는다. 또한 바쁘다는 만국 공통의 변명이 많은 기업과 직원이 상식을 거부하는 공통적인 핑계가 될 수는 없다고 믿는다.

일은 많아지고 생각은 사라진다

친구나 지인에게 요즘 어떻게 지내냐고 물어보면 가장 많은 대답은 바쁘다는 것이다. 나는 어떠냐고? 물론 나도 바쁘다. 업무에서든 개인적인 생활에서든 간에 우리 모두는 정신없이 바쁘다고 말하고픈 유혹을 좀처럼 이기지 못한다.

그 이유는 뭘까? 바쁘다는 사실, 혹은 적어도 바쁘다는 말은 우리의 존재를 정당화해주기 때문이다. "바쁘다"라는 말 속에는 많은 의미가 담겨 있다. "바쁘다"는 것은 우리가 인기가 많고 꼭 필요한 존재이며, 자신이 맡은 바를 잘 해내고 여러 프로젝트를 동시에 처리할 줄 아는 사람임을 의미한다. 전혀 바쁘지 않다거나 할 일이 없다고, 혹은 그냥 놀고 있다고 말한 적이 있는가? 실제로 그렇게 말하는 사람은 거의 없다! 만약 당신이 그렇게 말을 했다면 상대방은 아마도 그 말을 못 들은 척하거나 화제를 돌리면서 속으로 이렇게 생각할 것이다. '안됐군. 일도, 친구도, 인생도 사라져버렸군.'

기술은 우리가 흘러가는 시간과 경쟁해야 하고, 지금 이 순간을 앞질러 갈 수 없다면 영원히 뒤처질 것이라는 조바심을 부추긴다.

트위터 피드를 훑어보는 동안에도 '새로운 트윗을 확인하세요!'라는 메시지가 뜬다. 그건 30초 전에 트위터를 열었음에도 당신은 이미 과거의 순간을 살고 있다는 뜻이다. 시간은 언제나 우리를 앞서가고, 기술은 시간의 속도를 더욱 높인다. 우리는 자신에게 주어진 시간을 최대한 활용해야 한다. 학습하고, 점검하고, 새로운 과제에 집중하고, 그리고 일어날 수 있는 최악의 상황에 대비하면서 시간을 보내야 한다.

어쩌면 이러한 이야기는 내 개인적인 생각에 불과한 것일지 모른다. 하지만 오늘날 주위를 둘러보면 많은 사람이 말을 줄여서 이야기한다. 그리고 10년 전보다 더 빠른 속도로 걷는다. 고속도로에서는 더 많은 차량이 추월 차선을 달린다. 주행 차선은 느리게 가는 차량이나 노인(아마도 기술에 익숙하지 않은)을 위한 길이다. 공항이나 기차역에서 우리는 환하게 켜진 머리 위 스크린 정보를 따라잡느라 바쁘다. 시간과 목적지, 게이트 번호가 나타났다가 갑자기 사라진다. 맨 위 칸에서 깜빡이던 것이 두 번째, 그리고 세 번째 줄로 내려와서 다시 한번 깜빡이다가 의미심장한 눈길로 당신을 바라보는 연인처럼 37번 게이트에서 탑승하라고 말한다.

대부분의 기업은 시간을 최우선순위로 꼽는다. 그렇기 때문에 기업에서 상식을 찾아보기 힘든 것이다. 상식은 여유와 신중함을 요구한다. 그리고 다른 사람의 생각을 이해하고 인정하려는 노력을 필요로 한다. 그러나 오늘날 많은 사람이 이 사실을 외면한다.

바쁘다는 것은 우리의 존재를 정당화해줄 뿐 아니라 '소속감'도 심어준다. 줌 회의가 시작되기 전에 오가는 대화에 주목해보자. 여기서 우리는 언제나 똑같은 지루한 가사를 듣게 된다. '짐, 어떻게 지내요? 바빠요. 먹고살아야 하니까요. 톰, 당신은 어때요? 그럭저럭 버티고 있어요. 정신이 없네요. 네, 그렇죠? 너무 무리하지 마세요. 감사합니다. 당신도요.' 기술은 우리가 무슨 일을 하고 있는지 증언해주는 수많은 신호를 내보낸다. 메일함에 쌓이는 이메일, 일정 관리 앱에 메모한 약속들, 참조로 받는 이메일 등이 그것이다.

그러나 바쁘다는 사실에서 비롯되는 한 가지 문제는 우리의 두뇌를 복잡하게 해서 생산성을 떨어뜨린다는 것이다. 모두가 점점 더 바빠지는 전 세계적인 흐름은 우리에게서 독창적인 아이디어를 떠올리고 문제에 대해 숙고할 여유를 앗아간다. 더 이상 우리에게는 자신이 어떤 일을 하고 있는지, 기업이 어디로 나아가고 있는지, 어디서 상식이 결핍되어 있는지, 그리고 이 문제를 해결하기 위해 무엇을 해야 하는지 곰곰이 생각해볼 시간이 없다.

나는 예전에 폴 랄프 Paul Ralph 라는 캐나다 마케팅 전문가가 실행한 비공식적인 실험에 대해 읽은 적이 있다. 그는 자신의 지인들이 너무 자주 '자기가 얼마나 바쁜지'에 대해 이야기한다는 사실을 발견하고는 그 이듬해 아내와 함께 절대로 바쁘다는 말을 하지 않기로 결심했다.[1] 이러한 결심은 두 사람의 행동에, 그리고 삶에 어떤 영향을 미쳤을까?

변화는 즉각적으로 나타났다. 랄프와 아내는 친구들을 예전보다 깊이 있고 진정성 있게 대하기 시작했다. 그전까지 그들은 바쁘다는 말로 다른 이들의 기분을 얼마나 상하게 만들었는지 인식하지 못했다. 이제 그들은 더 행복하고, 자유롭고, 또한 의사결정에서 더 많은 통제력을 가졌다고 느낀다. 랄프는 이렇게 썼다. "더 중요한 사실은 우리가 '바쁘다'라는 말을 그만할 때 다른 사람들 역시 그렇게 한다는 것이다…… 바쁘다는 것은 일종의 자기만족 예언이다. 바쁘다는 말을 많이 할수록 정말로 바쁜 것처럼 느끼게 되고, 그렇게 느낄수록 정말로 그렇게 행동하게 된다."

"아, 시스템이 그렇습니다"

기술은 인류의 집단적 공감을 갉아먹는다. 그리고 영국 소설가 로버트 루이스 스티븐슨Robert Louis Stevenson 이 200년 전에 "생명력 결핍의 징후"[2]라고 설명했던 바쁜 상태를 만듦으로써 상식을 파괴한다. 또 많은 기업은 이러한 기술을 사람들의 분노를 자극하는, 말도 안 되는 행동에 대한 평계로 활용하고 있다. 상식이 사라질 때 생기는 일반적인 상황을 한번 살펴보자.

지난해 나는 세계적인 식품 및 음료 기업에서 두 번의 강연을 했다. 그 기업은 수익성과 인지도가 높은 세계적인 업체였지만, 여기서는 단지 논의를 위해 푸다코라고 부르기로 하자. 당시 나는 푸다코에 전문적인 자문도 해주고 나서 별 걱정 없이 입금을 기다리고 있었다. 먼저 이 이야기가 시작된 시점으로 돌아가보자.

2019년 2월 22일, 우리 회사 CFO 앨런은 푸다코에 총 세 건 중 첫 번째 청구서를 발송했다. 그리고 3주가 흘렀다. 3월 19일에 푸다코 팀은 내가 참여하게 될 향후 행사에 대해 논의를 하자고 연락을 해왔다. 그리고 일주일이 지난 3월 25일에 행사는 확정되었다. 내 상식으로는 맞지 않는 방식이었다. 연설자를 초빙하려면 먼저 정산을 해서 좋은 인상을 줘야 하지 않을까? 2월 22일에 발송한 청구서는 한 달 넘게 처리되지 않고 있었다. 결국 앨런은 정중하게 한 번 더 요청했다.

뭔가 반응이 있는 듯 보였다. 다음 날 푸다코 팀은 앨런에게 이메일로 우리가 보낸 청구서와 관련하여 미국 달러로 지불이 가능한지 물어왔다. 청구서에 미국 달러로 지불해줄 것을 굵은 글씨로 눈에 띄게 명시해놓았음에도 말이다. 어쨌든 앨런은 미국 달러로 지불이 가능하다는 확인을 해줬다. 이후로도 몇 번의 이메일이 더 오갔고, 푸다코는 우리 회사를 협력 업체로 등록하는 중이라 지불이 늦어지고 있다고 해명했다.

첫 번째 청구서를 발송한 지 한 달하고 보름이 지난 4월 5일, 푸다코 팀은 내가 참가할 예정인 행사에 대해 추가 논의가 필요하다고 연락을 해왔다. 그 무렵 앨런은 두 번째 청구서를 보냈다. 그리고 일주일 후, 앨런은 푸다코 팀에게 다시 한번 요청했다. '첫 번째 청구서에 대한 지불이 한 달 넘게 이뤄지지 않고 있습니다. 가능한 한 빨리 처리해주시길 바랍니다.' 그리고 4월 24일, 앨런은 또다시 독촉 메일을 보냈다. '첫 번째 청구서가 처리되지 않았습니다. 2개월이나 지났습니다. 그리고 두 번째 청구서 역시 6일이나 지났습니다.'

푸다코 팀은 결제 대신에 회신을 보냈다. 그들은 이렇게 물었다. '제삼자 지불 시스템에 서명하는 방법에 관한 설명을 이메일로 받았습니까?' 나는 업무 메일함을 샅샅이 뒤졌다. 시알리스, 침대 벌레 퇴치기, 곰팡이 제거 향신료, 주름 제거기, CBS 로션, 그리고 친구가 되고 싶어 하는 한 러시아 여성으로부터 메일이 와 있었지만, 제삼자 지불 시스템에 관한 이메일은 보이지 않았다. 이후 푸다코 팀은 우리에게 제삼자 업체인 텅스텐 네트워크Tungsten Network라는 글로벌 전자결제 기업의 서명 페이지로 들어가는 링크를 보냈다.

그러나 안타깝게도 그 링크는 작동하지 않았다. 앨런이 텅스텐 지원팀에게 연락해서 푸다코 팀이 전해준 링크가 작동하지 않는다고 말했다. 앨런의 목소리에서 날카로움을 느꼈던지 텅스텐 네트워크는 다른 방식으로 시스템에 서명하도록 도움을 줬다. 한 걸음 더 가까워진 것이다.

혹은 그럴 것이라 기대했다. 텅스텐 시스템이 우리 회사의 존재를 확인하기 전에 우리는 먼저 푸다코와의 관계를 입증해야 했다. 그래야 제삼자 지불 시스템을 통해서 청구서를 제출할 수 있었다.

앨런은 푸다코 팀에 이메일을 보내 승인을 요구했다. 그리고 이후로 수많은 이메일이 오갔다. 그런데 상황이 이상하게 흘러갔다. 우리가 원한 것은 그저 돈을 받는 것이었다. 하지만 돈은 들어오지 않았다! 그 오랜 시간 동안 아무런 진전도 없었던 것이다.

앨런은 다시 푸다코에 연락을 취해서 공손하게, 그리고 집요하게 제삼자 지불 시스템을 위한 승인을 요청했다. 그러나 푸다코 팀의 반응은 이해하기 어려웠다. 그들은 텅스텐 네트워크의 시스템이 어떻게 돌아가는지 알지 못하며, 그래서 승인을 해주기가 힘들다고 했다. 하지만 그들은 승인을 해야만 했다. 그래야 우리가 돈을 받을 수 있었다. 다음 날 푸다코로부터 답변이 왔다. 그 기업의 누군가가 다른 부서와 함께 이 문제를 논의했으며, 승인에 대한 책임은 그들이 아니라 우리에게 있다고 했다. 우리 잘못이라는 것이다!

앨런은 텅스텐 네트워크 지원팀에게 다시 연락을 취했다. 그들은 정말로 푸다코 팀과 접촉하고 있었던 걸까? 그들은 승인의 책임이 푸다코에 있다는 사실을 확인해줄 수 있었을까? 그랬다. 그들은 그렇게 할 수 있었다. 결론적으로 우리의 잘못이 아닌 것이다. 우리는 텅스텐 네트워크가 처음에 푸다코와 접촉하기 위해 사용했던 세부 정보를 확보했고, 앨런은 그 정보를 푸다코 팀에게 전달하고는 다시 기다렸다.

좋은 소식이 들려왔다! 푸다코가 마침내 승인한 것이다! 또한 우리 회사를 위해 새로운 협력 업체 코드를 만들었다. 우리는 두 건의

고장 난 회사들

청구서(2월 22일분과 4월 5일분)를 텅스텐 시스템을 통해 제출했고 푸다코는 이를 정식으로 접수했다. 마침내 열차의 바퀴가 굴러가기 시작한 것이다!

그러나 그 흐름은 오래가지 않았다. 또 일주일이 흘러 5월 6일이 되었다. 앨런은 푸다코에 이메일을 보내서 결제가 이뤄지지 않은 두 건의 청구서를 처리해달라고 독촉했다. 그 돈을 받아야 우리도 다른 곳에 비용을 지불할 수 있었다.

푸다코 팀은 또다시 핑계를 댔다. 시계 알람이 울리지 않았다거나 강아지가 수학 숙제를 물어뜯었다는 정도까지는 아니었지만, 믿을 만한 해명도 아니었다. 다음 날 앨런은 세 번째 청구서를 푸다코 팀에 전송했다. 그래도 답변이 없자 앨런은 또다시 독촉 메일을 보냈다. 푸다코는 또 다른 변명을 들고 나왔다.

5월 15일에는 푸다코의 또 다른 부서의 또 다른 직원에게서 전화가 걸려왔다. 앨런이 앞서 수차례 계좌 관련 세부 사항을 전달했음에도 그 직원은 그 밖에 여러 구체적인 정보가 필요하다고 했다. 그가 요구한 정보 모두 앨런이 이미 보낸 것이라는 사실은 전혀 신경 쓰지 않는 듯했다. 그래도 뭔가가 이루어지고 있는 것처럼 보였다. 앨런은 그들이 요구한 모든 정보를 다시 한번 보냈다.

그러나 지불은 이뤄지지 않았고, 며칠 후 앨런은 또 한 번 독촉 메일을 보냈다. 몇 시간 후 전화가 울렸다. 푸다코였다. 또 다른 부서의 또 다른 직원이 계좌와 관련된 정보를 상호 점검해야 한다고 했다. 그것도 CFO는 물론 우리 팀의 또 다른 직원과 함께 말이다. 분명하게도 두 직원과 함께 계좌 정보를 확인하는 것은 푸다코의 오랜 정책이었다(우리 회사에 이미 5개월 전에 송금을 한 적이 있었음에도). 그것 역시 우리에게는 또 다른 핑계로 보일 뿐이었다.

그로부터 24시간 후에도 지불은 여전히 이뤄지지 않았다. 앨런은 푸다코에 다시 한번 전화를 걸었다. 그들은 또 다른 변명을 내놨다.

이제 우리가 푸다코에 첫 번째 청구서를 보낸 지 3개월이 지났다. 결국 5월 21일에 우리 측 변호사가 푸다코에 연락을 취해서 밀린 청구서를 일괄 처리하지 않으면 법적으로 대응하겠다는 입장을 밝혔다. 그제야 푸다코는 수표를 보내겠다고 했다. 수표라니? 그러면 지금까지 고집했던 송금 원칙은 뭐란 말인가? 앨런이 750번이나 제공했던 정보는? 수표가 도착하려면 며칠이 걸릴 것이었고, 또한 처리하는 데 일주일 정도가 걸릴 것이었다! 두 시간 후 은행으로부터 첫 번째와 두 번째 청구서에 대한 결제가 이뤄졌다는 확인을 받았다. 다음 날 아침, 세 번째 청구서가 처리되었다. 이야기는 여기서 끝이 아니다. 수표는 30일 후에 우편으로 도착했다. 지금도 우리 사무실 벽에 걸려 있는 그 수표는 이번 사건을 상징적으로 보여주고 있다.

일반적으로 대기업은 지불 연기를 대수롭지 않게 여긴다. 그들은 다양한 수법 및 변명과 더불어 기술을 탓함으로써 지불을 미룬다. 자신들이 받아야 할 것은 철저하게 챙기면서 말이다. 푸다코 같은 기업에게 이러한 관행은 상식으로 통한다. 하지만 받아야 할 돈이 남아 있는 우리에게 그건 말도 안 되는 소리다.

세계 최대 해운 회사가 사이버 공격으로 얻게 된 것

우리에게 기술이 없다면 어떻게 될까? 며칠 동안만이라도 기술과 떨어져 있다면? 그러한 경험은 우리 삶에 어떤 영향을 미칠까? 우리 삶은 더 좋아질까, 나빠질까? 그리고 어떤 방식으로 변하게 될까?

머스크에 한번 물어보자. 2017년 여름, 머스크는 대규모 사이버 공격을 받았다.

그해 6월 27일, 아무런 경고도 없이 전 세계 머스크 사무실의 모든 컴퓨터 화면이 꺼졌다. 머스크는 추가 피해를 막기 위해 나머지 시스템을 차단했고, 이로 인해 전 세계를 운항하던 선박 중 5분의 1에서 통신이 두절되었다. 머스크 직원들은 어찌할 바를 몰랐다. 머스크의 CEO 쇠렌 스코우Søren Skou는 121개국 지사에서 근무하는 모든 머스크 직원에게 이런 메시지를 전했다. "고객과 기업의 입장에서 바람직한 일을 하시기 바랍니다. 본사의 지시를 기다리지 마세요. 그에 따른 비용은 우리가 모두 감수할 것입니다."[3]

머스크의 업무 중심에는 언제나 기술과 복잡한 데이터베이스가 자리 잡고 있었다. 그런 머스크의 컴퓨터 서버가 갑작스럽게 멈춰버렸을 때, 어떻게 해야 할지 아는 사람은 아무도 없었다. 이러한 상황에서 "고객과 기업의 입장에서 바람직한 일"이란 무엇을 의미하는 것일까? 안타깝게도 이 질문에 대한 대답은 온라인에서 찾을 수 없었다.

사이버 공격은 머스크에 엄청난 타격을 입혔다. 그러나 이후로 아무도 예상하지 못했던 긍정적인 움직임이 시작되었다. 머스크 글로벌 인사팀장 울프 하네만Ulf Hahnemann은 나중에 내게 이렇게 말했다. "수직 체계가 잠시 가동을 멈추면서 우리는 즉각적으로 직원들의 참여를 독려했고 직원들 스스로 판단을 내리도록 신속하게 권한을 부여했습니다." 머스크가 그렇게 했던 이유는 뭘까? 그것은 머스크 직원에게 남겨진 유일한 선택이 고객을 직접 찾아가 만나는 일이었기 때문이다.

머스크의 비즈니스 개발 및 글로벌 마케팅 책임자인 루이사 로런Louisa Loran은 당시를 이렇게 회상했다. "우리는 최선을 다했습니다. 직급은 중요하지 않았습니다. 모두들 이렇게 생각했죠. '터미널 게이트에 나가 트럭 운전사에게 18번 출구에서 대기하라고 말해야 한다면 나는 당장 그렇게 할 것이다.'"

복잡한 절차와 지켜야 할 규칙, 그리고 법적인 제약에 얽매여 있던 머스크는 하루아침에 자유로운 조직으로 거듭났다. 그건 절대 쉬운 일이 아니었다. 비용 절감을 위해 가능한 모든 것을 디지털화하는 과정에서 머스크 사람들은 고객을 단지 숫자로 보는 데 익숙해져버렸다. 그것은 상업적이고, 효율적이고, 합리적인 관계였다. 머스크 직원들은 인간이며, 그들의 고객 역시 마찬가지라는 사실에는 누구도 신경 쓰지 않았다.

처음에 고객들은 당황했다. 머스크 직원들은 고객과의 직접적인 만남에 익숙하지 않았다. 직원과 고객 모두에게 그러한 경험은 낯선 것이었다. 그 과정에서 특히 기술 이전의 시대를 회상하는 나이 많은 직원들은 컴퓨터 화면과 키보드밖에 알지 못했던 젊은 직원보다 더 빨리 움직였다. 그들 모두 컴퓨터 화면이 꺼지고 나서야 사람이 차이를 만들어내는 중요한 요소라는 사실을 깨닫게 되었다.

머스크 직원 중 일부는 왓츠앱을 통해 다른 국가에서 일하는 동료들에게 연락을 취했고, 그 직원은 다시 또 다른 지역의 동료에게 연락을 했다. 이러한 연결 고리는 계속되었다. 그리고 루이사는 아이패드와 외부 서버를 활용해서 210만 명에게 머스크의 공식적인 메시지를 세 시간마다 한 번씩, 며칠 연속으로 전했다.

이를 통해 머스크는 상식적인 차원에서 대응하고 공감을 드러냈다. 그리고 이러한 노력은 모두에게, 특히 머스크 고객에게 큰 힘이 되었다. 그 과정에서 많은 이들은 근본적인 변화를 경험했다. 조직

> 머스크 직원들은 고객과의 직접적인 만남에 익숙하지 않았다. 직원과 고객 모두에게 그러한 경험은 낯선 것이었다. 그들 모두 컴퓨터 화면이 꺼지고 나서야 사람이 차이를 만들어내는 중요한 요소라는 사실을 깨닫게 되었다.

전반에 변화가 일었다. 고객들은 머스크의 어려움을 공감하게 되었다. 덕분에 기업과 고객의 관계는 더욱 돈독해졌다. 조직의 일관성과 직원의 사기는 크게 높아졌다. 관리자는 하루에 두 번씩 현장을 돌아다녔고, 일부 직원들은 처음으로 조직의 목표를 진정으로 이해하게 되었다. 머스크의 많은 직원은 내게 그들의 기업이 과거의 기업가적 정신을 회복했다고 말했다. 그렇다. 사이버 공격은 일부 고객과 회사의 수익성에 심각한 타격을 입혔지만, 컴퓨터가 다시 작동하면서 긍정적인 효과를 드러냈다. 이후로 머스크와 고객의 협력은 더욱 긴밀해졌다.

사이버 공격이 터지면서 머스크는 내가 그들에게 전하고자 했던 상식 원칙에 더욱 집중했다. 그들은 고객을 하나의 인간으로 바라보기 시작했고, 또한 고객에게도 또 다른 고객이 있다는 사실을 이해하게 되었다. 가령 포드 자동차가 선적이 늦어질 경우, 딜러와 그들의 고객도 똑같이 어려움을 겪었다. 또한 홈데포로 가는 배송이 중단될 때, 미국 전역의 매장에서 품절 사태가 빚어졌다.

이러한 문제는 기술만으로는 해결할 수 없는 부분이다. 기술은 어마어마하게 방대한 목록을 화면으로 보여준다. 거기에는 이름과 날짜, 수치, 그리고 예측과 전망이 나와 있다. 컴퓨터 알고리즘은 과거 습관이 어떻게 미래 행동을 만드는지 예측하는 데 탁월한 능력을 발휘한다. 그러나 이러한 기술은 조만간 막다른길에 들어서게 된다. 창조성과 상상력이 결핍된 상황에서 기술은 더 이상 나아가지 못한다. 바로 여기서 인간이 개입해야 한다.

기술을 향한 인류의 집단적인 애정은 점점 더 강해지고 있다. 우리는 지금도 더 많은 기술을 요구하고 있다. 이는 더 많은 섹스나 술, 담배, 운동, 음식을 원하는 것과도 같다. 그 과정에서 우리는 때로 정도를 넘어서기도 한다. 좀처럼 만족을 느끼지 못한다. 어느 정도가 충분한 것인지 알지 못한다. 우리는 누군가와 쉽게 사랑에 빠지고, 술을 너무 많이 마시고, 담배를 계속 피워대고, 과식을 한다. 그러나 시간이 흐르면서 우리는 조금씩 물러선다. 자기 자신과 협상을 하게 되는 것이다. 플러스와 마이너스를 저울질한다. 그리고 결국에는 중간 지점을 발견하고 그 상태를 유지하려 애쓴다.

우리는 지금도 기술이 할 수 있는 것과 할 수 없는 것, 기술이 가져다주고 빼앗아가는 것, 대체할 수 있는 것과 대체할 수 없는 것, 그리고 신비하고 영원한 것을 계속해서 발견해나가는 과정에 있다. 그 목록에는 인간성이 있고, 인간성에는 공감과 상식이 필요하다. 바라건대, 상식은 언젠가 우리를 노예 상태에서 해방시켜줄 것이다. 그리고 최종적인 책임을 지는 존재는 기술이 아니라 인간이라는 사실을 이해하도록 만들 것이다.

6장

회의 중독자들

뜨거운 커피가 넘치는 바람에 손을 데인 적이 있는가? 부디 그런 일이 없었기를 바란다. 한 대기업은 "적은 것이 많은 것이다"라는 격언이 진실임을 탕비실에서 분명하게 보여줬다.

이야기의 발단은 이렇다. 그 기업의 최고운영책임자는 직원들이 마시는 커피 비용을 아끼기 위해 커피머신에서 나오는 양을 줄였다. 이러한 회사의 조치에 직원들은 버튼을 두 번 누르는 방식으로 대응했다. 그러자 커피가 흘러넘칠 지경이었다. 직원들은 넘칠 듯 위태로운 커피잔을 들고 자리로 돌아가는 위험을 무릅쓰려 하지 않았다. 대신 싱크대에 커피를 조금 쏟아버리는 방법을 택했다. 최고운영책임자의 노력은 결국 돈 낭비로 끝났다.

비용을 줄이고 싶다면, 커피 한 잔만큼의 상식을 생각해보는 건 어떨까?

어떤 회사에서는 회의가 전체 업무 시간의 절반을 잡아먹기도 한다. 물론 그 사실을 대놓고 지적하는 사람은 없다. 그 이유는 조직이 (그리고 조직에서 일하는 사람들이) 얼마나 허술하게 업무 시간을 관리하는지 상기시켜주기 때문이다. 일반적으로 기업은 과거의 계획과 미래의 계획, 그리고 계획의 부재를 놓고 회의를 한다. 다시 말해 과거의 계획이 어디서 어긋났는지, 그리고 미래의 계획이 어떻게 더 '계획대로' 되게 할지 분석하는 회의를 한다. 또한 전략, 그리고 전략을 제대로 세우지 못하는 조직의 무능함을 놓고 회의를 한다. 누구도 논의하거나 결론을 내릴 만한 답을 가지고 있지 않을 때에도 모두가 회의를 한다. 실제로 논의를 하거나 결론을 내릴 주제가 하나도 없다는 사실이야말로 사람들이 회의를 잡는 핵심적인 이유다.

기업과 직원, 그리고 기업이 판매하는 제품을 구매하고 사용하는 고객을 대상으로 상식을 회복해야 한다는 최종 목표를 염두에 두고서, 몇 주 전 수요일 아침 줌 회의에서 있었던 일을 살펴보도록 하자.

재택근무가 불러온 회의 지옥

회의가 막 시작되었다! 폴라와 오그던, 니얼, 욜란다, 그리고 제이미와 셀레스트, 토니, 루이자, 안드레스, 밥 A, 밥 B(구분을 위해)가 회의실에 있다.

이번 주에만 벌써 17번째 온라인 회의다. 그리고 오늘은 겨우 주중반이다. 이 회사에서 회의는 끝없이 이어진다. 이 조직이 원래 방식대로 한다면, 회의는 하루 종일 그리고 늦은 저녁까지 쉬지 않고 이어질 것이다. 크리스마스이브와 부활절도 예외가 아니다.

이번 주에만 업데이트 회의, 프로젝트 그룹 회의, 검토 회의, 승인 회의, 분기 회의를 비롯하여 이름도 가물가물한 두 번의 회의가 더 있었다. 당신은 이 모든 회의에 참석해야 했다. 사실 상사가 접속해 있었기 때문에 어쩔 수 없이 들어가야 했다. 거기서 당신은 상사에게 자신이 얼마나 열심히 일하고 있는지, 그리고 어떤 프로젝트에 매달려 있는지 보여줘야 했다. 그리고 많은 이야기를 하지는 않았지만, 누구보다 열정적으로 고개를 끄덕였다. 이번 주 일정은 보고서를 요약하고, 자료와 상태 업데이트를 요청하고, 결국 더 많은 온라인 회의(검토 회의, 위원회 회의)로 이어지는 기나긴 콘퍼런스콜로 가득하다. 조직 내 역학 관계와 정치가 이제 집 안에서 열리는 온라인 회의로 고스란히 넘어올지 누가 알았겠는가?

이쯤 되면 동료들의 마음을 읽을 수 있겠다는 느낌이 든다. 모두가 자신의 존재를 드러내 보이기 위해 뭔가 기발하고 날카로운 이야기를 하려고 든다. 그러나 대부분 "마르코 생각에 동의합니다"라거나 "전적으로 지지합니다, 로베르타"와 같은 말들뿐이다. 누가 제안한 아이디어가 마음에 들지 않는다면 아마도 이런 식으로 이야기할 것이다. "좋은 아이디어군요. 하지만 좀 더 고민해보면 어떨까요? 제이미, 또 다른 아이디어는 없을까요?"

회의 시간에 사람들이 같은 말을 반복하는 모습을 보면 우습다는 생각이 든다. 그들은 이렇게 말한다.

제 말이 들리세요?

제가 잘 보이나요?

(불편한 숨소리)

죄송합니다. 먼저 말씀하세요.

죄송해요. 먼저 하세요.

아닙니다. 먼저…….

그렇게 말씀드리려 했습니다만…….

모두들 어떻게 생각하시는지……?

(뭔지 모를 바스락거리는 소리)

죄송합니다. 우리 강아지 오스카예요.

고양이가 아파서요. 미안합니다.

여러분, 죄송합니다. 다른 줌 회의로 넘어가야 할 것 같아요.

중간 관리자들은 CEO인 마이크가 어떻게 반응할 것인지 추측한다. 그들은 이렇게 말한다. "마이크는 아마도 동의하지 않을 겁니다. 제가 마이크를 잘 압니다만, 아마도 그 아이디어를 끔찍이 싫어할 것이라고 장담해요." 모두가 자신이 마이크를 더 잘 안다고 경쟁을 벌인다(정작 마이크는 그들의 이름조차 모르는데 말이다). 사실 마이크는 누가 새로운 아이디어를 낼 때마다 언제나 이렇게 말한다. "마음에 듭니다!" 그렇다면 결국 사람들은 마이크의 반응을 서로 다르게 추측하고 있다거나, 혹은 누구도 그의 진정한 의도를 알지 못한다는 말이다.

다시 회의 시간이 찾아왔다.

당신은 부랴부랴 잠옷을 벗어던지고 의자에 걸려 있던 줌 회의 전용 셔츠를 입으면서 자신이 그 옷을 127일 연속으로 입고 있다는 사실을 아무도 눈치채지 못하길 바란다. 화면에 당신의 얼굴이 11명의 다른 얼굴과 함께 나타난다. 그런데 모두 대체 어디를 쳐다보고 있는 것인지 모르겠다. 제이미와 셀레스트는 카메라에 너무 얼굴을 가까이 대서 마치 코를 부비는 송아지 모양이다. 다른 몇몇은 마치 벌받는 아이처럼 똑바로 앉아 있는 바람에 얼굴이 너무 멀어 보인다. 안드레스는 태블릿을 이상한 각도로 설치했는지 한쪽 귀와 안경다리밖에 보이지 않는다. 루이자는 영상을 켜지도 않았다. 하지만 다들 그녀가 침대에 누워 있을 거라 생각하며 특별히 언급하지 않는다. 예전에 사람들은 아침 9시 회의를 위해 7시에 기상했다. 하지만 요즘에는 8시 50분에 일어나서 커피를 내리고 노트북을 켠다.

그런데 폴라 뒤에 걸려 있는 게 도축장의 소인가, 아니면 짙은 색상의 코트인가? 토니는 오늘도 금문교를 배경으로 사용하고 있다. 그가 실제로 어디에 있는지 알 수가 없다. 사실 금문교를 비롯해서 우주나 자유, 혹은 언젠가 외출을 할 수 있을 거라는 기대를 상징하는 배경막을 줌 회의 때마다 보는 것도 지겹다. 그래도 포토필터를 수정하지 못해 감자 캐릭터로 회의에 등장했던 직원보다는 낫다.

당신은 마케팅팀의 욜란다와 앤디가 접속할 때까지 동료들과 잡담을 나눈다. 이러한 잡담은 이제 일상이 되어버린 것 같다. 한번 시작되더니 이제는 재택근무에 반드시 필요한 습관이 되어버렸다. 누군가 안부 인사를 던지자 사람들은 이런 식으로 대답한다. "아시다시피 그냥 버티고 있죠. 항상 똑같아요." 누군가 맞장구를 친다. "그렇죠. 뭐." 당신도 똑같이 대답한다. 그런데 당신은 매사에 이렇게 심드렁했던가, 아니면 계속 집에서 일하다 보니 기분이 가라앉은 걸까?

이 기업에서 의사결정권을 갖고 있는 사람은 보통 5~10분 늦게 회의에 나타난다. 그래서 욜란다와 앤디도 아직 모습을 드러내지 않는 것이다. 그렇다. 두 사람은 중요한 인물이라 찾는 곳이 많다. 하지만 그들이 매번 지각하는 진짜 이유는 우월한 지위를 과시하고 싶은 마음에서다. 로베르타가 말한다. "방금 욜란다를 초대했어요." 다른 이들도 맞장구를 친다. "저도 보냈어요." 이 말은 욜란다에게 지금 여섯 개의 링크가 날아갔으며, 그중 다섯 개는 작동하지 않을 것이라는 뜻이다. 마침내 욜란다가 등장한다. 그런데 아무 소리 없이 입만 벙긋벙긋하고 있다. 누군가 이렇게 지적한다. "욜란다, 무음 상태예요." 그리고 이런 말들이 여기저기서 들린다. "욜란다, 왠지 모르겠지만 아무 말도 안 들려요. 혹시 음소거를 눌렀나요?" 욜란다는 음소거를 해제하고는 이렇게 말한다. "제발 다시 한번 말하라고는 하지 마세요!" 별로 웃기지도 않는데 모두가 웃는다.

그런데도 마케팅팀 앤디는 아직 소식이 없다. 당신은 이렇게 제안한다. "5분만 더 기다려볼까요?" 언제나 그렇듯 사람들이 쓰는 온라인 캘린더 알람 소리가 들린다. 폴라는 회의가 9시에 시작하며, 혹시 다른 시간으로 옮기고 싶다면 알려달라는 이메일을 앤디에게 보냈다고 한다. 하지만 5분이 지나도록 앤디는 소식이 없고, 결국 그가 없는 상태로 회의를 시작한다. 항상 그렇지만 나중에 누군가 앤디에게 회의 결과를 알려줘야 할 것이다.

당신은 아까 연습했듯이 이번 분기의 이익 상승에 대해 설명을 시작한다. 그때 갑자기 삑삑거리는 소리가 들려온다. "마케팅팀 앤디입니다…… 잠깐, 되고 있는 건가?" 누군가 말한다. "앤디, 출력 설정을 바꿔보세요. 스피커 때문에 소리가 울려요."

앤디가 입장하자 파워포인트가 시작된다. 파워포인트 프레젠테이션이 시작되면 사람들의 집중력은 흔들리기 시작한다. 다른 탭을 열고, 문자메시지를 보내고, 문을 열었다 닫고, 심지어 누군가 변기 물 내리는 소리까지 들린다. 오그던과 셀레스트는 다른 줌 회의로 넘어간다. 그런데 셀레스트는 깜빡하고 음소거 버튼을 누르지 않았다. 그녀의 목소리가 들린다. "피에르, 오늘 중으로는 분명히 끝날 겁니다." 피에르는 대체 누군가? 그러자 폴라가 이렇게 말한다. "모두들 음소거 버튼을 켜두면 좋겠군요." 음, 단단히 화가 났군!

당신은 두 건의 화상회의를 동시에 진행한다며 자랑하는 동료의 말을 무수히 많이 들었다. 이제 화장실도 가지 않고, 샤워도 하지 않고, 먹지도 않고, 기다리지도 않고, 운동도 하지 않고, 옷도 갈아입지 않은 채 쉼 없이 온라인 회의에 참석하는 것이 생산성을 평가하는 기준으로 자리 잡은 듯하다. 마치 더 많은 회의에 초대를 받을수록 더 많은 점수를 얻는 것 같다. 모두 자신이 얼마나 바쁜지 보여주고자 한다. 그러다 보니 어느 누구도 회의 준비에는 신경 쓰지 않는다. 그 결과는? 추가 회의가 이어진다. 회의는 추가 회의를 낳고, 추가 회의는 다시 더 많은 회의를 낳는다. 이렇게 악순환은 계속된다.

비대면 회의가 생산적이라는 믿음

내 경험상 비즈니스 세계의 많은 이들은 자신이 얼마나 회의를 싫어하는지 말하기를 좋아한다. 그들은 회의가 엄청난 시간 낭비라고 생각한다. 그 이유는 대부분의 온라인 회의에서 모두가 집중할 수 있는 시간은 (좋게 말해서) 그리 길지 않기 때문이다. 참석자들 모두 적어도 머릿속으로 다음 회의, 혹은 그 다음 회의를 준비하고 있다.

이런 상황을 어떻게 상식이라 말할 수 있을까?

앞서 말했듯이 상식과 공감은 언제나 함께한다. 공감은 다른 사람의 경험을 똑같이 하는 것이다. 단지 회의를 위한 회의를 할 경우, 조직 내부의 믿음과 편향을 메아리처럼 울려 퍼지게 만드는 음향실과 같은 역할만을 할 뿐이다. 즉, 조직이라는 괴물에게 계속해서 먹이를 주는 것이다. 더 나쁜 점은 아무런 성과 없이 사람들의 시간만 앗아간다는 것이다. 물론 회의가 대단히 생산적일 때도 있다. 그러나 대부분 얻는 게 거의 없다.

회의의 가치가 다양한 분야의 사람을 한곳에 모으는 것에 있다면, 왜 부서 간 회의는 그렇게 드문가? 일반적으로 마케팅팀은 그들끼리 회의를 한다. 전략팀 역시 마찬가지다. 마케팅팀은 내부 회의를 통해 계획을 내놓지만, 전략팀은 보안 문제로 거부할 것이다. 그렇다면 마케팅팀과 전략팀은 왜 애초에 한데 모여서 회의를 하지 않는 걸까?

앞선 사례보다 더 심각한 경우도 많다. 가령 5일 전에 있었던 회의처럼 말이다.

마이크로소프트 팀즈Microsoft Teams를 이용하면 최대 100명까지 온라인 회의에 참석할 수 있다. 오프라인 회의에 100명이 참석했다고 상상해보자. 아마도 정신이 없을 것이다. 그렇다면 온라인 회의에서 참석자의 수를 제한하는 방법은 없는가? 왜 없는가?

피터는 파워포인트 프레젠테이션을 위해 마이크로소프트 팀즈를 사용한다. 그는 회의 참석자들에게 연신 이렇게 묻는다. "다들 제 화면이 보이시나요?" 그러나 화면은 아무에게도 보이지 않는다. 사람들은 속으로 이렇게 외친다. '그만 물어보고 제발 어떻게 좀 해보라고!'

당신은 피터와 대화할 때 종종 약어를 쓴다. 피터는 프레젠테이션 5분 동안 이미 QCR, UTS, MMS라는 약어를 썼다. 두 명의 신입 사원은 고개를 끄덕이며 뭔가를 적는다. 혹은 적는 척한다. 약어는 아마도 코로나19처럼 전염성이 강해서인지 소피도 이렇게 물었다. "피터, 당신 팀은 압박이 계속 심해지고 있다는 점을 고려한 건가요? 제 생각에는 QTP 차원에서 상황이 더욱 안 좋아질 것 같은데요."

피터는 말했다. "네, 알고 있습니다. 그래도 다행인 것은 NKO에는 적합하다는 겁니다." 그리고는 이렇게 덧붙였다. "모두 제 자료를 갖고 계시죠?" 그제야 사람들은 고개를 끄덕이면서 메일함을 뒤져 아직 열어보지 않은 자료를 확인한다. 두 사람이 피터에게 자료를 다시 보내줄 수 있는지 묻는다. 또 다른 두 사람은 이렇게 말한다. "저는 못 받았어요." "제 이메일 주소가 빠져 있었나 봐요."

본격적으로 프레젠테이션이 시작되자 모두 지루한 놀이기구에 올라탄 듯한 표정을 짓는다. 한 직원은 입을 다문 채로 하품을 한다. 피터의 프레젠테이션은 순조롭게 흘러갔다. 래리가 회의에 등장하기 전까지만 해도 말이다. 래리는 피터의 상사다. 피터는 래리의 갑작스러운 등장에 당황했다. 그는 파워포인트 슬라이드를 다시 거슬러 올라가기 시작한다. 그러고는 앞서 동료들에게서 받았던 피드백을 마치 자신의 생각인 것처럼 래리에게 설명한다. 이제 모두는 피터가 적어도 온라인 세상에서는 재수 없는 녀석이라는 사실을 알게 되었다.

게다가 그 재수 없는 녀석은 얼어붙기까지 했다. 누군가 말했다. "피터가 얼어버렸군요." 그렇다. 피터는 어느 순간 고통스러운 표정으로 멈춰버렸다. 잠시 후 피터는 다시 살아난다. 그는 이렇게 물었다. "여러분 생각은 어떠신가요?" 몇 초가 흘렀다. 결국 누군가 이렇게 요청했다. "다시 한번 설명해주시겠어요? 아까 화면이 멈춰 있었거든요."

이는 온라인 회의에서 겪을 수 있는 유일한 문제는 아니다. 때로는 스크린셰어 소프트웨어를 켜놓는 바람에 모두에게 '이혼'이라는 제목의 바탕화면 폴더를 보여주는 사건도 있었다. 셰리는 시도 때도 없이 끼어드는 어린 자녀 때문에 곤혹스러워 하며 연신 말했다. "죄송합니다." 그러고는 아이를 향해 몸을 틀었을 때, 그녀의 무릎이 책상을 강타하면서 노트북이 날아가고 독서등이 박살 났다. 그리고 누군가의 화면에는 노트북 카메라를 피해 바닥을 기어 다니는 남자 친구의 모습이 찍히기도 했다.

몇 분 뒤 회의는 끝났다. 하지만 아홉 개의 안건은 시작도 못했다.

중요한 사실은 이를 위해 누군가 또 회의를 잡아야 한다는 것이다. 어쨌든 회의에 참석한 이들은 마치 폰트랩(영화 〈사운드 오브 뮤직〉의 주인공 가족) 합창단처럼 손을 흔들며 작별 인사를 나눈다. 그런데 언제부터 회의를 마치면서 손을 흔들게 되었던가? 여기서 웃긴 사실은 그들이 5분 후에 열릴 다음 회의에서 또 만나게 된다는 것이다. 다음 회의는 웹엑스인가, 아니면 구글 행아웃인가? 당신은 낭만적인 음악이 흐르면서 엔딩 크레디트가 올라가는 우아한 마무리를 원하지만, 현실 속 당신 앞에 펼쳐진 것은 '회의 끝내기' 아이콘뿐이다. 그 버튼을 클릭하면 이러한 질문 창이 뜬다. '정말로 회의를 끝내시겠습니까?' 그러면 이렇게 외치고픈 마음이 든다. '아니라고! 여기 끝까지 남아 있고 싶다고!' 누군가 말한다. "많은 이야기를 나누었군요. 다음 시간을 기대하겠습니다." 그러나 이미 그 방은 비었다. 마치 버려진 댄스홀처럼.

이번 주에 당신은 그들을 14번 더 만나게 될 것이다. 잠깐, 15번이다. 금요일 밤 줌 칵테일 파티가 있으니 말이다(코로나19 때문에 기업 '문화'가 위기에 처했다며 걱정하는 상사가 모두를 온라인 파티에 초대했다. 아이와 반려동물도 환영이라는 메시지와 함께). 차라리 고양이랑 술을 마시는 게 나을 듯싶다. 그러나 당신에게는 선택권이 없다. 집에서 일하는 상황에서는 일반적인 핑곗거리 중 어느 것도 통하지 않기 때문이다.

흐름을 바꾸기

익숙한 이야기처럼 들리는가? 안타깝게도 당신의 회의와 비슷하지 않은가? 만약 그렇다면 왜 이의를 제기하지 않고 맹목적으로 따라가면서 상식이 점차 사라지도록 내버려두는가? 성공적이고 '상식적인' 회의를 위한 비결 몇 가지를 소개하고자 한다.

디지털 기기에 눈 돌리지 않기

예전에 나는 캘리포니아에 위치한 구글 본사에서 연설을 한 적이 있었다. 거기에는 약 200명의 청중이 참석했다. 하지만 연설하는 30분 동안 눈을 마주쳤던 사람은 정확히 네 명뿐이었다. 나머지는 모두 노트북이나 스마트폰을 들여다보고 있었다. 물론 몇몇 사람은 스마트폰이나 태블릿으로 내 강의를 찍고 있었던 것인지 모른다. 하지만 그들이 내게 보내는 메시지는 똑같은 것이었다. '당신의 강연보다 더 중요한 일이 있습니다.'

대면 회의를 할 경우, 스마트폰을 모아서 바구니에 넣어두는 방법을 고려해보자. 포스트잇에 이름을 써서 스마트폰에 붙여두면 끝나고 쉽게 찾을 수 있다(그런데 중요한 전화가 있다면? 그 정도로 중요하다면 직접 만나서 이야기를 나누자. 그렇지 않다면 회의 시간 정도는 얼마든지 기다릴 수 있다).

목표를 명확히 하기

온라인 회의든 오프라인 회의든 상관없이, 당신은 스스로에게 이렇게 물어야 한다. 이 회의에서 무엇을 얻고 싶은가? 한 걸음 더 나아가, 하루 중 첫 번째 회의에 참석했다면 모든 이들에게 안건을 제시하도록 요청하자. 즉, 모두가 회의에 참석한 목적을 말하도록 하자. 팀장은 회의가 끝난 뒤 모든 참석자에게 짧은 이메일을 보내는 방법을 고려해보자. 여기서 주요 의사결정 사항과 방향을 다시 알려줌으로써 한 번 더 상기(그리고 넛지)시키자.

간단하게 말해서, 회의의 목표가 무엇인지 분명하게 해두자. 그저 상황을 '파악'하기 위한 것이라고 말하지 말자. 그건 너무 두루뭉술한 목표다. 승인이나 설명을 구하고자 하는가? 그렇다면 그렇게 말하자. 최대한 구체적인 회의가 되도록 하자.

회의 시간을 엄수하기

앞서 살펴본 것처럼 일반적으로 회의는 한 시간 동안 이어진다. 하지만 이러저러한 문제로 인해 5~7분을 그냥 허비할 때가 많다. 비즈니스 세계는 회의가 60분 동안 진행되어야 한다는 암묵적인 법칙을 따른다. 그리고 그 법칙을 어겼을 때 뭔가 잘못되었다고 생각한다. 하지만 회의는 30분을 넘기지 말아야 한다.

이를 위한 한 가지 방법은 회의실에 시계를 가져다두는 것이다. 나는 시계가 회의에 참석한 모든 사람의 누적 급여를 상징한다는 말을 종종 한다. 회의 참석자들의 급여는 아마도 시간당 120달러에서 1000달러에 이를 것이다. 나는 이렇게 말한다. "우리는 지금 여기에 모였습니다. 이 회의에는 약 1만 5000달러의 비용이 듭니다. 게다가 저도 참석했으니 비용은 더 올라갑니다. 그러니 어서 시작하도록 합시

> 회의는 30분 안에 끝내야 한다. 이를 위해 내가 사용하는 한 가지 방법은 시계를 가져다놓는 것이다. 그러고는 이 시계가 여기 참석한 모두의 누적 봉급을 의미한다고 일러둔다.

다." 만약 갖가지 기술적인 문제로 15~20분을 허비했다면, 나는 다시 4000달러를 낭비했다는 사실을 상기시킨다. 시계의 존재는 참석자들이 회의에 더욱 집중하도록 만든다. 안타까운 사실이지만, 그래서 나는 회의 때마다 시계를 들고 다닌다.

시간을 알려주는 것보다 더 중요한 시계의 역할은 무엇인가? 30분 동안의 회의가 최대한 생산적이어야 한다는 사실을 모두에게 상기시키는 것이다. 회의 안건을 20분 동안 모두 처리했다면 나머지 10분을 그냥 앉아 있을 이유는 없다(22분이 가장 건설적인 회의 시간이라고 생각한다면, 거기에 맞춰 시간을 줄이자. 아무도 반대하지 않을 것이다).

또한 시계는 회의 시간을 엄수하도록 해준다. 회의 시간을 생산적으로 활용했는지, 아니면 낭비해버렸는지 분명하게 알 수 있다. 시계가 있으면 또한 잡담이 줄어든다. 하루 일과를 어떻게 쓰는지 그

려볼 때, 사람들은 "시간이 너무 부족하다"고 밥 먹듯 내뱉는 말의 원인이 웹서핑과 커피 타임, 잡담 때문이라는 사실에 놀라곤 한다.

나는 일론 머스크가 말한 생산성 원칙을 믿는다. "더 이상 쓸모가 없다는 사실이 분명해질 때, 곧바로 회의를 중단하거나 전화를 끊어라.[1] 떠나는 것은 무례한 행동이 아니다. 시간을 낭비하도록 누군가를 붙잡아두는 것이야말로 무례한 행동이다." 간단하게 말해서, 자신이 회의에 더 이상 기여할 것이 없다고 느낄 때, 모든 참석자는 언제든지 자유롭게 떠날 수 있어야 한다.

'루프' 사고를 경계하기

회의에서 나누는 대화는 때로 놀이동산 관람차를 떠올리게 한다. 대화는 어디선가 시작되었다가 고조되고 정점을 찍었다가 떨어져서 원래 자리로 되돌아온다. 그리고 이러저러한 불만과 더불어 다시 시작된다. 내가 공항에서 샀던 헤드폰과 관련된 회의가 어떻게 진행될 수 있는지 한번 생각해보자. 누군가 이야기를 꺼낸다. "헤드폰을 상자에서 쉽게 꺼낼 수 있는 방법에 대해 생각해봤으면 합니다." 이제 논의는 이렇게 흘러간다. "그런데 그럴 경우 도난 문제는 어떻게 하죠?", "안전 문제에 대해서도 생각할 필요가 있어요. 아이가 케이블을 가지고 놀다가 실수로 삼켜버리는 일이 발생하면?", "포장 방식을 바꾸면 생산 단가가 올라갑니다", "새로운 포장이 매장 진열대에 안 맞을 수도 있어요", "하지만 지금 플라스틱 포장에서 헤드폰을 꺼내는 것은 불가능해요!" 참석자들이 비판을 제기한다. 그것은 자신이 훌륭한 분석가로서 문제를 면밀하게 들여다보고 있음을 다른 이들에게 보여주기 위해서다. 결국 논의는 파국으로 치닫고 시간은 흘러가지만 아무것도 이뤄진 게 없다.

이와 같은 일반적인 시나리오를 피하려면, 논의를 세 단계로 구분해볼 필요가 있다. 예를 들어 누군가 전면 주머니에 헤드폰을 수납할 수 있고, 측면 주머니에 케이블을 넣을 수 있는 미니 백팩을 만들어 판매하는 아이디어를 내놨다고 해보자.

첫째, '기술이나 관리 측면에서 특별한 문제가 없다면, 원칙적으로 그 아이디어를 받아들일 것인가?' 모두가 찬성한다면 의사결정을 내릴 수 있을 것이다.

둘째, '어떤 반발이 제기될 것인가?' 10명의 참석자가 경쟁적으로 반대 의견을 내놓도록 내버려두지 말고, 그들을 세 그룹으로 나누어 회의를 일종의 비공식적 워크숍으로 전환해보자. 그리고 각 그룹이 핵심 사안을 정의하도록 하고, (무엇보다 중요하게) 이를 '해결책'과 연결 짓도록 하자.

마지막으로 셋째, 제시된 사안과 아이디어를 포스트잇에 색깔별로 정리하자. 예를 들어 핵심 사안은 노란색 포스트잇에, 그리고 해결책은 녹색에 적자. 한 장의 포스트잇에는 하나의 사안만을 적자. 왜? 대부분의 회의가 예정보다 길어지는 이유 중 하나는 참석자들이 똑같은 얘기를 반복하기 때문이다. 그러나 포스트잇을 활용할 경우, 각각의 사안을 '논의 완료(더 이상 논의가 필요치 않다는 분명한 신호를 보내주는)' 범주로 옮겨놓을 수 있다. 이 범주에는 회의에서 지지를 받지 못한 아이디어도 포함되어 있다. 그러한 아이디어는 이미 죽은 것이다.

회의가 모든 문제를 해결할 순 없다

기억에 남는 회의가 있는가? 있다면 그 이유는 무엇인가? 우리가 회의에서 기억할 수 있는 것은 기껏해야 세 가지 정도에 불과하다. 쉽게 활용할 수 있는 커뮤니케이션 도구를 한번 떠올려보자. 이메일, 콘퍼런스콜, 보고서, 스프레드시트, 파워포인트 등. 모든 문제를 회의를 통해 해결해야 할 필요는 없다. 어떤 경우 부서 간의 분열은 뜻하지 않은 더 많은 회의로 이어진다. 실제로 많은 이들이 관심을 받지 못하거나 무시당할까 봐 두려워서 회의를 소집하거나 참석한다. 회의는 당신이 중요한 일을 하고 있음을 말해주는 증거다(한 대기업에서는 생각 외로 많은 사람이 언젠가 조직의 관심에서 밀려날까 봐 걱정된다는 말을 했다).

누군가 이렇게 제안한다. "다음 주 회의 일정을 잡아봅시다." 그런데 아무도 이렇게 묻지 않는다. "잠시만요. 회의 목적이 뭐죠?" 그 목적이 어떤 사안에 대한 합의를 도출하는 것이라면, 회의가 필요하지 않을 수도 있다. 그때마다 예, 아니오로 결정을 내리는 것은 어떨까? 물론 다양한 부서의 참석이 필요한 사안이라면 회의를 통해 의견을 나누는 것이 훨씬 효율적이다.

많은 회의가 상식에 반하는 것이라면, 모두 없애버려야 할까? 그렇지는 않다. 그러나 분명한 사실은 지나치게 많은 회의가 이미 균형점을 넘어섰다는 것이다. 회의의 목적은 사라지고, 대신 습관적으로, 그리고 비즈니스 세계는 원래 그렇게 흘러간다는 수동적이고 광범위한 인정이 자리 잡았다. 하지만 우리가 상식의 끈을 놓지 않는다면 꼭 그러한 방향으로 흘러갈 필요는 없다.

온라인 회의의 본질적 한계를 미리 인식하자

코로나19 이후 전반적으로 온라인 회의가 대면 회의를 대체하고 있으며, 우리 삶에서 표준으로 자리 잡아가고 있다. 사람들 대부분 자신이 바쁘게 일하고 있다는 사실을 입증하기 위해 어떻게든 온라인 회의에 참석하고자 한다.

그런데 우리가 현실에서 동료와 1미터 정도 떨어져 한 시간 동안 그들의 얼굴을 들여다볼 기회가 얼마나 있을까? 이러한 점에서 줌이나 마이크로소프트 팀즈 회의에 참석한 이들은 그것이 대단히 부자연스러운 매체라고 생각하게 된다. 음성 끊김, 울림, 시끄러운 배경 소리, 정지 화면, 그리고 끊임없는 자기 평가(내가 화면에 어떻게 나오고 있는가?)는 상황을 더욱 복잡하게 만든다. 그리고 상대의 몸짓을 볼 수 없기 때문에 공감을 느끼기가 더욱 어려워진다. 일반적으로 온라인상에서 침묵은 불안감을 조성한다(줌과 팀즈는 '고민 중'

버튼을 만들 것을 고려할 필요가 있다. 회의 참석자가 이 버튼을 눌러서 자신이 숙고 중이라는 신호를 보낼 수 있도록 말이다). 일부 직원은 '줌 피로 Zoom Fatigue'를 호소한다. 이는 하루 종일 노트북이나 태블릿을 들여다봄으로써 나타나는 현상이다. 회의가 온라인으로 넘어가면서 생산성은 더 떨어질 수 있다. 이전에도 '집'과 '업무'는 대부분의 사람들에게 완전히 분리되지 않은 불편한 상태로 얽혀 있었다. 하지만 지금은 기업과 동료들이 말 그대로 사적인 영역까지 침범해 들어오고 있다.

시리, 마이크로 팀즈에 '문화 버튼'이 있던가? 새로운 온라인 환경의 최대 피해자는 다름 아닌 문화다. 직장에서 흔히 일어나는 개별적인 만남(복도에서, 퇴근 후, 승강기 안에서 동료와 나누는 교류)은 공감을 나누는 소중한 기회였다. 일반적으로 공감은 작은 그룹이나 제한된 공간에서 더 쉽게 이뤄진다. 그럴 때 우리는 자신의 생각을 보다 마음 편히 드러낸다. 그러나 온라인상에서는 모든 게 힘들어진다. 화면상으로는 두 동료가 대화를 나누고 있지만, 그들은 정말로 나머지 아홉 명과 함께 자신들의 생각을 나누길 원하고 있을까?

그래서 나는 아침 온라인 회의를 시작하기 전에 5분의 휴식 시간을 갖는다. 나는 세 곳의 가상 휴식 공간을 만들고 여기에서 팀원들이 끼리끼리 이야기할 수 있는 환경을 만든다. 여기서 사람들은 어제 겪었던 힘든 일에 대해 이야기를 나눈다(자신의 약점을 드러냄으로써 상대에게 인간적인 인상을 전할 수 있다). 실제 회의가 시작되기 전 5분 휴식은 사람들을 이어주고 공감을 느끼게 만드는 강력한 방법이다.

뭔가 할 말이 있다면 손을 들어 알리자. 놀랍게도 사람들은 온라인 회의에서 손을 드는 방법에 대해서는 거의 생각하지 않는다. 줌과 마이크로소프트 팀즈는 가상의 공간이다. 여기서 하고 싶은 말이 있을 때, 적극적으로 신호를 보내는 것이 당연한 일 아닐까? 가만히 앉아 있다가는 먼저 발언하는 동료들에게 밀릴 뿐이다.

성공을 인정하고 축하하자. CEO의 미묘한 끄덕임은 'OK'를 의미하는가? 다른 회의에서는 그냥 침묵했던가? 혹시 화면이 정지된 건 아닐까? 사람들은 그 차이를 구분하기 힘들다. 그렇기 때문에 온라인 회의에서는 가능한 자주 성공과 기여자를 인정하려는 노력이 필요하다. 쓸데없는 이야기처럼 들릴지 모르지만, 가상의 박수는 분명한 효과를 발휘한다. 인터테크^{Intertek}의 CEO 앤드루 라크루아^{Andrew Lacroix}는 여기서 한 걸음 더 나아가, 새롭고 획기적인 아이디어를 낸 직원을 매일 영웅으로 선정하고 있다.

269장짜리 슬라이드에서 벗어나기

회의를 더 복잡하게 만드는 것은 흔히 '데크^{deck}'라고 부르는 파워포인트 슬라이드다. 일반적으로 데크는 주요 항목, 논의와 새로운 접근 방식, 전략을 뒷받침하기 위해 '복붙'한 다양한 콘텐츠로 구성된다. 지난 10년 동안 데크는 비즈니스 세계에서 표준으로 자리 잡았다. 비록 최근 들어 그 인기가 점차 시들고 있지만. 나 역시 컨설턴트로 일하면서 회의 전에 고객이나 동료에게 데크를 보낸다. 하지만 일단 회의에 들어가면, 몇몇 용어와 신중하게 선택한 그림 파일을 담은 데크는 청중에게 내 이야기의 핵심을 상기시키는 시각적, 청각적 자료나 혹은 배경화면으로만 활용한다.

문제는 회의에 참석한 사람들이 오직 데크에만 집중한다는 사실이다. 상사가 직원의 생산성을 평가하는 가장 쉬운 방법은 뭘까? 그것은 직원의 파워포인트를 들여다보는 것이다! 상사는 직원의 데크를 꼼꼼히 읽어봄으로써 그의 생산성을 즉각 확인할 수 있다. '톰은 언제나 준비가 잘 되어 있어. 데크의 분량을 보면 알 수 있지. 269장의 슬라이드에 173개 그래프가 들어 있어. 이러니 작년에 톰이 두 번이나 승진했다는 사실에 딴지를 걸 수 있겠어? 잔넷의 데크는 어떻고? 무려 501페이지라고!' 간단하게 말해서, 전 세계 모든 직원이 가장 긴, 그리고 그래프와 도표로 넘쳐나는 파워포인트 자료를 만들기 위해 치열하게 경쟁하고 있는 듯하다. 하지만 그건 어리석은 짓이다.

그러나 누군가 오랜 시간에 걸쳐 데크를 만들고 이를 청중에게 발표할 때, 사람들이 그것으로부터 얻는 게 과연 무엇일까? 내가 참석했던 최고의 회의들에는 한 가지 공통점이 있었다. 그것은 '파워포인트 데크가 없다'는 사실이었다.

그 이유가 뭘까? 회의실에서 서로 마주보고 앉을 때, 사람들은 독백이 아니라 대화를 나누게 된다(온라인에서도 마찬가지다. 누군가 셰어스크린 버튼을 눌러 끝없이 이어지는 슬라이드를 보아야 한다면, 아마도 참석자의 절반은 떠나가버릴 것이다) 데크가 없을 때, 사람들은 얼굴을 마주보고 대화를 시작함으로써 회의의 생산성과 유용성이 더 높아진다.

내가 참석했던 최고의 회의들에는 한 가지 공통점이 있었다. 그것은 '파워포인트 데크가 없다'는 사실이었다.

내가 참석했던 최고의 회의 중 하나는 컨설턴트로서 일했던 한 글로벌 투자 기업의 CEO와 함께 한 회의였다. 우리는 그의 사무실에서 만나 세 시간을 이야기 나눴다. 파워포인트는 없었다. 대신에 그는 15페이지 분량의 노트를 들고 왔다. 나중에 그 CEO의 동료와 통화하면서 나는 회의가 아주 생산적이었다고 말했다. 그러자 그녀는 대뜸 이렇게 말했다. "제게 데크를 보내주시겠어요?" 내가 데크가 없다고 했더니 깜짝 놀란 표정을 지었다. "데크도 없이 우리 CEO와 세 시간 동안 회의를 했다고요?" 그녀는 아마도 이렇게 생각했을 것이다. '어떻게 CEO의 시간을 그렇게 낭비할 수 있는 겁니까? 우리가 어떻게 일을 하는지 모르시나요? 정말 용감하군요!' 솔직하게 말하자면 나는 잠깐 죄책감을 느꼈다.

그녀는 이렇게 말했다. "데크를 만들어서 보내주실 수 있을까요?" 나는 말했다. "물론이죠. 하지만 통화 중에 바로 말씀을 드려도 되지 않을까요? 당신이 나중에 기억할 수 없다면 그건 아마도 중요하지 않은 내용이겠죠."

앞서 언급했듯이, 내 경험에 비춰볼 때 대부분의 사람은 데크에서 기껏해야 세 가지 정도밖에 기억하지 못한다. 나머지는 중요하지 않다. 사실 나는 실수로 다른 데크를 띄워놓고 프레젠테이션을 한 적이 몇 번 있었다. 또 한 번은 슬라이드의 40퍼센트가 사라진 상태에서 이야기를 한 적도 있다. 하지만 그 슬라이드가 내 발표 내용과 절반 가까이 달랐다는 사실을 아무도 눈치채지 못했다.

나는 머스크를 포함한 몇몇 기업에 파워포인트 전면 금지를 제안했다. 현재 머스크는 특별한 상황이 아니면 파워포인트를 쓰지 않는다. 경영진 회의 대부분은 논의에 집중하고 있으며, 자료가 필요할 때에는 5쪽 이하의 이해하기 쉬운 메모를 활용한다.

파워포인트 활용은 쉽게 끊기 힘든 습관이다. 그것은 하루 두 갑의 담배를 피우는 애연가에게서 갑자기 담배를 빼앗거나 아기에게서 고무젖꼭지를 빼앗는 일과 같다. 당신이, 혹은 동료가 보다 상식적인 방식으로 어떤 주제에 대해 설명할 수 있다면, 파워포인트를 완전히 건너뛰는 방법을 고려해볼 것을 권한다. 사람들은 아마도 파워포인트가 사라졌다는 사실조차 눈치채지 못할 것이다. 일단 초반의 충격에서 벗어나면, 당신은 얼마나 많은 시간을 절약할 수 있는지, 그리고 얼마나 많은 이들이 안도의 한숨을 내쉬는지를 깨닫고 깜짝 놀랄 것이다.

해가 떠 있는가, 아니면 가로등이 켜졌는가? 밤이 되었는가? 지금 몇 월 며칠 몇 시인가? 분명한 사실 한 가지는 당신의 눈이 이미 벌겋게 충혈되었다는 것이다. 눈을 뜨고 바라보면, 당신의 줌 셔츠는 여전히 의자에 걸려 있을 것이다. 내일이면 128번째로 그 똑같은 셔츠를 입고 아침 일찍부터 오후 늦게까지 줌 회의에 참석할 것이다.

하지만 지금으로서 당신의 상식은 잠을 좀 자두는 것이다.

7장

통찰을 가로막는 근시안적 규칙들

다음 세 단어를 들으면 아마도 어떤 느낌이 올 것이다. '규칙'이라는 단어는 당신과 잘 어울리는가? '규제'라는 단어는 어떤가? '정책'이라는 단어는 어떤 느낌이 드는가? 내 경험상 이 세 가지는 직원들을 마비시키는 가장 강력한 단어다.

규칙과 규제, 그리고 정책은 기업 내외부에서 아주 다양한 형태로 나타난다. 그것이 문제다! 지금쯤이면 아마도 알고 있겠지만, 상식의 결핍은 일반적으로 기업이 터무니없고 비상식적인 규칙과 규제, 정책 등 내부적 운영과 절차에만 집중할 때 드러나는 조직적 근시안에서 비롯되는 것이다.

내가 아는 한 기업은 플라스틱 물병 사용을 금지했다. 그 기업의 직원들은 출근할 때 마치 공항 보안검색대를 통과하는 것처럼 물병을 미리 처리해야 한다. 그 기업은 이 규칙에 대해서 어떠한 이유도

밝히지 않았다(아마도 환경보호 차원에서?). 디즈니는 2012년까지 수염 기르는 것을 금지했다.[1] 그리고 지금도 모든 남성 직원이 깔끔한 외모를 유지하도록 턱수염과 콧수염에 관한 규칙을 정해놓고 있다. 아베크롬비Abercrombie&Fitch는 예전에 외모 정책 지침을 통해 직원들이 "은은하게 윤기가 나면서 햇볕을 머금은 것처럼 따스함을 발산하도록" 머리를 관리하게 했다.[2] 글로벌 미디어 기업인 콘데나스트Conde Nast(〈보그〉와 〈배니티페어〉, 〈뉴요커〉를 출간하는)는 S. I. 뉴하우스S. I. Newhouse가 조직을 이끌던 시절에 카페테리아에서 마늘을 금지하기도 했다.[3]

하지만 규칙의 개념을 또 다른 차원으로 몰고 갔던 한 투자 기업이 있다. 그 기업은 성관계와 성추행에 대한 회사의 입장을 분명하게 전달하기 위해 남자 직원을 대상으로 이메일 설문지를 발송했다.

모든 질문은 예, 아니오로 답하도록 되어 있었다. 질문 중에는 다음과 같은 것이 포함되어 있었다. "최근 동료 직원에게 성적으로 접근한 적이 있습니까?", "최근에 성관계를 한 적이 있습니까?", "있다면 콘돔을 사용했습니까?" 그 기업에서 10년간 근무했던 한 고위 관리자는 "최근에 성관계를 한 적이 있습니까?"라는 질문에 "네"라고, "있다면 콘돔을 사용했습니까?"에는 "아니오"라고 답했다. 하지만 인사팀은 그 관리자가 7년째 행복하게 결혼 생활을 하고 있으며, 아이가 하나 있고, 둘째 아이를 원하고 있다는 개인적인 사정은 고려하지 못했다.

그는 설문에 답하는 것으로 다 끝났다고 생각했지만, 2주 후 인사팀으로부터 소환 통보를 받았다. 인사팀은 그가 설문 조사에서 기준 이하의 점수를 받았으며, 그래서 하루 동안 교육을 받아야 한다고 했다. 그 교육에는 콘돔 사용법이 포함되어 있었다. 상기하자. 그 관리자는 18세 청년이 아니라 50세의 기혼 남성이다. 아이를 원하는 그는 콘돔을 쓸 생각이 없었을 것이다. 그에게 피임은 필요 없었다.

교육에 참석한 그는 12명의 성적 타락자들과 함께 자리에 앉았다. 그리고 짧은 점심시간을 제외하고 여덟 시간 내내 성관계의 기초에 대해 배웠다. "안전한" 성관계란 무엇인가? 성관계를 할 때 얼마나 자주 콘돔을 사용하지 않는가? 왜 콘돔이 중요한가? 성병에 어떤 것이 있는지 알고 있는가? HIV가 무엇인지 알고 있는가? HIV로부터 자신을 지킬 수 있는 최고의 방법은 무엇인가? 단지 이야기를 나누는 것만으로도 HIV에 감염될 수 있는가? 다음으로 시연이 있었다. 교육 참석자들은 모두 콘돔 착용법에 관한 영상을 시청했다. 그리고 다음으로 HPV와 임질에 관한 지식을 다른 사람들과 공유하고, HIV 양성인 사람을 만났을 때 어떻게 대처해야 하는지 설명해야 했다.

기업의 규칙은 직원의 속사정 따위는 고려하지 않으니 말이다.

이렇게 하면 비용을 줄일 수 있을 거라 생각했어

다행스럽게도, 오늘날 많은 기업이 가족의 장례 및 출산 휴가와 관련해서 전반적으로 합리적인 규칙을 시행하고 있다. 하지만 출장과 관련된 까다로운 규칙은 여전히 많은 직원을 괴롭히고 있다.

기업과 직원들 사이에서 널리 알려진 까다로운 문제 중 하나는 항공사 마일리지다. 항공사 마일리지는 누구의 몫인가? 직원인가, 아니면 회사인가? 직원들은 출장으로 쌓은 마일리지를 개인 용도로 쓸 수 있는가? 법적으로 볼 때, 항공사 마일리지는 항공권 비용을 지불한 기업에게 돌아가야 한다. 하지만 알래스카항공의 구석자리에 앉아 난기류가 시작될 때마다 공작새처럼 자신의 허벅지를 꼬집어대는 승객 옆에서 오랜 시간 참아야 하는 직원의 고통은 누가 알아줄 것인가? 항공사 마일리지가 당연히 기업의 소유라고만 말을 한다면, 출장이 감정적으로 대단히 힘든 여정이라는 사실은 전혀 고려하지 않는 것이다.

내가 아는 한 기업은 직원들에게 출장 시 비즈니스 클래스를 탈수 있도록 허용한다. 단, 비행거리가 6400킬로미터 이상일 때에만 가능하다. 런던에서 캘거타, 뉴욕에서 카이로, 혹은 로스앤젤레스에서 베를린으로 출장을 갈 때가 여기에 해당한다. 그러나 여기서 핵심은 6400킬로미터 이상이라는 대목이다. 댈러스에서 샌안토니오, 혹은 롤리 더럼에서 디트로이트처럼 단거리가 아닌 이상, 항공사들은 좀처럼 직항을 운행하지 않는다. 대부분의 비행은 최종 목적지에 도착할 때까지 적어도 한 번, 혹은 두 번이나 세 번까지 경유를 한다. 결론적으로 이 회사의 직원들은 비즈니스 클래스를 절대 탈수 없는 것이다(적어도 항공사 마일리지는 쌓을 수 있기를 바란다).

심지어 내가 아는 또 다른 기업은 출장 거리가 1600킬로미터 이하일 경우 '비행'을 금지하고 있다. 그럴 때 직원들은 운전을 하거나 기차를 타야 한다. 게다가 그 기업의 주요 지사 중 한곳은 세계 최대 호수인 슈피리어호에 인접한 온타리오주에 있다. 그 지사에서 근무하는 직원들이 종종 160킬로미터가 넘는 거리를 하루 종일 배를 타고 이동한다. 안타깝게도 그 배는 자주 운행하지도 않는다.

이런 사례는 내가 기업에서 종종 보게 되는 또 다른 상식 문제를 떠올리게 한다. 많은 기업은 비용을 줄이기 위해 최선을 다하지만, 그들이 내놓는 정책은 오히려 비용을 더 늘리기도 한다. 나는 이런 사례를 아주 많이 목격했다. 가령 한 기업은 이코노미석을 이용할 경우 출장 경비를 회사가 모두 부담하는 정책을 실시하고 있다. 여기까지는 아무런 문제가 없다.

그 기업은 한 신입 사원에게 항공권을 예약할 수 있는 여행사 웹사이트를 알려줬다. 그런데 목록을 살펴보던 직원은 환불 가능한 이코노미 좌석의 왕복 요금이 3000달러인데 환불 불가능한 비즈니스 좌석의 왕복 요금이 2100달러라는 사실에 깜짝 놀랐다. 비즈니스석을 예약할 경우 900달러를 절약할 수 있었다. 비즈니스석을 예약하면 돈도 아끼면서 편하게 여행할 수 있었다. 그는 회사에 환불 불가능한 비즈니스석을 예약해도 좋은지 물었다. 그러나 답변은 안 된다는 것이었다. 인사팀 담당자는 직원들 모두 이코노미석만 탈 수 있다는 회사의 정책만 계속 설명했다.

분명하게도 그 기업은 여행 웹사이트가 제시한 옵션에 주목하지 않았다. 조금의 상식만 있었다면 상황은 달랐을 것이다.

또한 많은 기업은 유나이티드나 델타, 혹은 콘티넨털처럼 그들이 승인한 특정 항공사만을 이용하도록 하고 있다. 그 이유는 아마도 비용을 절감하기 위해서일 것이다. 그런데 왜 사우스웨스트나 제트블루와 같은 저가 항공사는 제외되어 있을까? 또한 비슷한 맥락에서 많은 기업은 그들이 승인한 몇몇 호텔 체인에서만 숙박하도록 규정하고 있다. 라스베이거스에서 열린 비즈니스 콘퍼런스에 참석했는데 근처에 회사에서 승인한 호텔이 없다면, 50킬로미터나 떨어진 메리어트나 엠버시 호텔에 묵어야만 한다. 바로 길 건너편에 저렴하고 쾌적한 비즈니스 호텔이 줄지어 있는데도 말이다.

내가 아는 또 다른 기업은 직원들을 콘퍼런스에 보내면서 한 명당 하루에 하나의 프로그램만 참석할 수 있다는 조건을 달았다. 그들은 솔트레이크시티에서 로스앤젤레스를 오가는 왕복 비행기 티켓 여섯 장에 대한 비용을 지불했음에도, 하루에 하나의 프로그램으로 제한함으로써 비용을 '절약'하고자 했다. 외부인이 봤더라면 이렇게 생각했을 것이다. '상식은 도대체 어디로 갔나?' 그 기업은

고장 난 회사들

아마도 규칙을 지키는 게 그들의 규칙이라고 답했을 것이다.

"규칙은 아니지만… 알죠?"

앞서 나는 기업의 규칙과 규제, 절차를 공식적인 것과 비공식적인 것으로 분류할 수 있다고 했다. 공식적 규칙은 대부분 문서로 명시되어 있는 반면, 경영진과 직원이 암묵적으로 인정하는 일련의 비공식적 규칙도 존재한다. 대부분 그 시작을 알 수 없는 암묵적 규칙은 가문의 전통처럼 사례와 경험을 통해 전승되다가 결국 '법'이 된다.

예를 들어 기업들 대부분 출퇴근에 관한 규칙을 시행하고 있다. 일반적으로 직원들은 아침 9시 전에 사무실에 출근해서, 혹은 온라인에 접속해서 저녁 6시 즈음까지 일한다. 하지만 비공식적이고 암묵적인 규칙은 남들보다 앞서가고 싶다면 저녁 7~8시까지 일해야 한다고, 그리고 주말에도 나와야 한다고 말한다. 어떤 상사는 직원들에게 자신이 주말에 보낸 이메일은 신경 쓰지 않아도 된다고 말한다. "단지 이메일로 업무를 정리하려는 겁니다. 신경 쓰지 마세요." 하지만 그가 정말로 원하는 것은 직원의 답변이다. 그것도 빠른 시간 안에.

20대인 내 지인은 아침에 사무실에 들어서기 전에 항상 시계를 벗는다고 한다. 그의 시계는 값비싼 스위스제 위블로다. 그런데 왜 시계를 벗는 걸까? 답은 간단하다. 그의 상사가 위블로를 차고 있기 때문이다. 게다가 그 상사는 돈 많은 젊은이들에 대해 부정적인 시각을 갖고 있다. 더 젊은 또 다른 지인은 한 기업에서 인턴으로 일하고 있다. 그 기업은 인턴 직급을 대상으로 일주일에 20시간 근무하도록 규정하고 있다. 하지만 그 지인을 포함해서 어떤 인턴도 감히 그 규정을 따르지 못하고 있다. 그와 그의 동료들은 평균 30시간 이상 일한다. 그 이유는 상사의 눈에 들기 위해서다. 또한 그 기업은 아침 9시 출근을 규칙으로 정하고 있지만 내 지인은 8시 전에 출근한다. 다른 동료들 역시 마찬가지다.

기업이 말하는 '선택적 근로시간제'란 무엇을 의미하는가? 직원들은 정말로 자유롭게 업무 시간을 선택할 수 있는가? 금요일 오전에 재택근무를 하거나, 수요일 아침에 아이를 유치원에 데려다주고 천천히 출근해도 괜찮은가? 혹시 당신이 선택적 근로시간제를 활용하는 유일한 사람은 아닌가? 최근 당신을 향한 상사의 눈빛이 싸늘해지지 않았는가? 당신은 아마도 회사 분위기를 파악하기 시작하면서 어느 순간 선택적 근로시간제를 포기하게 될 것이다. 그리고 더 오랫동안 책상 앞에 앉아 있을 것이다. 일찍 퇴근하는 것은 아마추어나 하는 일이니 말이다.

우리가 따르는 규칙, 우리가 지키는 규제, 혹은 우리가 존중하는 절차가 일반적이고 정상적인 인간 행동과 어긋난다면, 비공식적·공식적 규칙에 대한 충성을 포기하는 것이야말로 상식에 맞는 일이다. 규칙은 또한 조직 내 관료주의를 강화해 구성원들이 조직과 관계를 맺고 의사소통하는 것을 더욱 힘들고 위험하게 만든다.

보안 규정은 무엇을 지키나

오늘날 기업이 주목하는 주요 문제가 보안이다. 간단하게 말해서 보안이란 누가 건물 안으로 들어오고 나갔는지 확인하는 일이다. 얼마 전 나는 고객을 만나기 위해 그가 일하는 기업 본사를 방문했다. 먼저 로비에 있는 접수원에게 가서 이렇게 말했다. "안녕하세요. ○○ 씨를 만나러 왔습니다."

그러자 그녀는 대뜸 이렇게 말했다. "읽어보시고 서명하세요." 그러고는 옆에 있는 커다란 모니터를 가리켰다. 너무 커서 접수원의 머리를 완전히 가릴 정도였다. 최근 미국 전역에 걸쳐 많은 기업이 이러한 보안 시스템을 채택하고 있다. 그 목적은 분명하게도 기업의 규칙과 규제, 그리고 정책을 방문객에게 알려주는 것이다. 나는 이런 생각이 들었다. '나는 단지 회의 한 번 하기 위해 이곳에 온 건데 대체 왜 내가 이 모든 것을 알아야 하는 걸까?' 어쨌든 나는 화면을 스크롤하면서 무려 스무 쪽에 달하는 내용을 모두 훑어봤다. 그러고는 방금 읽은 것을 모두 이해했다고 확인하는 칸에 체크를 하고 손가락으로 이름을 적었다. 마치 술에 취한 벌이 한쪽 날개에 검정 펜을 달아서 쓴 것 같았다. 그래도 그 시스템은 내 엉성한 서명을 무사히 받아줬다. 자, 이제 회의실로 올라가면 된다. 아닌가?

그렇다면 접수원이 하는 일이 뭘까 궁금해하면서 이렇게 말했다. "모두 다 체크했습니다."

"알겠습니다."

침묵.

나는 잠시 기다렸다가 이렇게 말했다. "그분께 전화를 해주실 건가요?"

그러나 그건 그녀가 해야 할 일이 아니었다. 그 거대한 모니터는 너무도 똑똑해서 내 엉성한 서명을 인식하고 나면 자동으로 약속을 잡은 임원에게 메일을 발송하도록 되어 있었다. 하지만 내 생각에 그는 이미 회의실에 와 있으며 메일함은 열어보지 않을 것이었다. 나는 내 생각을 접수원에게 전했지만, 돌아온 대답은 이것뿐이었다. "기다리세요."

뭘 기다리라는 말일까? 여기서 그녀가 하는 일은 정확하게 뭘까? 어쨌든 기다리는 것 외에 달리 할 수 있는 일이 없어서 나는 자리에 앉았다. 10분 후 안내 데스크로 전화가 걸려왔다. 아마도 내가 아직도 로비에 있는지 묻는 전화인 듯했다. 그러나 그녀의 손짓으로 미뤄보니 내가 그 방문자가 맞는지 모르겠다고 말하는 듯했다. 나는 자리에서 일어나 내 이름을 말했다. 그녀는 나를 흘낏 쳐다보더니 갑작스러운 개입에 살짝 짜증이 났다는 표정을 지으며 전화기에 대고 이렇게 말했다. "마틴이라는 사람이 여기 있습니다. 당신이 말하는 그 사람인가요?" 나는 당연히 나라고 생각했다. 안내 데스크 주변에는 나밖에 없었기 때문이다.

이내 보안 문이 열렸고, 내가 만나기로 했던 임원이 회전문을 통과해서 내게로 걸어왔다. 미안함과 짜증이 섞인 표정이었다. "여기 계실 거라 생각했어요. 항상 이래요. 제가 직접 내려와서 당신을 만나는 게 더 빠르다고 생각했습니다. 그 시스템은 내 비서인 제니퍼에게 이메일을 자동 발송했지만 그녀는 오늘 병가라서요……." 우리 두 사람은 안내 데스크를 지나 위층으로 올라갔다.

상식은 또 어디로 사라졌나?

나는 또 다른 도시에 있는 사무실로 회의를 하러 간 적이 있다. 건물의 정문을 지나쳐 보안검색대 쪽으로 걸어갔다. 요즘 보안검색대는 대개 건물 로비에서 가장 잘 보이는 곳에 있다. 먼저 보안요원이 신분증을 요구했다. 다음으로 이름과 기업명, 휴대전화 번호와 도착 시간을 적으라고 했다. 게다가 만나기로 한 사람의 이름은 물론이고 차량번호, 시간, 날짜, 연도까지 적어야 했다. 최근 대장내시경 검사에서 의사가 용종을 몇 개나 제거했는지까지 적어야 할 판이었다.

그 거대한 모니터는 자동으로 약속을 잡은 임원에게 메일을 발송하도록 되어 있었다. 하지만 내 생각에 그는 이미 회의실에 와 있으며 메일함은 열어보지 않을 것이었다.

그런데 방문객 기록부를 자세히 들여다보니 많은 사람이 장난을 쳤다는 사실을 확인할 수 있었다. 누군가 이름을 적는 칸에 "미키 마우스"라고 적었다. 자신을 "예수"라고 밝힌 사람도 있었다. 페이지를 넘기자 마이클 잭슨, 도널드 트럼프, 그리고 드라마에 나왔던 강아지 라시가 최근에 방문했다고 기록을 남겼다. 나도 잠시 무슨 이름을 적어 넣을 수 있을까 상상해본다(나는 마사지를 받을 때 사전 설문지에서 임신 여부를 묻는 질문에 때로 "예"라고 체크한다. 정말로 설문지 답변을 확인하는지 궁금해서다. 그러나 이에 대해 언급한 사람은 지금까지 아무도 없었다. 혹은 내가 정말로 임신을 했다고 생각했거나!).

모든 개인정보를 기록부에 적고 나면 보안요원은 출입증을 건네주면서 금속탐지대로 안내했다. 나는 지갑과 서류 가방까지 통과시켜야 했다.

그런데 여기서 주의할 점이 있다. 당신이 데이터를 저장할 수 있는 장치를 갖고 있다면 상황은 훨씬 더 복잡해진다. 그럴 경우 더 많은 것을 적어야 한다. 물론 이는 보안에 대한 기업의 집착, 그리고 도처에 존재하는 악성코드에 대한 기업의 편집증을 드러내는 것이다. 어떤 기업의 경우, 방문객은 자신의 휴대전화로 비밀번호를 받아서 컴퓨터로 기업 네트워크에 접속한 다음, 프로그램을 다운로드해야 비로소 프레젠테이션을 할 수 있다. 기업의 데이터 보안 정책은 이보다 훨씬 더 기괴한 형태로 나타날 수 있다. 내가 또 다른 글로벌 투자 기업에서 일을 했을 때 경험했던 것처럼 말이다.

나는 컨설팅 업무 때문에 파워포인트 자료를 고객에게 보내야 했다(파워포인트라니! 부디 나를 용서하길 바란다. 지금 당신이 무슨 생각을 하는지 알고 있다). 49MB에 달하는 분량의 자료였다. 하지만 그 파일을 이메일로 전송하는 것은 불가능했다. 기업의 데이터 보안 시스템이 그 정도 용량의 파일을 온라인으로 전송하는 것을 막고 있었기 때문이었다. 나는 물었다. "그러면 어떻게 해야 하죠?" 그 기업은 분명하게도 이와 같은 문제를 해결한 적이 있었을 것이다. 논의 끝에 파워포인트 자료를 USB 메모리에 담아서 우편으로 보내주기로 했다. 나는 그렇게 했고 우편은 일주일 후에 도착했다.

그런데 문제가 있었다. 내가 보낸 메모리 장치가 기업에서 요구한 방식으로 암호화되어 있지 않았던 것이다. 그 투자 기업은 그들이 규정한 방식이 아닌 다른 방식으로 암호화된 파일을 열거나 다운로드하지 못하도록 하고 있었다. 추가적으로 설명하자면 그건 브랜딩에 관한 프레젠테이션 자료였고, 그 기업이 아닌 내가 작성한 것이었다. 다시 말해 내가 그 기업의 중요한 비밀을 세상에 폭로할 위험이 전혀 없었다. 그 기업의 고객은 드롭박스와 같은 파일호스팅 서비스도 사용할 수 없다며 내게 또 다른 해결책을 제시했다. 그건 프레젠테이션 파일을 다시 이메일로 보내는 것이었다. 아니, 애초에 이메일로 파일을 전송하는 것이 불가능하다고 말하지 않았던가? 하지만 그건 첨부 파일의 용량이 클 때에만 해당하는 말이었다. 고객은 이번에 전체 파일을 잘게 나누어서 보내달라고 했다.

나는 고객의 요청대로 했다. 전체 파일을 5MB 단위로 분할한 다음 이메일로 첨부해서 보내기 시작했다. 그런데 다섯 번째 메일을 보낼 즈음 내 메일함으로 자동 발신 메시지가 도착했다. 그리고 곧바로 똑같은 네 개의 메시지가 전송되었다. 내가 보낸 이메일의 첨부 파일 크기가 한계를 초과했으며 그래서 전송이 완료되지 않았다는 내용이었다. 나는 파일을 다시 3MB로 쪼개서 재전송했다. 결과는 마찬가지였다. 2MB도, 1MB도 마찬가지였다. 혹시나 하는 마음에 1MB짜리 파일에서 몇 페이지를 삭제해 999KB로 만들어 전송해봤다. 성공했다!

이 말은 곧 내가 앞으로 엄청나게 지루한 작업을 해야 한다는 뜻이었다. 49MB짜리 파워포인트를 999KB 단위로 나눠본 적이 있는가? 게다가 메일도 50번 연속으로 보내야 했다. 나는 동료와 함께 두 시간 동안 프레젠테이션 파일을 작은 조각으로 나누고 하나씩 차례대로 전송했다. 좋은 소식은 고객이 그 메일을 받았다는 것이었다. 하지만 나쁜 소식은 또 다른 문제가 생겼다는 것이었다.

고객은 이메일을 받자마자 작은 조각의 파일들을 하나로 연결하기 시작했다. 그런데 이상하게도 전송 중에 일곱 개의 파일이 사라졌다. 용량이 컸던가? 바이러스에 감염된 것은 아닐까? 아무튼 그 파일은 전송이 되지 않았고 어쩔 수 없이 나는 다시 한번 보냈다.

그러나 결과는 마찬가지였다. 48시간 후, 나는 그 이유를 알게 되었다. 사라진 일곱 개의 파일에는 금지된 단어가 포함되어 있었고

　　　　　　　　　　　　　고장 난 회사들

이로 인해 자동 삭제가 되어버렸던 것이다. 내 메일함으로 자동 발송된 메시지는 이렇게 나를 나무랐다. '유감스럽게도 귀하가 보낸 콘텐츠 안에는 우리 정책과 관련해서 부적절한 언어가 포함되어 있습니다.' 대체 어떤 부적절한 언어가 들어 있었단 말인가? 좀 더 구체적으로 말해줄 수는 없나? 그러나 더 이상의 메시지는 없었다. 마치 엄마가 굳게 팔짱을 끼고서 이렇게 말하는 듯했다. '네가 모른다면 나도 말해줄 수 없단다.'

나는 기업의 IT 부서로 전화를 걸었다. 내 전화는 다시 인도에 있는 아웃소싱 부서로 넘어갔다. 그러나 전화를 받은 담당자는 기업의 보안 규제에 대한 것을 직원에게 알려주는 것은 금지되어 있다고 말했다. 나는 말했다. "하지만 저는 직원이 아니라 협력 업체 사람입니다." 그러나 그건 중요하지 않다고 했다. 내 자료 안에는 분명하게도 부적절한 언어가 담겨 있었고, 이 말은 내가 '누군가'나 '무언가'를 공격했다는 뜻이었다.

나는 허탈한 마음에 문제가 된 29장의 슬라이드를 하나씩 훑어보면서 품위를 손상할 만한 표현이 들어 있는지 확인했다. 하지만 그 비슷한 것도 찾을 수 없었다. 그 자료에는 투자 기업에서 프레젠테이션을 할 내용만이 담겨 있었다. 결국 나는 고객에게 사라진 일곱 개의 이메일과 관련해서 무슨 일이 있었던 건지 비공식적으로 조사를 해달라고 요청했다. 그러는 동안 문제의 슬라이드를 다시 보냈다. 이번에는 팩스를 통해서였다. 그리고 3주 후, 그 기업은 내게 일곱 개 파일의 전송을 가로막은 부적절한 단어를 찾아냈다고 알려왔다. 그것은 다름 아닌 '인종race', '화이트white', '블랙black', 그리고 '금지ban'였다.

그 기업의 보안 시스템은 아마도 내가 인종 폭동이라도 일으킬 것이라고 판단한 듯했다. 사실 그 슬라이드는 세계 최대의 자동차 '경주race' 대회인 포뮬러 원을 후원하는 것에 관한 내용이었다. 그리고 그 기업의 상징적인 색상에는 '블랙'과 '화이트'가 포함되어 있었고, 나는 해당 슬라이드에서 다른 색상을 사용하는 것을 '금지'하는지를 물었다.

그렇다. 당신은 올바로 읽었다. 그 기업은 '금지'라는 단어를 금지하고 있었다.

금지는 금지합니다

많은 기업이(그리고 일부 정부 기관이) 금지하고자 했던 것은 이러한 단어만이 아니었다. 미국 전역에 체인점이 있는 이탈리아 스타일의 스테이크하우스 기업인 다비오스Davio's의 CEO 스티브 드필리포 Steve DeFillippo는 '직원employee'이라는 단어를 금지했다.[4] 그 이유는 단순했다. 그가 이 단어를 싫어했기 때문이다. 그의 주장에 따르면, 직원이라는 단어를 쓰지 않음으로써 조직에 동기를 부여할 수 있다.

애플 역시 매장에서 특정 단어의 사용을 금하고 있다.[5] 가령 이런 식이다. 당신의 컴퓨터는 '고장나지crashed' 않았다. 다만 '반응이 중단되었을stopped responding' 뿐이다. 당신의 소프트웨어에 '버그bug'는 없다. 다만 '사안issue'과 '조건condition', '상황situation'에 따른 문제가 있을 뿐이다. 또한 노트북이 너무 뜨거워져서 불이 날 것 같다고 해도 '뜨거운hot' 애플 제품과 같은 것은 없다. 대신에 '따뜻한warm' 제품만이 존재한다!

언어의 왜곡은 또한 정부 기관에서 점차 늘어나는 문제이기도 하다. 예를 들어 미국 질병통제예방센터는 직원에게 특정 단어를 사용하지 말 것을 지시하고 있다. 여기에는 '태아fetus', '트랜스젠더transgender', '증거 기반적인evidence-based', '과학 기반적인science-based'이 포함되어 있다.[6] 그리고 환경보호국은 이제 웹사이트에서 더 이상 '기후변화climate change'를 언급하지 않는다. 또한 소속 과학자들은 기후변화를 주제로 하는 연구 결과를 더 이상 발표하지 않는다.

단어를 금지하는 것과는 달리, 전 세계 기업들은 기존 직종을 예전과는 조금 다른 이름으로 부르고 있다. 나는 지난 2년 동안 다양한 새로운 직함에 대해 들었다. 처음 들었을 때에는 그 의미를 이해할 수 없었다. 예를 들어 어떤 기업은 사무실 창문 청소를 위해 '광학반사 개선가'를 고용했다. 쉽게 말해서 창문닦이다. 다른 기업에서 한 인사팀 직원은 내게 '첫인상 책임자'에 대해 언급했다. 내가 추측하기에 그건 '접수원'을 의미했다. 또한 '음료 보급 책임자'(바텐더), 그리고 '마케팅 활동 및 보존 관련 실무 관리자'(마케팅 보조)를 채용한다는 소식을 들은 적도 있다. 그러나 나는 직함이 길고 복잡한 기업일수록 더 관료적이고 덜 상식적인 조직이라고 분명하게 말할 수 있다.

보안이라고 하는 주제에 대해 설명하면서 화장실에 관한 얘기를 빼놓을 수 없다. 내가 자문을 해주었던 한 글로벌 기업의 인도 사무실은 직원들이 화장실을 갈 때마다 그 시간을 기록하도록 했다. 그 기업은 2분씩 하루에 두 번 "자유롭게" 볼일을 볼 수 있도록 허용할 만큼 충분히 관대했다. 그러나 직원이 이처럼 관대한 허용 시간마저 초과할 경우, 그 사실은 관리자에게 통보되고 그에 따라 직원의 근무 시간이 수정된다. 우리는 비슷한 사례를 노르웨이 보험회사인 DNB에서도 찾아볼 수 있다.[7] DNB 또한 직원들이 화장실을 이용하는 시간을 추적한다. 직원이 8분 안에 자리로 돌아오지 않으면 불빛이 번쩍이면서 관리자에게 시간이 초과되었음을 알린다. 당연하게도 노르웨이 노조는 이러한 처사에 질겁하고 있다.

그래도 이러한 사례 중 단연 으뜸인 것은 보안을 우려하는 기업이 방문객의 화장실 출입까지 추적하는 경우일 것이다. 나는 단 한 번 그런 일을 겪었지만 절대 잊지 못할 것이다. 그 기업은 말 그대로 손님(즉, 나)을 따라 화장실까지 갔다. 화장실로 가는 길을 안내하거나 길을 알려준 것이 아니다. 나를 화장실까지 미행한 이야기다.

당시 나는 17명의 회사 임원과 함께 회의를 하고 있었다. 총 세

고장 난 회사들

시간짜리 프레젠테이션에서 내가 맡은 부분을 마쳤고, 고객은 자신이 맡은 부분의 약 절반 정도 진행한 상황이었다. 그때 나는 재빨리 화장실을 다녀오기 위해 회의실을 조용히 빠져나왔다. 적어도 내가 생각하기에 대단히 조심스럽게 말이다. 그런데 빠르고 다급한 발걸음 소리가 등 뒤에서 들렸다. 내 고객이 나를 뒤따라 나왔던 것이다. 나는 말했다. "금방 돌아올게요. 잠깐 화장실에 가려고 나왔어요." 하지만 그녀는 계속해서 나를 따라왔다. 나는 뒤를 돌아보며 물었다. "지금 프레젠테이션을 하던 중 아니었나요?" 그녀는 말했다. "네, 그랬죠. 하지만 당신이 혼자서 화장실을 가도록 내버려둘 수는 없어요."

우리 두 사람은 그렇게 양쪽으로 늘어선 수많은 회의실을 지나 끝없이 뻗은 복도를 따라 걸었다. 나는 이해할 수 없었다. 화장실 문이라도 열어주려는 건가? 볼일을 마치고 꼭 손을 씻어야 한다는 사실을 말해주려는 건가? 그것도 아니라면, 화장실 안에 혹시 괴한이 숨어 있을지 몰라서?

나는 말했다. "잠깐만요. 우리는 서로를 믿고 있지 않나요?"

그녀는 말했다 "물론 저는 그렇죠. 하지만 제 동료들은……." 그녀의 해명에 따르면, 내가 화장실을

> DNB 또한 직원들이 화장실을 이용하는 시간을 추적한다. 직원이 8분 안에 자리로 돌아오지 않으면 불빛이 번쩍이면서 관리자에게 시간이 초과되었음을 알린다.

갈 때 그녀가 따라나서지 않았다면 동료들로부터 경고를 받았을 것이었다. 나는 말했다. "제가 들었던 것 중에 가장 이상한 규칙이군요." 속으로는 이렇게 생각했다. '내가 함께 일했던 기업 중 가장 이상한 곳이군.' 우리 두 사람은 마치 죄수와 간수처럼 조용히 복도를 걸었다. 화장실에 들어가면서 문을 닫을 때까지도 그녀는 나를 주시하고 있었다. 마음 편하게 볼일을 마칠 수 없었다. 그러고 나서 우리는 왔던 길을 함께 되돌아갔다.

마침내 회의실로 돌아왔을 때, 사람들은 내가 화장실을 다녀온 것이 별로 중요한 일이 아니었다는 듯 모두 휴대전화를 들여다보고 있었다.

오늘날 비즈니스 세계에서는 화장실을 가는 것마저도 상식에 맞지 않는 일이 되어버리고 말았다.

8장

규정을 지키지 않으면 널 지켜줄 수 없어

나는 전 세계의 수많은 금융 기업과 함께 일했다. 2년 전에는 스칸
디나비아에 있는 한 투자 회사에서 컨설팅을 했다. 그 무렵 한 임원
이 내게 잠깐 이야기할 수 있는지 물었다. 나 또한 그 기업이 어떤
곳인지 알고 싶었다. 우리는 그의 사무실로 가서 이야기를 나누기
시작했다.

　몇 달 전 그 임원은 자신의 사무실에 자녀가 그린 그림을 걸어뒀
다. 크레용으로 그린 개와 기차 그림이었다(혹은 말과 기차던가? 확실
히는 모르겠다). 며칠간의 출장을 마치고 월요일 아침 출근했을 때,
그 임원은 아이의 그림 위에 종이가 한 장 붙어 있는 것을 발견했다.
거기에는 마치 경고장처럼 붉은색 굵은 글씨로 이렇게 적혀 있었다.

　'그룹 정책을 위반했습니다. 사무실의 모든 책상은 깨끗하게 유
지해야 합니다. 그리고 업무와 관련된 물건은 물론 개인적인 물건

도 모두 서랍 안에 안전하게 보관해야 합니다. 앞으로는 그룹 정책을 잘 따라주시길 바랍니다.'

그 임원은 당혹스럽고 화까지 났다. 대체 이러한 경고장을 붙여놓은 이유는 무엇인가? 아이의 그림이 직원들에게 불법 행위를 하라고 부추기기라도 했단 말인가? 눈 뜨고 볼 수 없을 만큼 그림이 형편없었나? 프라이버시 문제인가? 신중함으로 유명한 이 기업은 사무실 벽에 아이의 그림을 붙여놓는 것까지도 무분별한 행동으로 치부했던가?

나는 이 이야기를 인사팀 직원에게 했고, 결국 사무실에 개인적인 그림을 걸어놓지 못하도록 하는 규칙은 회사에 없는 것을 확인했다. 하지만 그 투자 회사에서 일했던 사람들 대부분 그것이 비공식적인 기업의 규칙임을 알고 있었다. 그러한 규칙이 말도 안 된다고 생각하는 많은 직원은 내게 이렇게 말했다. "예전부터 알고 있었어요. 굳이 따지려고 들지는 않았지만요." 또한 이렇게 말하는 직원도 있었다. "그런 규칙이 있다는 게 우습게 느껴졌지만 그렇다고 이의를 제기하고 싶지는 않았어요." 나는 도대체 상식이 다 어디로 갔는지 궁금했다.

이런 일도 있었다. 그 투자 회사에 여러 계좌를 보유한, 그리고 수십 년간 충성스러운 고객이었던 한 나이 많은 부유한 여성이 깜빡하고 월 관리비 납부를 잊고 말았다. 그러자 회사는 그녀의 수표 여섯 장을 부도처리했고, 그중 하나는 그녀가 자신을 위해 열었던

70번째 생일 파티와 관련된 것이었다. 결국 그녀는 친구들 앞에서 망신을 당하고 말았다. 차라리 그녀를 사기꾼으로 고발하는 게 더 나았을 것이다.

그러한 이야기를 들었던 것은 그때가 처음이 아니었다. 도대체 상식은 어디로 사라졌을까? 40년 가까이 충성 고객이었던 70세 여성에게 기업이 보여야 할 상식 말이다. 고객의 계좌를 동결함으로써 그 기업은 '고객 보호'와 관련해서 어떤 메시지를 보낸 것일까?

직원을 움츠러들게 만드는 회사 규정

오늘날 전 세계에 걸쳐 규범 준수를 의미하는 '컴플라이언스 compliance'는 기업이 현재 상태를 유지하기 위한 하나의 핑곗거리가 되었다. 기업의 컴플라이언스팀은 법무팀과 마찬가지로 조직 내에서 변화와 혁신의 종말을 정당화하기 위한 희생양이 되었다. 직원들은 '컴플라이언스팀은 절대 승인하지 않을 거야' 혹은 '법무팀은 분명히 안 된다고 말할 거야'라고 말한다. 우리는 수많은 어리석은 규칙에 대해 곰곰이 생각해보지도 않고, 혹은 왜 그러한 규칙이 나오게 되었는지 의심해보지도 않은 채 무작정 따른다. 그 이유는 규칙을 따르지 않을 때 벌어질 상황이 두렵기 때문이다. 이러한 식으로 두려움은 조직 속으로 점차 파고든다. 직원들이 실수에 대해 더 많이 걱정할수록, 그들의 마음속에는 더 큰 두려움이 자리 잡고 더 많이 경계하게 된다. 실패하거나 바보처럼 보이고, 망신을 당하거나 처벌을 받고, 혹은 일자리와 평판을 잃게 될 위험을 감수하려는 사람이 어디 있는가?

그럼에도 우리는 다양한 '법'을 습관적으로 위반하고 있다. 예를 들어 플로리다주 게인스빌은 프라이드치킨을 손 이외에 다른 도구를 사용해서 먹는 것을 불법으로 규정한다.[1] 앨라배마에서는 일요일에 카드놀이하는 것을 금하고 있다. 캘리포니아 카멜에서는 여성이 2인치보다 높고 면적이 1평방인치보다 좁은 굽으로 제작된 하이힐을 신는 것을 법으로 금하고 있다. 이는 분명하게도 하이힐이 도로 틈새에 끼는 바람에 넘어진 여성이 시를 상대로 고소하는 것을 막기 위한 조치다. 그리고 조지아주에서는 12세가 안 된 자녀를 서커스단에 팔아넘기는 것을 금하고 있다. 다시 말해, 어린 아들과 딸이 광대나 곡예사, 혹은 공중그네 묘기를 부리는 사람으로 일하는 것을 금지한다는 뜻이다.

이러한 상황은 기업 역시 마찬가지다. 기업 내에는 따라야 하기 때문에 따라야 하는, 그 기원이 불분명한 많은 규칙이 있다. 어떻게 그러한 규칙이 나왔는지 아는 사람은 거의 없다. 그것은 조직의 정책을 중앙 집중화된 데이터베이스로 관리하는 경우는 거의 없기 때문이다. 기업의 규칙을 어길 때 직원은 교육을 받거나, 혹은 해고당할 위험을 감수해야 한다(반면 규칙을 따랐거나 강요했다는 이유로 해고되지는 않는다). 이는 마치 수많은 지뢰가 여기저기 묻혀 있다는 사실을 알고서 해변을 걷는 것과 같다. 누구도 지뢰가 어디에 묻혀 있는지 알지 못한다. 하지만 최대한 조심해서 걸어야 한다는 사실은 모두가 알고 있다.

일반적으로 컴플라이언스팀은 공포 분위기를 조성한다. 동시에 상식을 허물어뜨리는 역할을 한다. 게다가 발전과 혁신을 가로막기까지 한다. 그러나 공포에 기반을 둔 조직문화는 성공할 수 없다. 그렇다. 이러한 조직에서 관리자가 존재하는 이유는 직원들에게 시간과 예산, 생산성, KPI에 대한 책임을 지우기 위해서다. 관리자는 종종 책임에 따른 처벌의 위협을 가함으로써 자신의 임무를 수행한다. 하지만 두뇌가 두려움과 걱정에 사로잡힐 때, 우리는 최고의 성과를 올리지 못한다. 오히려 그 반대가 된다. 심리적으로 안전하다고 느낄 때, 우리는 더 높은 성과를 올린다.

이와 관련하여 하버드 대학 교수 에이미 에드먼슨Amy Edmondson은 2014년 TED 강연에서 간결한 정의를 제시했다.[2] 그는 이렇게 말했다. "심리적 안전이란 거리낌 없이 아이디어나 질문을 제기하고, 실수를 저질러도 처벌받거나 망신당하지 않을 것이라는 믿음을 말한다." 비즈니스 세계에서 그것은 직원들이

> 기업 내에는 따라야 하기 때문에 따라야 하는, 그 기원이 불분명한 많은 규칙이 있다. 어떻게 그러한 규칙이 나왔는지 아는 사람은 거의 없다.

처벌이나 보복에 대한 두려움 없이 일상적인 문제를 솔직하고 거리 낌 없이 말할 수 있다는 사실을 뜻한다. 더 나아가 〈하버드 비즈니 스 리뷰〉는 이렇게 언급했다.[3] "심리적으로 안전한 환경은 조직이 치명적인 실수를 피하게 해주고 학습과 혁신을 뒷받침한다."

그건 구글에서 전혀 새로운 개념이 아니었다. 2012년 구글은 아 리스토텔레스라는 이름의 프로젝트를 시작했다.[4] 이를 통해 그들은 180개에 달하는 팀의 성과를 분석함으로써 팀이 성공하거나 실패 하는 이유를 확인했다. 그러나 수많은 도표와 수천 시간에 달하는 연구에도 불구하고 그들은 여전히 그 대답을 얻지 못했다. 그러던 어느 날 아리스토텔레스 프로젝트 팀원들은 우연히 에드먼슨의 연 구를 접하게 되었다. 에드먼슨의 주장에 따르면, 심리적으로 안전 한 직장에서는 "어떤 주장을 제기했다는 이유만으로 그를 당황하 게 만들거나, 거부하거나, 처벌하지는 않을 것이라는 믿음이 존재 한다······ 이는 팀원 서로가 신뢰하고 존경하는 분위기라는 사실을 말해준다." 이와 관련해서 〈뉴욕 타임스〉는 이렇게 주장했다.[5] "구 글의 분석 결과는 심리적 안전이야말로 팀의 성과를 높이는 결정적 인 요인이라는 사실을 말해준다." 반면 규칙에 대한 엄격한 준수는 이와는 상반된 영향을 미친다.

공평하게 말해서, 모든 기업에는 규칙과 절차가 있으며 이는 일 반적으로 고객과 기업, 주주의 이익에 봉사한다. 금융 산업의 핵심 이라 할 수 있는 컴플라이언스팀은 조직에서 경비견과 같은 기능을 함으로써 기업이 산업과 정부의 법과 규제를 따르도록 강제한다. 컴플라이언스팀의 여러 역할 중 하나는 돈세탁 및 세금 회피 정황을 감시함으로써 은행이나 증권회사의 입장에서 미래에 있을 위험을 예방하는 것이다. 인수와 합병이 반복될 경우, 컴플라이언스팀의 조직은 더욱 복잡해진다. 그 과정에서 여러 컴플라이언스팀이 하나로 합쳐질 때, 거대한 조직이 모습을 드러낸다. 오늘날 컴플라이언스팀은 법무팀과 더불어 하나의 독립적인 조직이 되었다. 그들은 '예' 혹은 '아니오'로만 답할 수 있는 권한, 그리고 혁신(혹은 상식)이 고개를 들지 못하도록 가로막는 권한을 발휘함으로써 존재를 입증한다.

금융 산업은 특히 제한적이다. 그들은 컴퓨터 보안에 각별히 신경 쓴다. 포트도 이동도 함부로 허용하지 않는다. 첨부 파일도 마찬가지다. 외부에서는 절대 접근할 수 없다. 코로나19가 터지기 전, 내가 아는 한 기업은 재택근무를 엄격하게 금했다. 그 기업은 특정한 유형의 업무(상황 공유 회의와 보고, 조사, 행정 등)가 사실은 재택근무로도 얼마든지 안전하게 처리될 수 있다는 사실을 깨닫지 못했다. 상식적인 차원에서 접근했다면 그 기업은 아마도 재택근무를 기업 정책에 반영했을 것이다.

(내가 알고 있는 한 글로벌 투자 기업은 고객에게 은행이 돈세탁과 관련해 조사할 것이라고 미리 경고를 보내는 정책을 실시하고 있었다. 이는 옆집에 든 도둑에게 경찰이 오고 있으니 어서 보석을 챙겨 도망가라고 알려

주는 것과 비슷한 상황이다.)

그 글로벌 투자 기업의 직원들은 클라우드 시스템에서 내부 정책에 대해 논의할 경우 징계를 받을 것이라는 말을 들었다. 그런데 직원들(어쨌든 기술 전문가로 급여를 받지는 않는 사람들)에게 그들이 클라우드 시스템을 사용하고 있는지, 그렇다면 언제 사용하는지 물어본다면 어떻게 대답할까? 이는 기업이 디지털에 무지한 직원들을 처벌하고, 실수로라도 기업 정책을 위반하면 일자리를 잃을 것이라고 겁주는 것이나 마찬가지다. 그 결과는 뭘까? 조직의 마비다.

그 기업은 또한 비상식적인 우편물 정책도 실행하고 있었다. 외부에서 기업 사무실로 우편물을 보낼 때, 보안을 위해 수령자 주소를 봉투의 바깥이 아니라 안쪽에 쓰도록 한 것이었다. 이는 말이 되지 않는다. 이들 우편물은 또다시 두꺼운 종이로 된 페덱스 봉투 안에 들어가기 때문이다. 우편물이 두꺼운 페덱스 봉투로 밀봉된다면, 주소의 위치가 왜 중요하단 말인가?

그 기업에서 시행하는 또 다른 규칙 역시 놀라울 정도로 어리석었다. 그것은 고객에게서 먼저 연락이 오기 전에 직원이 먼저 연락해서는 안 된다는 규칙이었다. 한번 생각해보자. 어떤 고객이 신용카드를 주로 아마존과 애플에서 쓰는데, 어느 날 갑자기 스페인 남부에서 도박과 요트 파티로 수천 달러 결제가 이뤄졌다고 해보자. 그럴 때 고객의 신용카드가 해킹당했을 상황을 의심해볼 수 있지만, 회사 규칙에 따라 그 팀에서 고객에게 먼저 연락을 취할 수는 없다! 이러한 상황에서 할 수 있는 선택은 다른 부서의 동료에게 요청을 해서 그 고객이 당신에게 전화를 걸게 하는 것이다.

더 심각한 문제는 그 규칙이 상식의 결핍을 드러내는 명백한 사례로 거론되었을 때, 해당 직원은 충분한 숙고를 거치지 못한 규칙임을 인정하면서도 이를 수정하기 위한 "시간적 여유가 없다"고 말했다는 사실이다. 사실 비합리적인 규칙을 없애는 일은 그것을 실행하는 것보다 더 힘들다. 그 이유는 무엇일까? 그것은 그 규칙을 없애고 난 뒤 그로 인한 문제가 발생했을 때, 자신이 책임을 지게 될지 모른다고 모두 지레 겁을 먹기 때문이다. 이처럼 조직에서 상식이 허물어지는 과정을 지켜보고 있노라면 마치 모두가 최면에 걸린 듯한 착각이 든다. 열차 사고를 슬로모션으로 지켜보는 것 같다.

이와 관련한 극단적인 사례는 인도에서 있었다. 당시 나는 네슬레 인도 지사에서 유아식 제품의 포장 디자인을 새롭게 하는 프로젝트에 참여하고 있었다. 그런데 머지않아 인도에서는 네슬레와 같은 기업이 신제품을 출시하고 이와 관련해서 고소를 당할 때, 금융적인 처벌에 대해 CFO와 법무팀이 개인적으로 책임을 지게 된다는 사실을 알게 되었다 '개인적인 책임!'

다시 말해 아기가 유아식을 먹고 탈이 났는데 부모가 네슬레를 상대로 소송을 해서 이길 경우, 네슬레가 아니라 경영진 중 누군가가 파산을 하게 되는 것이다. 그 때문에 시장 확장을 위해 장기적으로 혁신을 추구했던 네슬레 인도 지사는 새로운 아이디어의 95퍼센트를 포기할 수밖에 없었다.

'안전'이라는 이름의 협박

오늘날 컴플라이언스팀은 또한 '안전'에 대한 조직의 집착과 관련해서도 비난을 받고 있다.

코로나19 이후에, 기업 내에서(그리고 외부에서도) '안전'만큼 공포를 촉발하는 단어는 없다. 그 단어는 심지어 사람들의 인사말에도 스며들고 있다. 사람들은 요즘 '좋은 하루 보내세요'라고 말하는 대신 '안전한 하루 보내세요'라고 인사를 건넨다. 또한 나는 컵을 테이블 위 어디에 놓아야 하는지에 대해 기업 직원들과 장황한 논쟁을 벌인 적도 있다(그들은 정해진 위치에 놓지 않으면 물을 쏟을 경우 테이블을 타고 흘러내려 자칫 전기 시스템에 영향을 미쳐 큰 화재가 날 수 있다고 했다). 게다가 왜 노트북을 항상 두 손으로 잡아야 하는지, 그리고 업무 시간이 끝난 뒤에 사무실에 혼자 남아 있는 것이 왜 위험한 일인지에 대해서도 기나긴 대화를 나눴다. 이처럼 위험에 대한 집착은 누가 무슨 일을 하든 언제나 위험에 노출되어 있다는 사실을 인식하도록 만들 뿐 아니라, 그들에게서 재량권까지 박탈한다.

내가 함께 일했던 한 포춘 100대 기업 중 한곳은 이런 모토를 세워두고 있었다. "안전은 우리의 최우선순위다." 그들은 이를 굵은 글씨로 벽에 써놓기까지 했다. 이 기업에서는 스테이플러를 사용하려면 눈을 보호하는 고글을 반드시 착용해야 한다. 안전은 또한 특정한 행동을 직접적으로 금지할 명분을 찾지 못할 때 경영진이 의지하는 구실이기도 하다.

그 기업에서 했던 모든 회의에 앞서 누군가 7~10분 동안 기업의 안전 규칙을 읽었다. 그리고 회의실 입구와 출구가 어디 있는지, 또 화재가 났을 때 어떻게 대처해야 하는지 내게 설명했다. 심지어는 승강기 대신에 계단을 이용할 때 반드시 난간을 잡아야 한다는 사실까지 알려줬다. 다음으로 승강기가 중간에 멈췄을 때는······.

이게 정말 진지한 상황인가? 농담이 아닌가? 농담이어야 한다. 그때 나는 가만히 앉아서 주변 사람들이 허탈한 웃음을 터트리기만을 기다리고 있었다. 그러나 회의실의 그 누구도 웃음기는 전혀 없었다. 안전은 그 기업의 조직문화에 너무도 깊숙이 스며들어 있었다. 한번은 내 동료가 공항으로 가던 중에 그 기업의 임원과 통화를 했다. 통화 도중 그 임원은 갑자기 이렇게 물었다. "지금 차에서 핸즈프리로 통화를 하고 있는 건가요?" 내 동료는 웃으면서 그렇다고 대답했다. 딱 걸렸다! 그 임원은 심각한 목소리로 그녀에게 회의 중에 핸즈프리를 사용하는 것은 '기업의 안전 규정'을 위반한 것이라고 지적했다. 그러고는 말했다. "지금 당장 차를 세우세요." 결국 내 동료는 회의가 끝날 때까지 갓길에 차를 세워둘 수밖에 없었다.

안전이라는 주제는 스코틀랜드 애버딘에 위치한 셸오일Shell Oil 사무실에 회의를 하기 위해 일찍 도착했을 때 다시 한번 떠올랐다. 셸오일 직원들은 현장에서 작업할 때 최대한 주의를 기울여야 한다. 그리고 이러한 안전에 대한 우려는 사무실에도 그대로 스며들어 있었다. 내가 셸오일 건물의 로비에 앉아서 기다리고 있을 때, 접수원이 다가와 이렇게 물었다. "안전 규칙을 다 읽으셨나요?" 나는 웃으며 물었다. "규칙이요? 무슨 규칙이죠?" 나는 단지 한 시간짜리 회의를 하기 위해서 이곳을 찾았다고 설명했다. 하지만 별 소용 없는 듯했다. 그녀는 내게 두꺼운 서류 뭉치와 펜을 건네주고는 규칙을 모두 읽어보고, 다 이해했다는 사실을 입증하기 위해 설문지를 작성하라고 했다.

나는 궁금해졌다. '이들 기업에서 안전과 계단은 무엇을 의미하는 것일까?' 거기서 들었던 말들 중 기억나는 것은 다음과 같다. 계단을 오르내릴 때 손잡이를 꼭 붙잡아야 한다. 계단을 올라갈 때 시선을 아래쪽으로 향하면서 3초에 한 번씩 위를 확인해서 내려오는 사람과 부딪히지 않도록 조심해야 한다. 유리잔을 들고 걸어 다니면 안 된다. 잔을 떨어뜨려 깨질 경우 심각한 부상 위험이 있기 때문이다. 그렇기 때문에 항상 종이컵을 사용해야 한다. 점심 도시락을 꺼내기 위해 탕비실에 있는 냉장고 문을 열 때, 어떤 경우라도 냉장고 안으로 들어가서는 안 된다. 내가 왜 이걸 다 알아야 할까? 나는 여기서 일을 하지 않는데도 말이다!

우리 모두는 '합리적인' 안전 정책을 지지한다. 그런데 전체 그

고장 난 회사들

림의 어느 부분에서 상식은 사라지고 그 자리에 "항상 하던 대로 해라"라는 사고방식, 혹은 (적어도 내게는) 분명해 보이는 탈출구를 생각해내지 못하는 집단적 무능함이 들어서게 되었을까?

우버라면 어떻게 했을까

머스크와 함께 일을 하고 있을 무렵, 그 기업은 아마존을 포함하여 새롭게 등장한 보다 민첩한 경쟁사들에 위협받고 있었다. 이들 새로운 경쟁사는 운송 시장에 뛰어들기 위해 잠재적인 변혁을 시도하고 있었다. 선박 운송 산업이 어떤 식으로 돌아가는지 이해하기 위해, 잠시 자동차 기업의 경우를 떠올려보자. 이 회사는 차량 1만 5000대를 유럽과 일본 공장에서 미국 남부 지역의 항구로 실어 날라야 한다. 이 작업이 운송 산업 전반에 걸쳐 이뤄지는 방식은 다음과 같다.

먼저 컨테이너 운송 업체에 요청서를 보내고 배송비를 협상한다. 특별 요금이 적용될 경우, 요청서는 다양한 부서를 거치게 된다. 각각의 컨테이너 안에 무엇이 들어 있는가? 모두 몇 개의 컨테이너를 운송할 것인가? 픽업을 해서 선적해야 하는가? 화물과 소비세, 세관 통관, 그리고 운송을 위한 지속적인 의사소통과 관련해서 추가적인 문제가 있는가? 또한 국가마다 복잡한 법률과 관료 조직이 있다. 다음으로 '롤링rolling'이라고 하는 널리 퍼진 산업 현상이 있다.

롤링이란 항공사가 초과 예약을 받은 뒤 다음 번 항공편을 타는데 동의한 승객에게 현금 바우처를 제공하는 것과 비슷하다. 하지만 운송 산업에서 롤링은 항공사의 초과 예약보다 훨씬 더 무시무시하다.

글로벌 운송 시장에서 가격은 대단히 불안정하다. 한 항구에서 다른 항구로 화물을 운송해야 하는 기업은 일반적으로 여러 운송 업체에 주문을 넣는다. 그리고 마지막 시점에 두 번째 운송 업체가 더 나은 가격을 제시할 경우, 첫 번째 운송 업체에 대한 주문을 취소해야 할 법적·경제적 책임은 없다. 다시 말해 운송 업체는 예정된 선적이 실제로 이뤄질 것인지 확신할 수 없다. 그러나 창고의 절반이 텅 빈 채로 선박을 운항하는 것은 경제적으로 큰 부담이 된다. 그래서 운송 업체는 할 수 없이 초과 예약을 받는다. 이케아나 홈데포와 같은 기업이 화물 선적을 요청하더라도 그 화물은 예정된 선박에 실리지 못할 수 있으며, 그럴 때 여유 공간이 있는 선박을 기다리면서 항구에 대기하게 된다. 그리고 마침내 선적이 이뤄졌다고 해도 그 화물은 최종 목적지인 샌프란시스코가 아니라, 에티오피아나 암스테르담으로 향할 수 있다.

나는 기업들에 종종 사고실험을 제안한다. 사고실험이란 두 가지 아이디어를 새로운 방식으로 조합하는 것을 말한다. 물론 다른 두 아이디어를 하나로 섞는다고 해서 항상 혁신적인 아이디어가 나오는 것은 아니지만, 적어도 직원들이 그들의 일상적인 업무를 다른 시각으로 바라보게끔 해준다. 또한 이를 통해 창조적인 사고를 자극할 수 있다.

나는 머스크 직원들에게 그들과는 다른 산업이 세상을 어떻게 바라보는지 상상해보도록 했다. 그들은 다른 산업의 관점에서 자신의 업무를 바라볼 수 있을까? 이러한 시도는 아마도 눈밭에서 자전거를 타거나 물속에서 테니스를 치는 것과 비슷하다. 즉, 앞뒤가 맞지 않는다. 하지만 이러한 방법으로 기업이 새롭게 눈을 뜨게 만들 수 있다.

예를 들어 켈로그가 애플에 의해 합병된다면 어떻게 될까? 캠벨 수프가 페이스북에 합병이 된다면 어떻게 될까? 우버가 머스크에 합병되거나, 반대로 머스크가 우버에 합병된다면? 주요 산업에서 상식이 적용될 수 있을까?

2년 전에 머스크가 우버를 합병했다면 무슨 일이 벌어졌을지 분명하게 이야기할 수 있다(머스크가 아닌 어떤 글로벌 운송 기업이라도 마찬가지일 것이다). 공항에 가기 위해 스마트폰 앱으로 차량을 호출한다. 하지만 차가 도착하기 전에 무려 100쪽에 달하는 계약 관련 조항을 읽고 서명해야 한다. 한 시간이 훌쩍 지나간다. 다음으로 기업 약관에 동의하고 76쪽에 달하는 보안 관련 서류를 작성해야 한다. 다음으로 고객만족 설문 조사를 마무리해야 한다. 그러면 비행기는 벌써 출발했을 것이다. 마침내 차가 도착했을 때 가격은 앱에서 확인했던 것보다 20달러나 비싸다(유가가 한 시간 전에 오르는 바람에 어쩔 도리가 없다).

어쨌든 공항으로 가고 있는데 택시 기사가 갑자기 내리라고 한다. 더 많은 짐을 갖고 있는, 그리고 당신보다 더 많은 요금을 내겠다는 승객을 태워야 하기 때문이란다. 운이 좋으면 다른 차를 얻어 탈 수 있을 것이다. 하지만 그 기사가 당신을 공항으로 데려갈 것이라는 보장은 없다. 어쩌면 동물원이나 호숫가에 버려질지도 모른다. 반대로 우버가 머스크, 혹은 다른 운송 기업을 인수한다면? 배송 예약은 훨씬 더 쉬워질 것이다.

우리가 머스크에서 이러한 사고실험을 마치고 났을 때, 사람들은 그들의 산업이 얼마나 느리게 움직이고, 정체되어 있는지 알게 되었다. 얼마 전 머스크의 커뮤니케이션 부사장 메트 레프쇼지Mette Refshauge는 내게 이렇게 말했다. "대부분의 다른 산업에서 당연하게 생각되는 것이 컨테이너 산업에는 해당하지 않습니다. 다양한 시스템과 더불어 사람이 직접 처리하는 아날로그 방식을 여전히 고집하기 때문이죠. 우리의 목표는 고객을 위해 완벽한 시스템을 구축하는 일입니다. 그리고 이를 위해서는 산업 전반을 뒤집어엎어야 합니다."

이후 머스크의 새로운 비전은 "연결하고 단순화하라"가 되었다. 머스크에 주문을 넣는 것은 너무도 간단해서 아이(아마도 똑똑한)도 할 수 있어야 했다. 머스크는 고객이 거쳐야 하는 절차를 최소화했을까? 그랬다. 선박 운송 산업에서 혁신을 창조했을까? 그랬다. 머스크는 잠재적 경쟁자에 대처할 준비를 철저히 했을까? 물론 그랬다.

오늘날 머스크의 비전(고객의 공급망을 연결하고 단순화하는 컨테이너 물류의 글로벌 통합자)은 공장에서 물건을 실어다 선적하고, 바다를 통해 운반하고, 항구에서 이를 다시 트럭에 싣고 목적지로 이동하는 과정에 이르기까지 고객이 자신의 화물이 어느 단계에 있는지 언제든 확인할 수 있도록 하겠다는 것이었다. 이는 아마도 당연한 것처럼 들릴 것이다. 하지만 운송 산업 내부에서 이는 거대한 변혁이자 혁명을 뜻한다.

글로벌 통합자 전략은 단순하면서도 많은 것을 의미한다. 완벽한 협력을 약속하는 전략을 기업 안으로 끌어올 최고의 방법은 무엇일까? 샌프란시스코 호텔에서 3일간 토론한 후 머스크 직원과 나는 멋진 아이디어 하나를 내놨다. 바로 거대한 선박 위에서 '릴레이 경주' 퍼포먼스를 벌이는 것이었다. 그 목적은 머스크의 글로벌 조직 전체를 통합하고 연대감과 우애를 돋우는 것이었다. 이는 또한 머스크의 일상적인 업무에 대한 상징이기도 했다. 나는 머스크 선박의 갑판 위에 러닝트랙을 그리고, 여러 사업부의 직원들이 배턴을 들고 릴레이 경주를 벌이자고 제안했다. 그리고 헬리콥터가 상공을 맴돌면서 그 장면을 촬영하는 것이다. 머스크 직원들은 내 아이디어를 마음에 들어 했다.

하지만 이틀 후의 콘퍼런스콜에서 누군가가 내게 문제를 지적했다. 갑판에 대한 시야가 제대로 확보되지 못해서 상공 촬영이 불가능하다는 것이었다. 선박의 일부 구역은 아예 보이지도 않았다. 결국 돈을 들일 만한 가치가 없는 프로젝트로 결론이 났다.

하지만 완전히 끝난 것은 아니었다. 배 위에서 계주를 벌이는 대신, 우리는 '진짜' 배턴을 받을 자격이 있는 직원에게 전달하기로 했다. 그리고 그 배턴에 GPS 추적기를 달아서 전 세계에 걸쳐 상식이 어떻게 전파되고 있는지 확인하기로 했다.

특정 부서나 직원이 상호 협력을 통해 그들의 글로벌 통합자 정신을 발휘할 때마다 머스크는 그들에게 배턴을 보상으로 줬다. 그리고 다른 사람들이 그 사실을 알도록 했다. 우리는 그 배턴의 이동 경로를 지도에서 확인할 수 있었다. 훌륭한 성과를 올린 팀이나 직원이 그 배턴을 다음 번 선수에게 넘겨주면서 머스크의 성공 스토리는 쌓여갔다. 그 과정에서 머스크는 직원들을 격려하고, 축하하고, 존중했다.

매뉴얼을 지킬수록 고객은 미쳐간다

불필요하고 임의적인 규칙은 대기업뿐만이 아니라 사회 곳곳에도 존재한다. 가령 미국 내에서 개인용 제트기를 탈 경우 보안 검색을 받지 않아도 된다. 그런데 그 이유는 무엇인가? 값비싼 요금을 지불

하는 사람은 테러리스트일 가능성이 낮기 때문인가? 그리고 항공기는 그토록 집요하게 보안 검색을 실시하면서, 왜 기차나 배는 그렇게 하지 않는가? 기차역이나 항구에서는 보안 검색 장비를 찾아볼 수조차 없다(예전에 한번은 공항에서 도로교통안전국 직원이 이렇게 안내 방송하는 것을 들었다. "65세 이상은 신발을 벗지 않아도 됩니다." 왜? 나이 많은 테러리스트는 없어서? 테러리스트 모두 65세에 은퇴해서? 그 대답은 간단했다. 규정이 그렇게 되어 있기 때문이다). 코로나19가 시작될 때 도로교통안전국이 항공사 승객에게 다른 액체 및 젤에 대한 3.4온스 반입 제한을 유지하면서 12온스 손 소독제는 허용한 이유는 무엇인가?

호주에서 은행 계좌를 개설하거나 셔츠를 구매하는 일, 혹은 캐나다로 여행하는 일은 왜 그리도 힘든가? 내 이야기를 한번 들어보자.

몇 년 전에 나는 호주에서 반년간 살았다. 당시 나는 유명 광고 회사인 BBDO에서 일하고 있었다. 그 기업은 급여를 수표로 지급했고, 그래서 나는 계좌를 만들기 위해 가까운 은행을 찾았다. 간단한 일이라고 생각했지만 현실은 그렇지 않았다.

나중에 안 사실이지만, 호주에는 '100점 시스템'이 있었다. 그 시스템에 따르자면, 처음 은행 계좌를 개설하려면 100점이 필요했다. 나는 당황스러운 마음에 은행 직원에게 이렇게 물었다. "멤버십 포인트 같은 건가요?" 창구 직원은 웃으며 아니라고 했다. "그러면 어떻게 100점을 쌓을 수 있죠?" 그 직원은 여권만 있으면 자동으로 100점이 발급된다고 했다. 나는 말했다. "그렇군요." 그러고는 내 덴마크 여권을 꺼내 보여줬다. 그녀는 말했다 "죄송해요. 외국 여권은 35점밖에 안 됩니다." 나는 말했다. "알겠습니다. 그러면 뭐가 더 필요할까요?" 그녀는 말했다 "운전면허증이 70점이에요." 나는 그녀에게 덴마크 운전면허증을 보여줬다. 그녀는 말했다 "오, 죄송해요. 덴마크에서 발급한 것이로군요. 그건 25점밖에 되지 않아요." 그러고는 신용카드가 있는지 물었다. "카드 한 장당 25점이거든요." 나는 세 장의 덴마크 카드를 보여줬다. 그녀는 말했다. "죄송해요. 그건 한 장에 5점씩이에요."

최선을 다했음에도 내 점수는 75점에 불과했다. 나는 물었다. "나머지 점수를 얻으려면 어떻게 해야 할까요?" 그녀는 호주 여권을 신청하면 된다고 했다. 나는 다시 물었다. "쉽게 발급이 되나요?" 그녀는 대답했다. "물론이죠. 다만 처음에 100점이 필요해요."

이 이야기가 황당하게 들릴 수 있겠지만, 예전에 옷을 샀던 경험에 비하면 아무것도 아니다. 나는 글로버스라는 스위스 백화점에서 여름옷을 사기 위해 쇼핑을 하고 있었다. 마음에 드는 셔츠가 있어서 두 벌을 골랐다. 옷을 들고 매장 직원에게 다가갔을 때, 직원은 내가 있는 호텔까지 셔츠를 무료로 배송

코로나19가 시작될 때 도로교통안전국이 항공사 승객에게 다른 액체 및 젤에 대한 3.4온스 반입 제한을 유지하면서 12온스 손 소독제는 허용한 이유는 무엇인가?

고장 난 회사들

해주겠다고 했다. 이를 위해 첫째, 서명을 하고 몇 가지 정보 제공에 동의해야 했다. 괜찮으시죠? 전화번호는? 내가 몇 년 전 휴대전화를 없앴다고 하자 직원의 표정이 갑자기 어두워졌다. "그러면 배송이 힘들 것 같은데요." 나는 물었다. "옛날에 쓰던 번호를 적어 넣으면 안 될까요?"

결국 우리는 매장 전화번호를 적기로 합의했다. 다음으로 주소와 우편번호를, 그리고 이렇게 물었다. "마지막 질문입니다. 나이가 어떻게 되세요?" 나는 그 질문에 대답하기 싫다고 했다. 그리고 되물었다. "당신은 몇 살인가요?" 직원은 당황한 표정으로 내게 물었다. "왜 제게 그걸 물어보시는 거죠?" 나는 대답했다. "셔츠 두 벌을 주문해야 하는데 그냥 필요해서요." 대체 나이가 왜 필요한 걸까? 내가 고른 셔츠를 입기에 너무 나이가 들었나? 나보다는 젊은 청년에게 더 잘 어울린다는 뜻일까(인정하기는 싫지만 그건 사실이다)? 나는 다시 물었다. "그런데 누가 그런 걸 필요로 하죠?" 직원은 대답했다. "시스템이요." 나는 물었다. "시스템이 누구죠?" 그녀는 대답했다. "그건 모르겠어요!"

이야기는 그렇게 계속되었다. 코로나19로 인해 캐나다 국경이 막히기 전에, 나는 남부 캘리포니아에서 일을 마치고 로스앤젤레스 국제공항으로 갔다. 거기서 먼저 캐나다 토론토로 갔다가 서울을 거쳐, 강연과 몇 번의 회의가 있을 태국 푸켓으로 가는 일정이었다. 총 29시간의 대장정이었다. 항공사 카운터에 도착하자 발권 담당 직원은 내게 여권과 캐나다 비자를 요구했다. 지금까지 수없이 캐나다를 오갔지만 비자를 요구한 적은 없었다. 나는 혼란스러웠다. 대체 언제부터 캐나다는 환승객에게까지 비자를 요구했던가?

나는 담당 직원에게 토론토를 거쳐 한국으로 갈 것이라고 설명했다. 그래도 소용없었다. 캐나다로 들어가는 모든 승객은 캐나다 비자를 갖고 있어야 했다. 그건 두 달 전부터 시행된 새로운 규정이었다. 나는 말했다. "대체 그렇게 바뀌었다는 걸 어떻게 알 수 있죠?" 직원은 대답했다. "캐나다 출입국관리소 웹사이트에 나와 있어요." 물론 캐나다 출입국관리소 웹사이트를 이리저리 둘러보는 것이 커다란 기쁨을 주는 일이라면 나는 그처럼 소중한 정보를 놓치지는 않았을 것이다!

나는 그런 말을 한 번도 들은 적이 없고 캐나다 비자도 없다고 했다. 그러자 직원은 그렇다면 비행기를 탈 수 없다고 말했다. 나는 충격을 받았다. "캐나다 비자를 지금 바로 신청할 수 있나요?" 직원은 물론 가능하다고 했다. 하지만 일반적으로 신청이 처리되기까지 3~5일이 걸린다고 덧붙였다. 내가 탑승할 토론토행 비행기는 정확하게 11분 뒤에 출발할 예정이었다. 그러자 직원은 이렇게 말했다. "행운을 시험해볼 좋은 기회군요."

나는 라운지에 앉아서 노트북을 켜고 캐나다 출입국사무소 웹사이트에 접속했다. 신청 양식이 보였다. 그 사이트는 나에 관한 모든 것을 알고 싶어 했다. 내 이름, 어머니의 중간 이름, 어머니의 출생

고장 난 회사들

지, 키와 눈동자 색깔, 그리고 지난 5년 동안 방문했던 모든 국가의 목록까지 말이다.

나는 어디서 시작해야 할지 몰랐다. 일반적으로 나는 80개국 230개 도시를 돌아다닌다. 그것도 1년 동안 말이다. 다행스럽게도 언젠가는 이런 일이 벌어질 것이라 예상했는지 내 비서가 그동안 내 여정을 정리해둔 파일이 있었다. 나는 그 자료를 재빨리 복사해서 양식에 붙여 넣었다. 이제 비행기를 타기까지 8분이 남았다. 탑승은 불가능해 보였다. 그렇게 된다면 앞으로 열흘 동안 있을 12건의 약속을 몽땅 취소해야만 했다. 양식지의 마지막 질문은 이랬다. '출발 시간은 언제입니까?' 안타깝게도 팝업 메뉴에서 태평양 표준시가 보이지 않았다. 결국 로스앤젤레스와 가장 가까운 시간대인 알래스카 서머타임을 선택했다. 그리고 기다렸다. 또 기다렸다. 친절하게도 메시지가 떴다. 캐나다 비자 신청이 처리되기까지 며칠이 걸릴 것이며 스팸메일함도 확인해보라고 했다.

출발까지 4분이 남았다. 그리고 2분 후 스팸메일함에 승인 메일이 떴다. 나는 그것을 담당 직원에게 보여주고 비행기로 허겁지겁 뛰어가 자리에 앉는 데 성공했다.

우리는 법과 규칙, 규정 뒤에 어떤 타당한 근거가 있을 것이라 생각한다. 하지만 이들이 상식과 충돌할 때, 그 근거는 허물어진다. 도체스터컬렉션과 함께 일을 시작할 무렵, 그들은 대부분의 다른 고급 호텔과 마찬가지로 외부 자문을 고용해서 서비스가 이뤄지는 모든 지점, 다시 말해 직원과 고객과의 모든 접점을 분석했다. 그러한 접점은 총 100군데 정도로 나타났다. 도체스터컬렉션은 그러한 접점에서 직원들이 '인간적으로' 행동하도록 격려하고자 했다. 가령 이렇게 말이다. '고객이 카운터로 다가올 때 3초간 눈을 마주치기, 신문을 볼 것인지 물어보기, 종교적·정치적 취향을 드러내지 말 것, 고객을 당황하게 하거나 특정 신문이나 종교가 더 우월하다는 인상을 주지 말 것.'

가령 어떤 여성 고객이 미국 동부 지역의 민주당 지지자처럼 보인다고 해서, 그녀가 매일 아침 〈뉴욕 타임스〉나 〈워싱턴 포스트〉를 읽을 것이라고 섣불리 판단하지 말라는 뜻이다. 고객이 레스토랑을 추천해달라고 할 때에도 직원은 자신의 기호나 취향을 드러내지 않도록 주의해야 한다. 호텔 인근에 위치한 모든 훌륭한 레스토랑을 추천한 뒤 적어도 4초 동안 미소를 짓고 시선을 아래로 향하면서 고객의 선택을 기다려야 한다. 그렇다. 이러한 이야기 모두 과장스럽게 들릴 것이다. 하지만 절대 과장이 아니다.

도체스터컬렉션의 자문은 채점표를 유심히 들여다보면서 직원들이 4초가 아니라 5초 후에 시선을 내리거나, 혹은 룸서비스를 언급하지 않는 순간을 찾아냈고 그에 따라 점수를 더하거나 뺐다. 그것만으로도 직원들을 미치게 만들기에 충분하지 않다고 생각했던지 그 자문은 또한 가짜 고객을 동원해서 직원들이 예상치 못한 상황에 어떻게 대처하는지를 평가했다. 충분히 오랫동안 미소를 지었나? 미소가 과해서 오히려 불편함을 준 것은 아닌가? 가방 운반이 필요한지, 혹은 늦은 체크아웃이 필요한지 물어보았나? 등등.

자문은 이러한 항목을 기준으로 직원들을 평가했고, 100점 만점에 72점과 같은 식으로 점수를 매겼다. 그리고 그 점수에 따라 직원의 연봉을 결정했다. 그 결과, 당연하게도 도체스터컬렉션 호텔의 업무 환경은 긴장으로 가득했다. 결국 도체스터는 어느 순간 끝없이 이어지는 체크리스트 활용을 중단했다. 그 시도는 오히려 직원들의 사기를 떨어뜨렸고 조직문화를 악화했으며 직원과 고객 사이를 멀어지게 만들었다. 그리고 상식을 가로막았다.

다음으로 2장에서 소개했듯이 화장실 옆자리로 안내받았던 레스토랑 사례로 돌아가 다음 상황을 한번 상상해보자. 이번에 당신은 동료들과 함께 창가에 자리를 잡았다. 종업원이 다가와 자신을 스콧이라고 소개한다. 그는 우리가 주문한 음료수를 들고 와서는 런치 스페셜 메뉴에 대해 자세하게 설명한다. 모두 주문을 마치자 스콧은 잠시만 기다려달라고 하고는 간다.

20분 후 우리의 대화가 진지한 단계로 접어들었을 무렵, 스콧이 음식을 들고 들어온다. 그는 접시를 내려놓으면서 각각의 요리 안에 뭐가 들었는지 자세하게 설명하면서 주방장이 얼마나 세심하게 공을 들였는지 이야기한다. 그러고는 이렇게 말한다. "즐거운 시간 보내세요!"

당신은 동료들과 점심을 먹으며 일 얘기를 하기 위해 이곳을 찾았다. 그러다 보니 스콧이 다시 돌아와 "뭐 필요하신 게 없는지 확인하러 왔습니다"라고 말하고 당신은 아무 문제없다고 말할 때, 일행 중 한 사람은 그를 향해 눈을 치켜뜨고 두 명은 불쾌한 기색을 드러낸다. 그럼에도 스콧은 분위기를 알아채지 못한 것 같다. 이후로도 그는 물을 채우기 위해, 빵이 더 필요한지 물어보기 위해, 혹은 다른 문제가 없는지 확인하기 위해 몇 번을 더 오갔다. 접시를 모두 치우고 나자 스콧은 다시 돌아와 커피나 차, 혹은 디저트가 필요한지 묻는다. 스페셜 디저트가 준비되어 있다고 덧붙이면서.

자, 분명히 짚고 넘어가자. 스콧이 실수를 한 것은 아니다. 그는 자신의 일에 대단히 능숙하다. 주의 깊고 민첩하다. 종업원으로서 해야 할 일을 하고 있을 뿐이다. 아마도 그는 레스토랑 직원 교육 매뉴얼을 그대로 따랐을 것이다. 그리고 최대한 많은 팁을 받기 위해 최고의 서비스를 하고자 했을 것이다.

하지만 여기서 당신과 동료들은 방해를 받지 않고 조용히 이야기를 나눌 수 있는 공간을 원했다. 그렇다면 스콧은 매뉴얼에 따르는 게 아니라 이렇게 말해야 하지 않았을까? "회의 중이시군요. 가급적 방해가 되지 않도록 하겠습니다. 필요한 게 있으시면 언제든 불러주십시오."

레스토랑에서 비즈니스 미팅을 하는 동안 종업원에게서 그런 말을 들었다면 나는 그곳을 평생 단골로 삼았을 것이다.

법과 규범은 우리 사회에 너무 깊숙이 퍼진 채 우리의 사고와 행동을 지배하고 있어서 우리는 심지어 그 존재조차 인식하지 못한다. 더 나쁜 것은 '뭐든 시키는 대로 하라'는 사고방식이 세대를 따라 내려간다는 것이다. 그 과정에서 비즈니스 생태계 전반이 오염된다.

해결책은 간단하다. 뭔가 말이 되지 않는 일이 벌어진다면, 혹은 당신의 직관에 반하는 상황이 생긴다면, '말을 하자.' 그러면 아마도 당신 옆에 있던 누군가는 이렇게 말할 것이다. "저도 그렇게 생각하고 있었습니다." 그리고 그 사람은 나중에 그와 비슷한 상황에서 고개를 저으며 주변 사람이 들을 수 있도록 이렇게 말할 것이다. "그건 말도 안 되는 소리입니다."

9장

고장 난 회사를 복구하는 5단계 가이드

나는 모든 세대가 적어도 한 번의 중대한 역사적 위기를 겪는다고
생각한다. 그리고 이러한 경험은 그들의 습관과 성향, 행동에 장기
적으로 영향을 미친다. 내 부모님의 경우, 그러한 사건은 제2차 세
계대전이었고, 조부모님은 제1차 세계대전의 종전이었다. 오늘날
의 세대에게는 그것이 글로벌 유행병의 극복이 될 것이다. 그 경험
은 우리가 내리는 선택뿐만이 아니라, 미래를 바라보는 시각에도
중대한 영향을 미친다.

가장 잘 적응하는 종이야말로 가장 강한 종이라고 했던 다윈의
주장이 옳다면, 우리는 앞으로 직장에서 어떤 변화를 예상할 수 있
을까? 그리고 이러한 변화는 우리의 상식에 어떻게 긍정적인, 혹은
부정적인 영향을 미칠 것인가?

음, 나쁜 소식과 좋은 소식이 있다. 첫째, 전염병이 몰고 온 변화

가 상식을 하룻밤 새에 되돌려놓지는 못할 것이다. 사실 나는 인간 관계의 복잡성과 형식주의, 우스꽝스러운 관료주의의 다양한 사례가 이미 당신의 사무실과 침실, 혹은 줌 계정에 있다고 장담한다. 그러나 언제나 그렇듯 비즈니스는 변화할 것이다.

코로나19가 터지고 2주일 만에 우리는 더 이상 예전처럼 일하고, 교류하고, 모이지 못하게 되었다는 사실을 깨달았다. 앞으로 몇 년이 흘러 코로나19가 희미한 기억으로 남았을 때에도 많은 이들은 안심하지 못할 것이다. 조그마한 손 세정제 없이 집을 나서게 될 경우, 고무젖꼭지가 없는 아기처럼 불안해할 것이다. 직원들이 재택근무를 시작한 지 몇 주 후, 비즈니스 리더들은 뚜렷한 효율성과 엄청난 비용 절감에 관한 주장에 바로 관심을 기울이기 시작했다. 그러나 직원들의 입장에서 볼 때, 거대한 온라인 관료 채널이 그들의 집으로 직접 연결되면서, 예전에 직장 스트레스로부터 감성적 삶을 지켜줬던 직장과 집 사이의 경계가 허물어지고 말았다.

그럼에도 나는 여전히 낙관적인 시선으로 유행병 이후의 세상을 바라보려 한다. 업무 방식의 변화와 새롭게 만들어진 업무 습관은 적어도 우리에게 기회를 보여주고 있다. 기존의 부조리를 없애고, 업무 방식을 새롭게 하고, 비효율성을 없애고, 상식을 일상적인 수준으로 회복시키기에 이보다 더 좋은 시점이 있을까?

천 리 길도 한 걸음부터다. 지금이야말로 시작을 위한 최적의 순간이다.

기업에 미래에 관한 조언을 줄 때마다, 나는 경영진에게 'H2H'라는 개념을 강조한다. H2H란 '인간 대 인간human to human'을 뜻한다. 기업의 고객은 엑셀 파일 속 숫자가 아니라 인간이다. 직원 역시 마찬가지다(당연한 말임에도 그렇지 않을 때가 많다). 여기서 내 목표는 기업이 그들의 조직과 직원을 고객과 단절시키는 장애물을 치우고, 거센 반발에도 불구하고 외부의 관점을 받아들이는 것이다. 이제 B2B나 B2C 대신에 H2H라는 개념을 사용해야 한다. 나는 이 개념을 설명할 때마다 다음 사례를 제시하곤 한다. 당신의 배우자가 로스앤젤레스에서 뉴욕으로 화병을 보내기 위해 당신의 회사가 이용하는 택배 업체에 접수를 했다고 생각해보자. 그런데 그 화병은 로스앤젤레스를 떠날 때는 하나의 조각이었지만, 뉴욕에 도착하니 200조각이 되어 있었다. 관리자인 당신은 기업이 이용하는 택배 업체를 선정하는 책임을 맡고 있다. 그렇다면 당신의 선택은 배우자의 사건에 영향을 받을 것인가? 당연히 그럴 것이다.

여기서 나의 목표는 무엇일까? 상식과 공감, 인간성을 중심으로 기업과 직원을 통합하는 일이다. 이를 위한 다섯 단계를 소개한다.

1단계: 닭장 밖으로 5센티미터만 나오기

'닭장에 갇힌Caged'이라고 하니 잔인한 교도관과 억울하게 옥살이

하는 절도범(아마도 누명을 쓰고)이 등장하는 1950년대 흑백영화 제목처럼 들린다. 그러나 여기서 이 용어는 오늘날 대부분의 기업이 처한 상황을 대변하는 말이다. 물론 이들 기업은 자신들이 갇혀 있다는 사실을 인식하지 못한다. 이 용어는 또한 2018년 미국 중소기업청이 발표한 통계 자료를 설명해주는 요인이기도 하다. 이 자료에 따르면 신생 회사 중 5분의 1이 창업 첫해에, 그리고 절반이 5년 안에 문을 닫으며, 10년 이상 버틴 기업은 3분의 1에 불과하다고 한다.[1] 이러한 상황에서 나의 임무는 변화를 직접 이끄는 것이 아니라, 변화를 향한 '목소리'를 자극하는 일이다.

그 방법에 대해 본격적으로 논의하기에 앞서 한 가지 실험 사례를 소개하고자 한다. 한 연구팀이 닭 여러 마리를 6개월 동안 네 개의 닭장에 가둬 키웠다. 문을 열어줬을 때 연구팀은 닭들이 자유를 찾아서 달려 나갈 것으로 예상했지만, 놀랍게도 닭들은 몇 걸음을 조심스레 걸어 나오다가 다시 안으로 들어가버렸다. 대탈출은 그걸로 끝이었다.

실험의 두 번째 단계로, 연구팀은 어떻게 닭들이 닭장 밖으로 나오게 할지 고민했다. 그들이 선택한 방법은 옥수수 알갱이로 닭을 유인하는 것이었다.

우선 연구원들은 네 개의 닭장을 좁고 폐쇄된 공간에 두었다. 그 중 두 개는 방의 한쪽에, 나머지 두 개는 그로부터 1미터 정도 거리를 두고 맞은편에 놓았다. 자, 이제 옥수수를 어디에 둬야 할까? 방의 한가운데? 네 개의 닭장과 같은 거리에? 아니면 닭장 안에? 그러나 이러한 방법 모두 실패로 돌아갔다. 방 안 가운데 놓았을 때, 닭들은 멀뚱멀뚱 바라보기만 할 뿐 밖으로 나오지 않았다. 그리고 닭장 안에 두었을 때에는 옥수수만 쪼아댈 뿐 더 이상 움직이지 않았다. 연구원들은 마지막으로 옥수수 낟알을 닭장에서 2.5~5센티미터 떨어진 곳에 놓았다. 그러자 모든 닭들이 닭장을 빠져나와 옥수수를 쪼아 먹었다. 그게 이 실험의 전부다.

적어도 내가 보기에 이 실험 결과는 작고 사소한 변화가 실질적인 변화를 이끌어낸다는 사실을 말해준다. 흔히 CEO들은 '빅픽처'에 대해 이야기하는 것을 좋아한다(기업이 향후 10년 동안 어느 방향으로 나아가야 할 것인가). 하지만 솔직하게 말해서 누가 그런 데 관심을 갖는가? 많은 직장인이 5년 후면 조직을 떠난다. CEO와 CFO는 더 빨리 떠난다. CEO가 앞으로 1~2년 동안 회사가 나아갈 방향에 대해 이야기를 한다면? 그러면 모두 관심을 기울일 것이다. 닭장 실험은 작고, 구체적이고, 즉각적으로 성취 가능한 목표를 제시함으로써 큰 변화를 이끌어낼 수 있음을 잘 보여준다. 지나치게 크고, 담대하고, 야심찬 목표를 제시할 경우, 대부분의 조직과 그 구성원은 두려움을 느끼고 저항하려 들 것이다. 그 기업은 항상 해왔던 대로 할 것이며, 변화는 일어나지 않을 것이다.

이러한 이유로 내가 기업과 함께 일을 시작할 때 처음으로 착수하는 일 중 하나는 변화를 위한 '요구의 목소리'를 높이는 것이다.

조직 내부에서 상식이 사라진 곳은 어디인가? 앞서 언급한 것처럼 조직이 변화에 저항하는 정도를 가늠하기 위해 나는 최대한 많은 직원을 만나서 인터뷰를 한다.

인터뷰를 하면서 나는 직원들에게 여러 장의 사진을 보여준다. 이는 일종의 비공식적인 로르샤흐 검사^{Rorschach test}(잉크 얼룩 이미지를 보여주고 피험자의 태도와 감정, 성격을 파악하는 심리검사 – 옮긴이)다. 가령 어떤 사진에는 한 남자가 좁은 공간에 갇혀서 겁에 질린 표정을 짓고 있다. 또 다른 사진에서는 부모가 아이에게 소리를 지르고 있다. 나는 사람들에게 이렇게 묻는다. '이 사진들 중에서 여기서 일을 할 때 느끼는 감정을 가장 잘 설명해주는 것은 무엇입니까?', '어떤 사진이 이 기업과 가장 관련 있다고 생각합니까?' 만약 소리치는 부모의 사진을 골랐다면, 나는 조직의 리더십에 어떤 문제가 있으며, 이를 어떻게 개선할 수 있는지 이야기를 나눈다. 이 과정에서 사진은 이야기를 활기차게 만들어줄 뿐 아니라, 직원들이 그동안 드러내지 못했던 감정을 솔직하게 표현하도록 유도한다.

많은 직장인이 5년 후면 조직을 떠난다. CEO와 CFO는 더 빨리 떠난다. CEO가 앞으로 1~2년 동안 기업이 나아갈 방향에 대해 이야기를 한다면? 그러면 모두 관심을 기울일 것이다.

나는 또한 다음과 같은 질문을 던진다. '입사 후 몇 주, 혹은 몇 달 동안에 어떤 인상을 받았는가? 갓 입사했을 당시 무엇을 성취하거나 기여하길 원했는가?' 그리고 변화가 남긴 것에 대해서도 물었다. '당신이 추진한 프로젝트가 성공했는가? 성공, 혹은 실패의 이유는 무엇인가?' 그 과정에서 나는 변화를 추진하는 인물이나 팀이 종종 변칙적인 방법을 선택한다는 사실을 발견했다. 그들은 규칙을 어기고, 위험을 무릅쓰고, 전통적인 사고방식을 따르지 않았다. 나는 이와 같은 사례를 정리하면서 그 자료가 조직의 행동을 자극하는 데 적절히 활용되기를 기대했다.

그렇게 2주, 혹은 3주가 흐르고 나면 '실질적인' 조직표가 드러난다. 또한 조직이 변화에 대처하는 방식을 생생하게 포착하게 된다.

물론 기업은 때로 상식적이고 분명한 작은 변화조차 거부하지만, 상식에 관한 문제는 한꺼번에 드러나는 경우가 많다. 내가 세계적인 플라스틱 용기 제조 업체의 경영진을 만났을 때에도 그랬다.

나는 먼저 경영진과 워크숍을 진행했다. 거기서 우리는 그 기업의 고객을 이해하는 것이 얼마나 중요한 과제인지 이야기를 나눴다. 그때 한 임원이 손을 들었다. 그녀는 자신이 그들의 고객을 '철저하게' 이해하고 있다고 했다. 그녀의 이야기는 전 세계 플라스틱 소비, 그리고 기후변화와 환경오염에 대한 책임으로 이어졌다. 그런데 놀랍게도 그 임원은 이와 관련해서 소비자 집단 전체를 싸잡아 맹비난했다. 그녀는 이렇게 주장했다. "소비자가 일상생활에서 플라스틱 제품을 원하지 않는다면 얼마든지 쓰지 않을 수 있습니다."

나는 깜짝 놀라서 그 임원에게 좀 더 설명해달라고 했다. 그녀는 이렇게 말했다. "어느 누구도 플라스틱 용기를 쓰라고 강요하지 않습니다. 우리 모두는 자신의 생활에서 선택권을 갖고 있습니다." 이에 대해 나는 물부족을 겪는 어려움에 직면한 아프리카 및 아시아 지역의 주민에게는 플라스틱 용기 말고는 대안이 없다고 지적했다. 그리고 이렇게 덧붙였다. "또한 치즈를 비닐로 낱개 포장하는 방식은 어떤가요? 그것도 소비자의 책임일까요?" 그녀는 말했다. "그렇죠. 그들이 정말로 원치 않는다면 낱개 포장한 치즈를 사지 않으면 그만입니다."

나의 항변은 아무런 소용이 없었다. 쓰레기가 넘쳐나게 만들고 바다를 오염시키는 엄청난 양의 플라스틱에 대한 책임은 오로지 소비자에게 있다는 그녀의 믿음은 흔들리지 않았다. 그러나 나는 동의할 수 없었다. '이 회사가 어마어마한 양의 플라스틱을 만들어내고 있다는 사실을 외면하는 것인가?' 그녀는 내 생각을 받아들이지 않았다. 나와는 완전히 다른 시각으로 문제를 바라보고 있었다.

이처럼 고집스럽고 독단적인 태도는 상식을 가로막는 결정적인 요인이다. 특히 환경문제에 대한 소비자의 관심과 관련해서는 더 그렇다.

닭장 실험을 다시 떠올려보자. 내 사명은 기업이 안에서 밖이 아니라, 밖에서 안으로 스스로를 들여다보도록 만드는 것이다. 이를 위해 나는 몇 가지 간단한 훈련법을 활용한다.

첫 번째는 산업디자이너인 아이세 버셀Ayse Birsel 의 아이디어에 영감을 받은 것으로, 사람들을 방 안에 모아놓고 펜과 종이를 나눠준

다음에 옆 사람의 얼굴을 그려보도록 한다. 그게 별로 어렵지 않다고 생각한다면, 당신은 아마도 그런 일을 한 번도 해보지 않았을 것이다. 상대방의 얼굴을 그리기 위해서는 그 사람의 눈을 똑바로 쳐다봐야 한다. 당신의 얼굴을 그리는 상대방도 똑같이 그래야 한다. 이처럼 서로를 마주보는 경험은 공감과 연대감을 자극한다. 특히 오늘날처럼 스마트폰에 빠져서 다른 사람과 시선을 좀처럼 마주칠 일이 없는 세상에서는 더욱 의미가 있다. 여기서 사람들이 상대방의 초상화라고 내놓는 그림은 대부분 엉망이다. 모두가 심해어처럼 생겼다. 하지만 중요한 것은 그게 아니다. 이 과제의 목표는 직원들 사이에서 공감을 자극하는 것이다.

둘째, 직원들에게 기업 내에서 상식의 결핍이 드러나는 상황이나 경험을 사진으로 찍도록 하는 것이다. 예를 들어 출장 경비 처리에 두 달씩이나 걸리는 상황, 혹은 신용카드 발급을 취소하려면 여섯 장의 서류를 작성해야만 하는 상황이 될 수 있다. 다음으로 직원들이 찍은 사진을 간단한 설명과 함께 게시판에 올리도록 한다. 가령 이런 설명을 덧붙일 수 있다. '이 고객은 여섯 장의 서류를 작성하고 3주를 기다린 후에야 비로소 신용카드 발급을 취소할 수 있었다.'

2주쯤 지나면 게시판에 많은 사진들이 올라온다. 그러면 나는 그것들을 항목별로 분류했다. 가령 외상매입금과 관련된 상식의 결핍, 어려움을 겪는 고객에게 도움을 주는 과정에서 상식의 결핍, 혹은 출장 경비 처리에서 상식의 결핍 등이 그러한 항목이 될 수 있다.

이를 통해 우리는 기업에서 일상적으로 상식이 사라지는 지점을 확인할 수 있다. 앞서 소개한 TV 리모컨 사례가 기억나는가? 그렇다면 기업이 '내부적으로' 겪는 문제가 '외부적으로' 고스란히 드러나게 된다는 사실도 이해할 것이다.

다음으로 나는 게시판에 올라온 사진을 가지고 경영진과 함께 이상적인 기업의 모습을 머릿속으로 그려본다. 물론 그전에 게시판에 올라온 상식 문제를 먼저 해결해야 한다고 말한다.

앞서 강조했듯이 기업의 경영진과 직원은 그들의 고객과 동료가 느끼는 고통을 공감해야 한다. 그것이 출장 경비를 제때 처리해주지 않아서 자신의 신용카드 한도를 채워 사용해야 하는 마케팅 부서 직원의 경우든, 아니면 시차 때문에 눈이 풀린 상태에서도 로비 직원과 잡담을 나눠야 하는 호텔 고객의 경우든 간에 말이다.

이상적인 기업이라면 이러한 문제를 어떻게 다룰 것인가? 기업의 사명을 요약하는, 그리고 목표가 무엇인지 분명하게 말해주는 하나의 단어는 무엇인가? 볼보의 경우는 '안전'이다. 구글은 '검색', 디즈니는 '마술'이다. 그리고 도체스터컬렉션은 '상징적'이며, 머스크의 경우는 '원터치'다(이는 고객과 협력하기 위한 혁신적인 방법을 뜻한다). 또한 스위스국제항공은 '스위스다움', 그리고 캐스키드슨은 '안심'이다.

그렇다면 당신의 기업은 어떤가? '민감한', '멋진', 혹은 '인간적인'인가? 하나의 단어를 정의하고 이를 당당하게 내놓자. 만약 '인간적인'을 선택했다면 고객을 만나고 접하는 모든 지점에서 인간적인 모습을 보여주려고 노력하고, '인간적인'이라는 용어가 기업이 내리는 모든 의사결정과 프로젝트의 방향을 결정하도록 하자. 강한 인상을 주는 하나의 단어를 선택했다면, 당신은 직원들이 반드시 허락을 구하지 않아도 되는 업무 환경을 위해 자율권을 주면서 동시에 소비자 관계를 개선하기 위한 기준을 높여야 한다. 최상의 시나리오에서 '인간적인'은 자기 충족 예언이 된다.

결론적으로 말해서, 기업은 갇힌 상태에서 벗어나 인간적이 되어야 한다.

2단계: 용기를 불어넣는 '확고한 지점' 만들기

학교나 기업, 혹은 관공서 건물에서 비상구 표지판을 본 적이 있는가? 이는 화재 시 사람들이 무사히 빠져나가도록 길을 안내할 목적으로 만들어졌다. 그런데 정말로 불이 났을 때 어쩌면 별 도움이 안 될 수 있다. 화재가 발생하면 실내는 순식간에 연기로 가득 찬다. 숨이 막히고 공포에 질린 사람들은 기어서 가장 가까운 출구로 간다. 그런데 출구는 어디 있을까? 실내는 연기로 자욱해서 아무것도 보이지 않는다. 그런데도 왜 비상구 표지는 위쪽에 매달려 있는 것일까? 실제로 불이 났을 때 보기 힘든 곳에 말이다. 그렇다면 필사적으로 화재 현장에서 빠져나가야 하는 사람들의 눈높이에 맞춰서 아래 쪽에 설치하는 편이 더 낫지 않을까? 실제로 최근 스칸디나비아 지역과 일본에서 점점 더 많은 기업이 이러한 방식을 채택하고 있다. 이들은 해오던 대로 하는 것을 거부하고 상식적으로 접근하는 용감한 기업이다.

두 번째 단계인 용기는 기업과 직원이 긍정적인 결과를 위한 일련의 작은 변화를 시도할 때 모습을 드러낸다. 가령 닭이 닭장에서 한 걸음 내디딜 때, 혹은 내가 말하는 '90일 개입90-Day Intervention'을 진행하는 동안 모습을 드러낸다.

여기서 내가 5년, 혹은 1년 개입이라고 하지 않았다는 점에 유의하자. 분명하게 나는 90일이라고 언급했다. 이는 기업에서 사용하는 분기 단위를 반영한 것이기도 하다. 기업에 변화의 방법에 대해 이야기를 할 때, 사람들 대부분 변화는 꼭 필요하고 좋은 것이라고 말한다. 그러나 문제는 변화를 향한 열정이 몇 달을 넘기기 힘들다는 사실이다. 결국 그들은 정말로 변화를 원하는 것은 아니었다고 생각하고 원래대로 돌아가버린다.

그래서 나는 내가 생각하는 변화에 대해 설명하기보다 지금 당장 실행에 옮길 수 있는 방안을 제시하려 한다. 예를 들어 자전거를 처음 배우는 사람에게 82쪽에 달하는 자전거 설명서를 읽어보라고 권한다고 해보자. 이는 그 사람에게 아무런 도움이 안 된다. 그 사람이 정말로 해야 할 일은 실제로 자전거를 타서 페달을 밟고 비틀대다가 넘어지고 다시 조금 달리다가 넘어지는 것이다. 설명서는 그러고 나서야 의미가 있다.

90일 개입 전략은 시간 제약하에 빠르고 정확하게, 효율적으로 움직이도록 직원들을 격려한다. 시간 제약은 과정 전반에 긴박감을 불어넣음으로써 조직 내 정치를 없애는 역할을 한다. 내 경험상 목표 달성을 위해 더 바쁘게 움직일수록 조직 정치는 더 줄어든다.

용기는 작고 쉬운 성공, 즉 내가 말하는 '확고한 지점proof point'에서 비롯된다. 확고한 지점이란 신속하게 해결 가능한 상식 관련 문제로서, 우리는 이를 해결함으로써 모두의 삶을 더 편하고 행복하게 만들 수 있다. 가령 이메일을 쓸 때 참조나 숨은 참조 기능을 쓰지 않는 것도 한 가지 사례가 될 수 있다. 혹은 사무실에서 5미터 거리 안에 있는 사람에게는 전화나 이메일, 문자메시지 대신 직접 찾아가서 이야기를 나누도록 하는 것 역시 하나의 확고한 지점이 될 수 있다.

그런데 이처럼 작은 성공이 중요한 이유는 뭘까? 닭장 사례로 돌아가보자. 연구원이 방 가운데에 옥수수를 놓았을 때 닭들은 움직이지 않았다. 그리고 닭장 안에 놓았을 때에도 마찬가지였다. 하지만 닭장 밖 2.5~5센티미터 거리에 옥수수를 놓았을 때 닭들은 비로소 닭장 밖을 나서는 모험을 감행했고 되돌아가지 않았다. 그리고 그 닭들은 다른 동료들에게 '승인', 다시 말해 변화를 위한 '용기'를 전했다.

반대 경우를 생각해보자. 내가 경영진에게 변화의 긴 목록을 제시했는데 그중 몇 가지가 계획대로 진행되지 않았을 때, 변화를 반대하는 사람은 이러한 실패를 반대의 근거로 내세울 것이다. 즉, 실패 사례는 부정적인 확고한 지점으로 기능한다. 나는 워크숍을 진행하면서 직원들에게 간단한 문제해결을 주제로 브레인스토밍을 하도록 한다. 그러면 대부분 그중 누군가 손을 들어 앱 개발을 제안한다. 그럴 때마다 나는 이렇게 말한다. "이처럼 간단한 문제도 앱을 사용하지 않고 해결할 수 없다면, 다른 문제들도 해결할 수 없을 것입니다." 먼저 문제를 직접 해결하고, 다음으로 이를 앱으로 전환하는 방법을 고려해야 한다. 일반적으로 문제의 99퍼센트는 앱 없이도 얼마든지 해결 가능하다.

물론 경영진이 볼 때, 이와 같은 사소한 변화는 조직에 근본적인 영향을 주지 못할 것으로 생각된다. 하지만 직원들이 당연하다고 생각했던 비상식적인 규칙을 완화하거나 없앰으로써 조직문화에 실질적인 영향을 미칠 수 있다. 사소한 변화가 바로 긍정적인 영향을 미칠 수 있다면, 훨씬 더 큰 변화는 어떤 영향을 미칠 것인지 상상해보자.

무엇보다도 이러한 변화는 종종 기대하지 않았던 직원으로부터 시작된다. 사전 인터뷰를 하면서 가령 짐이라는 사원이 기발한 아이디어를 갖고 있다는 사실을 알았다면, 나는 이를 즉시 CEO에게 전한다. 그럴 때 CEO들의 반응은 대개 이렇다. '그런 아이디어가 아직 실행되고 있지 않다는 사실이 더 놀랍군요.' 다음으로 나는 조직 전반에 걸쳐서 그 아이디어를 실행에 옮길 수 있는 권한을 짐에게 부여한다. 이러한 사실은 짐의 아이디어가 다른 누구의 아이디어만큼 가치 있다는 메시지를 그와 그의 동료들에게 전하게 된다. 나는 오랫동안 이를 '승강기 접근 방식'이라고 불렀다. 이 표현은 아이디어를 아래로부터, 내가 말하는 '얼어붙은 중간 조직(일반적으로 중간 관리자들은 대개 과도한 업무에 시달리고, 에너지가 고갈되고, 변화를 위한 권한과 동기가 없으며, 이로 인해 조직을 마비 상태에 이르게 한다)'을 거쳐 위로 끌어올리고, 이를 통해 조직 전반에 즉각적인 변화를 확산시켜야 한다는 내 믿음을 담고 있다.

다음으로 나는 직원들에게 변화를 위한 아이디어가 어리석거나 의미 없다고 깎아내리는 사람들이 어떻게 반응할 것인지 상상해보도록 한다. 변화에 부정적인 사람들은 이러한 아이디어에 어떻게 반응할까? 직원들에게 변화에 대해 강력하게 반대하는 사람처럼 행동해보라고 하면, 그들 대부분 모든 반대 주장이 어리석은 말처럼 들린다는 사실을 깨닫는다. 이를 통해 나는 긍정적인 태도를 조직 안에 불어넣을 수 있다.

획기적인 아이디어는 온전한 직사각형과 같다. 그러나 그 직사각형이 조직을 통과하는 동안 뾰족한 네 모서리(새롭고, 신선하고, 인상적인 특성)는 갈려나가서 둥그렇게 된다. 결국 그 직사각형은 원이 된다. 다시 말해 모두를 만족시키는 것 같지만 아무도 만족시키지 못하는 아이디어로 전락하고 만다. 기업이 실행하기로 결정한 작은 변화는 온전한 직사각형인가? 아니면 모서리가 닳아버린 원인가? 도중에 어떤 타협이 이뤄졌는가?

변화를 추진하는 사람은 계속해서 원래 아이디어를 날카롭게 갈아야 한다. 이를 위해서는 '있는 그대로'를 종이에 적어둘 필요가 있다. 그리고 타협이 이뤄지는 지점을 확인하고 다시 돌아가서 원래 아이디어의 네 모서리를 날카롭게 다듬어야 한다. '왜 굳이 아이디어를 종이에 적어야 할까?' 아마도 궁금한 생각이 들 것이다. 기업의 면역 시스템은 언제나 강력한 힘을 발휘하기 때문에 처음의 아이디어는 종종 수정되거나 사후 비판을 받는다. 그리고 직원들 마음속의 보이지 않는 빨간 테이프(불필요한 형식주의, 관료주의를 뜻한다-옮긴이)가 그들의 눈을 가리기 시작한다. 그리고 당신이 알아차리기도 전에 많은 타협과 양보가 이뤄지면서 직사각형은 둥그런 원이 되어버린다. 하지만 애초에 아이디어를 종이에 적어놓았다면, 나중에 훨씬 더 수월하게 아이디어의 원형을 확인할 수 있다. 그리고 원래 아이디어와 진화한(혹은 퇴보한) 아이디어를 비교해볼 수 있다.

몇 년 전 나는 암으로 고생하는 아이들이 fMRI 검사를 앞두고 느끼는 불안감을 달래주기 위한 아이디어를 요청받은 적이 있다. 나는 싸늘하고 무시무시한 최첨단 의료장비 안에서 아이들이 보다 편안하게 느낄 수 있도록 만들어줘야 했다.

이를 위해 나는 아이들이 좋아하는 바다를 기계 안에 옮겨다놓기로 했다. 기본적인 아이디어는 간단했다. 그것은 fMRI 검사실을 바다로 바꿔놓는 일이었다. 그 아이디어가 뾰족한 네 모서리를 지닌 직사각형이었을 때, 이러한 모습이었다. '첫 번째 모서리에는 커다란 모래성이 있고, 두 번째 모서리에서는 파도와 바다 새 소리가 들려온다. 그리고 세 번째 모서리에는 해변 식물과 함께 바다가 그려진 벤치가 놓여 있고, 네 번째 모서리에는 무균 실험복이 아니라 열대지방 옷을 입은 촬영기사가 서 있다.'

모두들 그 아이디어를 마음에 들어 했다. "흥미롭군요! 그런데 마틴, 실제로 모래성을 쌓는 대신에 장비 내부를 모래 색깔로 칠하는 게 어떨까요? 정말로 해변 소리를 틀어놓을 필요가 있을까요?(직원과 환자의 정신을 어지럽히지 않을까요?) 차라리 헤드폰이 낫지 않을까요? 흰색 유니폼은 그대로 놔두고 대신에 웃긴 이름표를 답시다. 가령 '아이스크림 마스터'처럼 말이죠. 마틴? 잠깐만요. 더 좋은 아이디어가 있어요. 바다와 아이스크림이 들어간 그림을 그려서 아이들이 검사실로 들어갈 때 나눠주는 방법은 어때요? 좋아할 것 같은데……."

다시 한번 원래 아이디어를 종이에 적어보자. 그리고 끝까지 간직하자.

3단계: 작은 성공을 인정하고 축하하기

한두 마리의 닭이 닭장에서 조심스럽게 걸어 나온다. 닭들은 옥수수 알갱이를 발견하고 쪼아 먹는다. 다른 닭들은 부러운 듯 쳐다본다. 닭장 안에 그대로 머무를 것인가, 아니면 그 작은 옥수수 파티에 함께할 것인가? 다른 닭이 닭장 밖으로 나오도록 설득하는 유일한 방법은 모범 사례를 보여주는 것이다. 처음으로 닭장을 벗어난 두 마리 닭에게는 아무런 위험한 일도 벌어지지 않았다. 오히려 주목받는 것을 즐기는 듯하다. 그렇다면 정말로 닭장을 떠나도 괜찮은 것일까?

90일 개입 프로젝트를 시작할 때면, 나는 직원들 대부분 의욕적이고, 낙관적이고, 또한 변화를 기꺼이 받아들이겠다는 결연한 의지를 갖고 있음을 느낀다. 그러나 90일이 지나고 나면, 혹은 일반적으로 75~80일 후에 열정은 시들기 시작한다. 그 이유는 기업의 면역 시스템이 변화에 대처하지 못하거나 수많은 반론이 제기되기 때문이다.

나는 그 이유에 대한 나만의 해답을 갖고 있다. 어디에 있고 무엇을 하느냐에 따라 시간이 얼마나 느리게, 혹은 빠르게 흘러가는지 한번 생각해보자. 가령 비행기가 착륙하고 있는데 조종사가 갑자기 엔진 중 하나에 결함이 발견됐으며 원인을 파악하는 대로 알려주겠다고 한다고 해보자. 그때 5분은 5시간처럼 느껴질 것이다. 변화가 일어날 때, 시간에 대한 우리의 인식도 미묘하게 바뀐다. 의사소통이 잘 안 되거나 변화의 결과가 나타나지 않을 때, 직원들은 아무것도 일어나지 않는다고 느낄 것이다. 90일 이후에 직원들이 지속적인 변화를 위해 경영진보다 자신들이 더 열심히 노력하고 있다고 생각한다면, 그들은 아마도 프로젝트에 대한, 그리고 경영진과 조직에 대한 신뢰를 잃어버릴 것이다.

이러한 점에서 복도를 걷는 CEO든, 아니면 시간을 내서 직원의 이메일과 고객 불만에 개인적으로 답변을 하는 임원이든 간에 변화는 경영진의 차원에서 뚜렷하게 드러나야 한다. 경영진이 변화하는 모습은 조직에 중요한 일이 벌어지고 있다는 메시지를 직원들에게 전한다.

고객 서비스 관점에서 세계적인 의류 브랜드 자라Zara의 모기업인 인디텍스Inditex 사례를 한번 생각해보자. 인디텍스 직원들은 첨단 데이터센터를 통해 매출 정보를 매일, 혹은 매 시간마다 쉽게 확인할 수 있음에도 매일 오후에 매장과 전화 통화를 한다. 중요한 것은 고객 서비스 문제를 확인한 다음에 거기서 멈추지 않는 것이다. 고객을 직접 방문하고, 문제 상황을 영상이나 사진으로 찍고, 이를 주간 회의에서 공유하는 작업이 필요하다.

직원의 입장에서 가장 중요한 것은 성공을 '축하'하는 것이다. 기업은 특별한 순간을 좀처럼 축하하지 않는다. 기업이 축하를 하는 것은 주로 지루한 경제지표나 주가가 올라갈 때다. 혹은 다음 주에 있을 회계팀장의 50번째 생일 파티에 참석할 것인지를 묻는 형식적인 이메일에 대한 것뿐이다. 인사팀만 만족하고 정작 직원들에게는 형식적으로 느껴지는 이러한 유형의 축하는 조직문화에 대한 기업의 인식 수준을 드러낼 뿐이다.

상식은 이것만으로는 충분치 않다고 말한다. 긍정적인 변화를 이루고 이를 희망의 확고한 지점으로 삼을 수 있을 때는 더욱 그렇다. 축하는 간단하다. 기업이 할 일은 작고 구체적인 성공을 인정하는 것이다. 축하는 중요하며 진정한 차이를 만들어낸다.

작은 성공을 인정하고 축하하는 노력은 또한 직원들에게 그들이 정말로 올바른 팀을 위해 일하고 있다는 믿음을 준다. 아무리 작고 사소한 변화라고 해도 이는 구성원에게 상징적인 가치를 전한다. 기업은 구성원의 기여를 인정하고 축하함으로써 경영진이 그들의 말에 귀를 기울일 뿐 아니라, 그들의 존재를 소중하게 여긴다는 사실을 보여줄 수 있다.

또한 기업은 축하를 통해 영웅을 선정한다. 가령 90일 개입 프로젝트에 저항하는 조직의 면역 시스템에 맞서 싸우면서 변화를 일궈낸 직원들을 발굴한다.

4단계: 닭장을 잠가버리기

서구 사회에서 전통적인 영화 제작은 잘 다듬어진 공식을 따른다. 영화는 일반적으로 3막으로 구성된다. 그중에서 2막이 가장 길다. 1막은 등장인물을 소개하고 그들의 일상생활 속 다양한 장면을 보여준다. 1막이 끝나갈 무렵 사건이 터진다. 가령 남편이 다른 사람과 사랑에 빠졌다고 아내에게 털어놓는다. 혹은 여자 주인공이 노부모를 돌보기 위해 작고 조용한 고향 마을로 돌아간다. 아니면 대부가 총에 맞는다. 2막에서는 그 사건이 전개된다. 조연이 등장하면서 갈등과 실패, 그리고 장애물이 모습을 드러낸다. 2막이 끝나갈 무렵에는 "모든 것을 잃어버리는" 순간이 찾아온다. 가령 여자 주인공이 자신의 약혼자가 다른 남성을 사랑한다는 사실을 알게 되면서 결혼은 파국을 맞이한다. 혹은 직장에서 쫓겨나거나 친한 친구와 갈등을 겪는다. 주인공은 모든 것을 잃어버린다. 그러나 3막에서는 모든 갈등이 해소되면서 해피엔딩으로 끝난다.

당신은 아마도 알아채지 못했겠지만 이러한 이야기 구조는 문화적 변화 과정에서도 똑같이 나타난다. 1970~80년대 비즈니스스쿨 교과서는 기업 내 변화가 대단히 느린 속도로 이뤄진다고 설명했다. 왼쪽에서 오른쪽으로 나아가는 구불구불한 그래프가 갑자기 치솟기 시작하면서 기업의 성공을(그리고 자기만족을) 보여준다. 그리고는 하락세가 이어지다가 또다시 고점으로 올라간다.

그러나 오늘날 이러한 그래프는 현실과 맞지 않는다. 기업 내에서 이뤄지는 변화는 그래프 상에서 최저점(낮은 사기를 뜻하는)에서 시작해 종종 빠르게 진행된다. 곡선은 성장하고 계속해서 높아진다. 그리고 계속 올라갈 것이라고 예상될 때, 전체 곡선의 4분의 3 지점에서 성장이 멈추거나 심지어 떨어진다. 이 지점이 바로 영화에 등장하는 "모든 것을 잃어버리는" 순간, 즉 조직이 무너지는 순간이다.

변화를 향해 나아가는 여정의 4분의 3에 해당하는 지점에서 기업은 일반적으로 슬럼프를 맞는다. 그때 기업은 변화가 추상적인 아이디어나 이론이 아니라는 사실을 깨닫게 된다. 변화는 현실적인 것이다. 일부 직원은 그들이 변화해야 한다는 사실을 처음으로 깨닫는다. '닭장을 잠가버리기' 단계에서는 직원들이(혹은 닭들이) 후퇴하거나 숨지 않도록 모든 닭장의 문을 자물쇠로 걸어 잠가야 한다. 그렇게 하기 전에 기업은 때로 한두 건의 실패를 목격해야 한다. 내 이야기를 좀 더 들어보자.

예전에 나는 어느 패션 기업에서 워크숍을 진행한 적이 있었다. 일반적으로 패션 기업은 10~20개 패턴을 기반으로 제품을 출시한다. 하지만 그 기업은 놀랍게도 180개 패턴을 기반으로 제품을 관리하고 있었다. 그들은 핸드백과 신발, 바지, 벽지 등 생각할 수 있는 모든 제품군에 그들의 독특한 디자인을 적용했다. 24가지 서로 다른 색상과 함께 그렇게 다양한 패턴을 유지해야 할 이유는 무엇이란 말인가? 이러한 방식은 돈이 많이 들고 비생산적이다. 우리 팀은 경영진에게 패턴의 종류를 180가지에서 25가지로 대폭 줄일 것을 제안했다. 그리고 문제를 해결했다고 확신하며 워크숍을 마무리지었다.

그러나 나중에 확인해보니 기업의 디자인팀은 아무것도 바꾸지 않았다. 워크숍을 진행하면서 해결 방안을 찾았음에도 그들은 여전히 111가지의 패턴을 유지하고 있었다. 나는 물었다. "워크숍에서 함께 논의했던 것은 대체 뭐였죠?" 내가 경영진에게서 들은 대답은 한 부서가 우리의 해결책을 받아들이지 않았기 때문이라는 것이었다. 최고경영자 또한 기존 절차에 개입할 때에는 신중을 기해야 한다는 뜻을 우리에게 전했다. 나는 말했다. "지금 당장 멈추지 않는다면 조직 전체에 변화하지 말라는 메시지를 주는 겁니다. 지금 당신은 변화가 조직의 나머지와 아무런 관련이 없다는 인상을 주고 있습니다." 물론 단기적인 차원에서 우리가 제안했던 변화는 비용 부담을 높이고 "기존 절차를 방해"하는 것일 수 있다. 하지만 장기적으로 그 기업은 분명히 이익을 얻을 것이다. 결국 경영자는 우리의 주장을 받아들였고 문제는 해결되었다. 이것이야말로 내가 원하는 바다.

어떤 문제가 나타나든 구체적인 해결책을 마련하고, 이를 조직 전반에 알려야 한다. 그렇지 않으면 직원들은 수군대기 시작할 것이다. 그들은 변화는 일어나지 않았으며, 변화의 흐름을 계속 유지하기란 불가능하다고 말할 것이다. 그리고 닭들은 천천히 다시 닭장 안으로 돌아갈 것이다. 그 안에서 나머지 삶을 한숨만 쉬면서 살아가게 될 것이다.

5단계: 스토리를 부여해 공헌자가 되기

이 단계에서는 상식 차원에서 변화를 추진할 주도자를 발굴하고, 그들이 조직 전반에 걸쳐 자유롭게 돌아다니도록 허용해야 한다. 하지만 아무나 변화의 주도자가 될 수 있는 것은 아니다!

비유를 들자면, 변화의 주도자는 헬스클럽의 트레이너와 같다. 트레이너는 회원들이 이겨내도록 만드는 역할을 한다. 사람들이 무력함을 느낄 때, 혹은 충분한 발전을 이뤄내지 못할 때, 팔을 다쳤을 때, 힘이 들 때, 포기하고 집으로 돌아가려고 할 때, 트레이너는 그들이 힘을 내게 만든다.

앞서 나는 낮은 직급의 직원이 어떻게 기업이 직면한 문제에 가장 상식적인 해결책을 내놓는지에 대해 언급했다. 우리의 가상 직원인 짐은 이를 통해 조직으로부터 처음 인정과 관심을 받았다. 이후로 짐은 변화의 신봉자가 되었다. 다른 직원들은 짐에게 일어난 일을 목격했고 그중 일부는 자신도 그러한 인정과 관심을 받길 원했다. 이들이야말로 변화의 주도자가 될 가능성 있는 재목이다.

일반적으로 나는 그들을 따로 떼어놓는다. 그리고 삶과 환경을,

그리고 일상적인 업무를 보다 쉽고 참을 만하게 만들어주는 사소한 변화를 시도하게 한다. 회의 시스템 개선이 그 대상이 될 수 있다. 혹은 단지 회의실 이름을 '2871LSPG9호실'에서 '어벤저스'나 '슈퍼스타 룸'으로 바꾸는 것도 이러한 변화에 해당된다.

나는 왜 그들에게 이러한 것을 요구하는 것일까? 한 가지 이유로, 변화가 얼마나 힘든 일인지 깨닫게 하려는 것이다. 당신이 오른손 잡이라면, 왼손으로 양치질을 해본 적이 있는가? 아마도 어색하고 힘들었을 것이다. 변화도 마찬가지다.

어떤 경우든 일단 한 달에 한 가지 사소한 변화를 성취했을 때, 나는 그들에게 그 결과를 조직 전체에 보여주도록 한다. 다음으로 그들이 잘 알거나 좋아하고 존경하는 다섯 명을 선택하게 한다. 그리고 그들에게 마찬가지로 똑같은 과제를 수행하도록 한다. 변화 주도자의 핵심 역할은 변화를 향한 요구를 계속해서 강화하는 것이다. 이를 위해 그들은 사람들이 상식에 거스르는 행동을 하는 순간을 발견해야 한다.

스토리텔링은 세계적으로 유명한 리더들의 대표적인 특징 중 하나다. 그럼에도 대부분의 기업이 그러한 사실에 신경 쓰지 않는다. 리더의 사명이 직원들이 열정적으로 움직이도록 영감을 불어넣는 일이라

> 나는 직원들이 삶과 환경을, 그리고 일상적인 업무를 보다 쉽고 참을 만하게 만들어주는 사소한 변화를 시도하게 한다.

면, 비즈니스가 얼마나 긍정적으로, 혹은 부정적으로 흘러가고 있는지 보여주는 숫자와 통계 자료를 그들에게 퍼붓는 일은 최대한 하지 말아야 할 것이다. 아무리 유용하다 해도 숫자와 통계는 우리의 이성적인 두뇌만을 목표로 삼는다. 주가에 관한 이야기는 사람들에게 강한 인상을 줄 수 있지만 그들의 가슴을 뜨겁게 달구지는 못한다. 우리는 이성적인 뇌만 가지고서는 의사결정을 내리지 못한다. 반면 잘 구성된 스토리텔링은 감성을 건드린다. 변화를 추구한다면 기억에 남을 만한 긍정적인 스토리를 들려줌으로써 핵심 직원에게 다가서도록 하자.

이와 관련해서 한 가지 사례를 살펴보자. 1960년대 초 케네디 대통령은 텍사스 휴스턴에 있는 NASA 본부를 방문했다. 케네디가 거기서 일하는 한 청소부에게 무슨 일을 하고 있는지 물었을 때, 그는 우주선 기체 #4798을 깨끗하게 관리하는 일을 맡고 있다고 답하지 않았다. 그의 대답은 이랬다. "저는 인간을 달에 보내는 일을 하고 있습니다."

이야기는 조직의 모든 구성원이 스스로 공통된 사명의 일부라고 느끼도록 만든다. 사람들은 이야기에는 의심을 품지 않는다. 내가 이렇게 설명한다고 해보자. '레고는 매년 1억 2400만 개에 달하는 작은 플라스틱 조각을 생산한다.' 그러면 당신은 아마도 너무 지루한 나머지 내 말이 채 끝나기도 전에 잠들어버릴 것이다. 하지만 '레고가 매년 생산하는 플라스틱 조각을 쌓으면 달까지 갔다가 되돌아올 정도의 길이에 해당한다'라고 이야기할 때, 당신은 그 표현과 개념을 생생하게 받아들이게 될 것이다. 그 숫자의 의미를 구체적으로 이해할 수 없다고 해도 그 메시지는 분명하게 받아들일 것이다! 이야기는 감정에 다가가는 지름길로써 추상적인 것을 손에 잡히게 만들어준다. 레고의 새로운 사명은 이러한 것이다. "내일의 개발자를 양성하고 그들에게 영감을 불어넣기." 여기에 어떤 의문이 있는가?

그래서 나는 직원들이 스토리텔링을 만들어내도록 격려한다. 여기에는 1분 정도 시간에 설명을 압축적으로 요약하는 '엘리베이터 피치elevator pitch'도 포함된다. 이를 통해 그들은 상식적인 차원에서 정곡을 찌르는 이야기를 만드는 법을 배운다. 그것은 조직의 모든 구성원이 '동정'이 아니라 '공감'할 수 있는 이야기를 말한다.

이제 직원들은 다시 한번 웃기 시작할 것이다. 그리고 그들이 하는 일의 의미를 진정으로 믿을 것이다. 준비가 완벽하지 않더라도 그들은 마지막 단계로 나아갈 자세를 취할 것이다. 그것은 다름 아닌 그들의 조직 안에서 상식팀을 구축하는 일이다.

10장

경보음에 응답하기

드디어 해냈다. 당신은 상사, 그리고 상사의 상사를 건너뛰고(상상하기 힘든 과감한 도전) CEO를 만나 회의를 하기 위해 가고 있다.

관료주의여 안녕. 24시간 내내 돌아가면서 상식이 사라진 아이디어만 계속해서 만들어내는 생산 라인이여 안녕. 이제 당신은 변화를 일으키려 하고 있다.

임원용 승강기에 올라타자 잠시 후 문이 열리면서 카펫이 깔린 널찍한 공간이 펼쳐진다. 이곳은 천국과 같다. 천사가 날개 끝으로 당신을 건드리고 날아간다고 해도 하나도 이상하지 않을 것 같다. 당신은 조용히 걸어가면서 임원 비서들과 인사를 나눈다. 마지막으로 CEO의 비서 앞에 선다. 그는 당신을 따뜻하게 맞이하면서 물을 건네주고 의자에 앉아 잠시만 기다리라고 한다. CEO는 지금 회의 중이며 곧 끝날 것이다.

물을 한 모금 마시면서 주위를 둘러본다. 이곳에는 어떤 근심 걱정도 없을 듯하다. 모든 것이 부드럽게 움직이고 조화롭고 빛난다. 예술품은 세련되고 길게 늘어선 회의실은 모두 비어 있다. 유리창을 통해 회의실이 다 들여다보인다. 이곳은 인간의 삶에 의해 오염되지 않았다. 컴퓨터가 느려지거나 멈출 때(그럴 일은 없어 보이지만)를 대비해 IT 팀원들이 여왕의 근위병처럼 자리를 지키고 있다.

당신에게 한 가지 과제가 있다. 그것은 이러한 천국에서 살고 있는, 그래서 당신과 동료가 매일을 보내는 연옥을 한 번도 거닐어보지 못한 CEO에게 이 조직에 상식이 결여되어 있다는 사실을 보여주는 것이다.

몇 분 후 CEO 집무실로 안내를 받는다. 이제 당신은 최근 관심을 쏟고 있는 상식 관련 문제에 대해 설명한다. CEO는 귀를 기울이며 연신 고개를 끄덕인다. 그러고는 이렇게 말한다. '그 일은 롭에게 맡기면 되겠군요.'

그럴 순 없다. 롭은 안 된다. 골프에 미친, 그리고 산만하기 그지없는 롭은 상식과 거리가 먼 인물이다. 롭이 그 일을? 그보다 당신이 키우는 고양이가, 아니 고양이 꼬리라도 더 나을 것이다.

당신은 실망에 가득 찬 표정으로 사무실을 나선다. CEO에게서 차라리 이런 말을 듣는 게 더 나았을 것이다. '자료를 보내주세요.' 혹은 '상식을 되살리는 일을 기존 업무에 통합합시다.'

당신은 마음속으로 아무런 일도 벌어지지 않을 것이라고 생각한다. 조직 내부에 상식팀을 만들지 않는 한 변화는 없을 것이다.

변화의 마지막 단계는 기업에서 드러나는 상식의 결핍을 체계적으로 제거하고, 그 자리에 직원과 고객의 삶에서 발생하는 혼란과 비효율성을 해결하기 위한 '감독 기구'를 만드는 것이다. 우리는 바로 그러한 감독 기구를 상식팀이라고 부른다.

당신은 지금 아마도 이런 생각을 하고 있을 것이다. '우리 회사에 상식팀을 만들 수 있다고? 그런 일은 절대 일어나지 않을 거야.'

내가 경영진에게 조직 내에서 상식을 지속적으로 강화하기 위한 최고의 방법은 상식팀을 설립하는 것이라고 말할 때, 그들 대부분 고개를 끄덕이면서 입술을 씰룩거린다. 그리고 내가 웃음을 터뜨리길 기다린다. 그들은 내가 상식팀이라는 용어를 은유로 사용하고 있다고 생각한다. 누구도 조직 내 혼란과 잘못된 의사소통, 비효율성과 같은 문제를 발견하고 해결하기 위해 특별한 부서를 설립해야 한다는 내 아이디어를 진지하게 받아들이지 않았다.

그러나 이제는 다르다.

지금쯤이면 당신은 조직에서 발생하는 상식 관련 문제를 구성원들이 제대로 인식하지 못한다는 사실을 이해할 것이다. 우리가 조직에서 업무를 시작할 때, 상식은 사각지대에 놓이게 된다. 직원들은 내부적인 사안에 지나치게 몰두한 나머지 그들이 하는 행동이 외부인에게는 말도 안 되는 일로 비춰질 수 있다는 것을 알아차리지 못한다.

그렇기 때문에 우리는 상식팀을 만듦으로써 일상적인 상식 관련 문제는 임시방편으로 해결되지 않으며, 또한 기존의 비즈니스를 위협하지 않으면서 진정한 변화를 가져올 수 있다는 사실을 분명히 할 수 있다.

당신의 기업이 앞에서 설명한 다섯 단계를 모두 거쳤다고 생각해 보자. 이제 모두가 닭장 증후군과 모서리를 둥글게 만드는 관행을 피하는 방법에 대해 이야기를 나눈다. 여기저기서 상황은 분명히 나아지고 있다. 우리의 삶과 비즈니스는 빨리 움직인다. 산업과 비즈니스는 변하고 그에 따라 기술도 변한다. 직원들은 들어오고 나간다. 조직의 기억력은 허술하고, 기업의 건망증과 관성은 자칫 조직 전체를 위험에 빠트린다. 쉽게 미끄러진다. 모두의 노력에도 불구하고 누군가 알아채기도 전에 기업의 비즈니스는 다시 한번 상식을 벗어난다. 직원들의 메일함은 날마다 수백 개의 이메일로 넘쳐나고, 출장에 대한 승인을 제시간에 받지 못한다. 임원들은 걸음을 멈추지 않은 채로 "나한테 자료를 보내주게"라고 다시 말하기 시작한다.

나는 상식팀이 체계적인 예방책이 될 수 있다고 생각한다. 다시 말

상식팀을 만듦으로써 일상적인 상식 관련 문제는 임시방편으로 해결되지 않으며, 또한 기존의 비즈니스를 위협하지 않으면서 진정한 변화를 가져올 수 있다는 사실을 분명히 할 수 있다.

고장 난 회사들

해 상식팀은 기업이 기존의 관료적 습관과 관행, 루틴, 관점으로 후퇴하지 않도록 막아주는 첫 번째 방어벽으로 기능한다. 또한 문제와 비효율성이 발생할 때 이를 재빨리 파악하는 도구이기도 하다. 또한 상식팀을 설립한다는 것은 기업이 직원을 소중하게 여기고, 상식을 진지하게 받아들여 필요할 때 적용하겠다는 분명한 신호를 보내는 일이다. 물론 여기서 우리는 현실적이 되어야 한다. 과연 어떤 기업이 상식을 가로막는 문제를 해결하기 위해 따로 부서를 설립할 만큼 열정적일까? 그리고 그러한 노력이 정말로 효과가 있을까?

이 질문에 대답하기 위해, 세계적인 투자 기업에 20년 가까이 몸담았던 베테랑이자 처음으로 상식팀 설립 임무를 맡았던 체스터의 사례를 소개할까 한다.

경영진을 깨닫게 하는 법

나는 샌프란시스코에서 워크숍을 진행하면서 체스터를 알게 되었다. 나는 그 기업에 상식팀 설립을 제안했고, 내가 기억하기로 경영진의 반응은 대단히 긍정적이었다. 하지만 한 달이 지나도 아무도 그 아이디어를 실행에 옮기려 하지 않았다. 모두들 다른 누군가가 그 일을 맡아서 해주길 기다리는 듯했다. 그리고 몇 주 후 체스터로

부터 연락이 왔다. 그는 내게 최근 상황에 진척이 있다고 했다. 당시 한 임원이 중간 관리자의 일상을 이해하기 위해 24시간 동안 체스 터를 따라다녔다. 그 경험은 체스터와 그 임원에게 뭔가를 깨닫게 해주었다.

체스터를 따라다니며 하루를 보낸 임원은 페리라는 사람이었다. 체스터는 페리를 오래전부터 알았고 그를 친구로 생각했다. 그래서 페리가 자신에게 회사와 관련된 불만을 과감하게 얘기하라고 용기 를 줬을 때, 체스터는 그러겠노라고 약속했다. 그는 페리에게 이렇 게 말했다. "중간 관리자의 삶이 어떤 것인지 정말 알고 싶다면, 그 리고 이 회사를 위해 일을 한다면, 저와 함께 하루를 보내는 것은 어 떨까요?" 그는 페리에게 사무실 회의 대신에 다음 날 아침 일찍 비 행기를 타고 덴버로 가지고 했다. 체스터는 샌프란시스코에서 오전 6시 5분에 출발하는 비행기를 예약해놓은 상태였다. 회사 정책에 따라서 가장 값싼 항공편을 예약했다. 체스터는 자신의 출장 일정 에 관한 정보를 페리 사무실에 전했다.

한 시간 후 체스터는 페리의 비서로부터 전화를 받았다. 체스터 가 선택한 항공편이 "페리에게는 적합하지 않다"는 것이었다. 페리 는 종종 다른 항공사를 이용하고 있었다. 그의 비서는 두 사람이 오 전 10시 정도로 보다 편안한 시간대를 선택할 것을 제안했다. 그러 나 체스터는 이렇게 답했다. "그건 회사 정책을 위반하는 겁니다." 어디로 향하든, 아니면 거기서 누구를 만나든 그건 중요하지 않았다. 회사 정책은 가장 저렴한 항공편을 선택해야 한다는 것이었다. 언제 출발하든, 몇 번 경유하든 그건 상관없었다. 결국 페리의 비서는 마지못해 체스터가 예약한 6시 5분 항공편을 똑같이 예약했다.

다음 날 아침 두 사람은 공항에서 만났다. 체스터가 이코노미 라인 쪽으로 걸어가자 페리는 당황스러운 표정을 지었다. "나는 비즈니스석을 예약했어요."

그러나 체스터는 페리에게 기업 정책에 따라 모든 임직원이 이코노미석을 이용해야 한다는 사실을 상기시켰다. 페리는 벌써 두 번째로 회사 정책을 위반한 셈이었다. 오전 6시가 되기도 전에 말이다.

그들은 곧 탑승을 하러 갔다. 체스터는 페리가 있는 비즈니스석 쪽으로 갔다. 그가 페리를 발견했을 때 그는 막 휴대전화를 꺼내고 있었다. 체스터는 말했다. "이런 말씀을 드리기는 싫지만, 사무실에 도착해서 안전한 와이파이 네트워크를 사용할 수 있을 때까지 휴대전화를 써서는 안 됩니다."

페리는 말했다. "하지만 확인할 이메일이 있어요."

체스터는 말했다. "저도 마찬가지입니다. 그래도 사무실에 들어가기 전에 온라인에 접속해서는 안 됩니다. 회사 정책이니까요." 체스터는 고객과 팀원들이 연락을 다급하게 기다리고 있다고 해도 사무실에 도착한 뒤 휴대전화를 사용해야 한다고 강조했다.

비행기에서 내린 두 사람이 덴버 도심에 위치한 사무실로 가기 위해 택시를 잡으려 할 때, 페리의 말수는 줄어들어 있었다. 거의 목적지에 왔을 때 페리는 이렇게 물었다. "당신이 결제할 건가요?" 체스터는 대답했다. "아뇨. 그건 안 됩니다." 그러고는 회사 방침에 따라 임원이 동승했을 때 직원이 택시 요금을 결제해서는 안 된다고 설명했다. "유일한 예외는 생명이 위태로울 때입니다. 물론 지금은 그렇지 않죠." 하지만 페리에게는 현금이 없었다. 갖고 있는 것은 신용카드뿐이었다. 그는 또 다른 아이디어를 떠올렸다. 체스터가 요금을 내도록 허용한다는 것을 알리는 이메일을 보내면 어떨까?

체스터는 단호했다. "그것도 안 됩니다. 말씀드렸다시피 사무실에 도착하기 전까지 우리 두 사람 모두 온라인에 접속하거나 이메일을 보낼 수 없습니다." 그리고 임원이 아랫사람에게 택시 요금을 내라고 지시함으로써 회사의 정책을 우회하려고 하는 시도 역시 규정에 어긋나는 것이라고 덧붙였다. 체스터는 부드럽게 말했다. "페리, 우리는 아직 사무실에 도착하지도 않았어요. 그런데 벌써 회사 정책을 대여섯 번이나 어겼습니다!"

그날 페리는 사무실에 도착해서 여러 직원으로부터 회사의 규칙과 정책 때문에 정상적인 업무가 거의 불가능하다는 불만을 들었다. 그는 충격을 받았다. 그날 저녁 페리는 호텔에 있는 바에서 체스터에게 이렇게 말했다. "우리 회사가 어떤 곳인지 전혀 모르고 있었다는 생각이 듭니다. 이러한 환경에서 일을 한다는 게 얼마나 힘든 건지 미처 몰랐어요."

그날 밤 체스터는 내게 20대 시절의 자신의 모습을 떠올려봤다는 이야기를 들려줬다. 상상 속에서 젊은 체스터는 비즈니스 스쿨을 졸업하고 회사에 입사했을 때 입었던 똑같은 옷을 입고 있었다. 그는 내게 이렇게 말했다. "어린 나는 지금의 나를 혐오스러운 눈길로 바라보고 있었습니다." 그는 상식이 사라진 현실을 얼마나 무덤덤하게 받아들이게 되었는지 깨달았다고 했다. 그는 그러한 현실에 목소리를 높이거나 변화를 적극적으로 지지하기보다 어떻게든 규칙을 어기지 않고 일할 방법을 찾고자 했다. 체스터는 말했다. "스물네 살의 저였다면 아마도 불만을 제기했을 것입니다. 그리고 오늘 마흔한 살의 저는 그렇게 했습니다."

규칙과 정책은 중요하다. 체스터도 그걸 알고 있다. 그가 규칙과 정책을 존중하지 않은 것은 아니었다. 다만 규칙과 정책이 아무도 인식하지 못한 사이에 변질되었던 것이다. 실제로 상황은 우스꽝스러운 지경에 이르고 말았다. 규칙과 정책은 더 이상 누구에게도 도움이 되지 않았다. 결국 이러한 규칙과 정책은 직원들이 근시안에 사로잡혀 올바르게 생각하는 법을 잊어버리게 만들었다.

두 달 후, 체스터는 다른 기업으로부터 영감을 얻어 상식 회복에 집중하는 새로운 부서를 설립했다.

스탠다드차타드은행의 실험

조직 안에서 변화를 추진하기란 무척 힘든 일이다. 특히 복잡한 산업 분야의 회사에서 변화를 구상하고 실행에 옮기기는 더 어렵다. 대표적으로 국제 금융업이 그렇다.

금융업에서는 무엇보다 대중의 신뢰가 중요하다. 은행은 고객의 수익과 투자, 퇴직연금, 그리고 그들의 경제적인 차원에서 삶을 책임진다. 그리고 이를 위해 다양하고 복잡한 규제를 따른다. 금융기관은 다른 산업에 비해 시스템과 절차에 더욱 강력하게 묶여 있다. 그러나 이러한 시스템과 절차가 때로는 고객과 직원에게 피해를 입히기도 한다. 이와 관련해서 상식팀 설립을 지지하고 이를 실행에 옮긴 선도적 기업인 스탠다드차타드은행Standard Chartered Bank 의 사례를 들여다보자. 런던에 위치한 이 기업은 설립자 가일 어셀Gail Ursell 과 더불어 금융 산업의 흐름을 주도하는 조직이었다.

가일이 상식팀을 설립했을 무렵, 그녀는 혼란과 짜증을 유발하는 조직의 정책과 절차에 주목했다. 상식팀은 형식적인 단계를 넘어서서 실질적인 문제해결에 집중했고, 인간을 전혀 고려하지 않은 채 만들어진 규제와 절차를 하나씩 제거해나갔다. 그리고 머지않아 수많은 아이디어와 제안이 상식팀으로 밀려들었다. 가일의 상식팀이 처음으로 착수했던 문제는 직원들이 제출해야 하는 출장계획서와 관련된 규정이었다. 그 규정은 특별한 이유와 사전 고지 없이 몇 주마다 바뀌었다. 가일은 이렇게 당시를 떠올렸다. "그걸 바로잡기 위해 4년 동안 노력했지만 소용이 없었습니다. 하지만 이번에는 6주만에 해냈죠."

동시에 가일은 상식팀이 조직 내 일부 구성원을 불편하게 만들수 있다는 사실도 알았다. 그들은 아마도 가일이 회사 정책을 무시했다고, 기업의 이익을 우선시하지 않았다고, 혹은 조직을 보호하는 여러 가지 안전망을 해체하려 한다고 비난할 것이었다. 하지만그 밖에 다른 대안이 있는가?

스탠다드차타드은행의 상식팀은 설립 후 6개월 만에 고객 서비스에서 회계에 이르기까지 조직에서 발생한 상식과 관련된 문제를12가지 넘게 해결했다. 어떤 기준에서 보더라도 그건 확실한 성공이었다. 웹사이트는 매일 수천 건의 조회 수를 기록했다. 상식팀은단지 해결책을 제시하는 것에 머무르지 않고, 직원들의 생각과 느낌이 정당하다는 사실을 보여줬다. 사람들은 한목소리로 이렇게 말했다. '저도 똑같은 문제를 겪었어요! 이제 어디서 도움을 받을 수있을지 정확히 알고 있어요.' 직원들은 처음으로 그들이 단지 조직의 일개 구성원이 아니라 동료로, 인간으로 대우받고 있다고 느끼기 시작했다. 그들은 지금까지 순순히 따랐던 규제와 절차가 사실은 말이 되지 않는 것이었음을 깨달았다. 상식팀은 서로 다른 두 가지 유형의 규칙이 존재하는 것은 아니며(하나는 개인적인 삶을 위한규칙, 다른 하나는 업무적인 삶을 위한 규칙), 직장에서 상식과 공감, 인간성을 기대할 권리가 모든 직원에게 있다는 메시지를 전했다.

가일에게 상식팀은 비공식적인 문제해결 연구소 이상의 것이었다. 그녀는 상식팀이 조직문화를 바꿀 수 있기를, 그리고 적극적으로 도움을 요청하는 진취적인 직원들의 목소리에 조직이 귀를 기울인다는 메시지를 전할 수 있기를 기대했다. 이후 몇 달 동안 더 많은 사람이, 그리고 더 많은 기업이 상식팀을 설립하는 아이디어를 가지고 실험을 시작했다. 그 결과는 다음과 같다.

◆ 기존에 한 기업은 직원을 뽑는 과정에서 채용 가능성이 낮은 지원자들까지도 경력에 문제가 없는지 검토했다. 이는 공정한 방식이기는 했지만 많은 시간과 자원이 필요했다. 게다가 합격자를 최종 선정하기까지 너무 오래 걸렸다. 그리고 인력 충원이 시급한 부서의 관리자를 당황하게 만들었다. 이후 상식팀이 들어서면서 채용 규정을 개선했다.

◆ 뉴욕에 있는 또 다른 기업의 경우, 직원이 제출한 출장계획서는 부서장으로부터 24시간 안에 승인을 받아야 했다. 그러나 부서장들은 종종 그 시간을 넘겼다. 그럴 경우, 온라인 승인 시스템이 초기화되면서 제출한 계획서는 사라진다. 다시 말해, 승인을 받으려면 새로 써서 제출해야 했다. 이에 대해 상식팀은 새로운 정책을 내놨다. 이에 따르면 부서장은 출장계획서를 반려할 수 있지만, 24시간 안에 처리를 하지 않으면 자동적으로 승인이 이뤄진다.

◆ 미국 남부에 위치한 한 기업은 직원들을 위해 커피와 스낵을 준비해두었다. 하지만 커피 잔을 씻기 위한 세제와 수세미를 비치해 달라는 직원들의 요청은 비용 절감을 이유로 거절했다. 이로 인해 몇몇 직원은 장염에 걸렸다. 결국 직원들 대부분 하루에 두 번씩 사무실을 빠져나가 인근 커피숍에서 휴식 시간을 가졌다. 수백 명의 직원이 하루 두 번씩 커피숍을 다녀오기 시작하면서 생산성은 크게 떨어졌다. 이후 상식팀은 세제와 수세미를 구비할 것이라고 발표했다. 이러한 변화는 매우 사소하지만 청결 상태를 강화하고 조직 전반의 생산성을 높이는 데 기여했다. 직원들은 사무실 안에서 커피를 마시기 시작했고 병가는 줄어들었다.

그렇다면 어떻게 상식팀을 만들 것인가? 내가 제시하는 방식은 세 가지로 단순하다. 그것은 지지(경영진이 상식팀을 지원해야 한다는 설득력 있는 사례를 만들어낸다), 기운을 북돋우기(상식팀이 기능을 하고 있고, 앞으로도 그럴 것이라고 분명하게 말해주어 조직 전반에 동기를 부여하기), 외면화하기(고객이나 타 부서 직원 등 다른 사람의 입장에서 바라봄으로써 상식과 공감을 새롭게 강화하기)이다.

천천히 시작하자. 모든 일은 90일 개입 프로젝트 동안에 이뤄진다. 그리고 그 과정에서 반대에 대처하고 사내 정치를 제거하면서, 관성을 만들고 유지하기 위한 단순하고 실질적인 프로그램을 만들어낸다.

지지

상식팀이 성공을 거두려면 이를 공식적으로 운영해야 한다. 상식팀은 직원들의 참여, 그리고 경영진의 승인과 보호가 필요하다. 상식팀의 활동이 사소한 일처럼 보여서는 안 된다. 주어진 권한을 충분히 행사하지 않을 때가 종종 있다. 하지만 권한을 인정받기 위해서는 이를 최대한 활용해야 한다.

무엇보다 이사회 앞에서, 혹은 상장된 기업일 경우에 주주 앞에서 자신의 가치를 입증해야 하는 CEO의 단기적 관점에 주목할 필요가 있다. CEO의 우선순위는 비용 절감에 있다.(예상했겠지만!) 돈을 아꼈다고 해고를 당한 경우는 없다. 그런데 지지와 기운을 북돋우기, 그리고 외면화하기는 어떤가? 이 세 가지는 상식팀의 우선순위다. 상식은 비용을 절감하고, 조직문화를 개선하고, 그리고 고객 경험을 강화하고 가다듬는다.

그렇기 때문에 가장 좋은 방법은 비용 측면에서 뚜렷하게 영향을 미칠 수 있는 프로젝트로 시작해서 하나씩 성과를 거두고, 계속해서 규모를 키워나가는 것이다. 이러한 점에서 우리는 '비용 절감을 통해 상식을 재주입하기'를 우선순위로 삼아야 한다.

도요타 직원들을 대상으로 비용 절감을 위한 아이디어를 내놓도록 했을 때, 한 직원은 대단히 상식적인 질문을 제기했다. "24시간 로봇으로 돌아가는 무인 공장에서 왜 밝게 조명을 켜두어 수백만 달러의 전기료를 낭비하는가?" 로봇도 빛이 필요한 걸까? 말을 할수 있다면 아니라고 할 것이다. 그때까지도 도요타에서는 누구도이 문제를 제기하지 않았다. 이후 전기료는 크게 줄었고 상식이 승리를 거뒀다.

이와 비슷한 상황이 유명 호텔에서도 있었다. 그 호텔의 욕실에는 수건을 재사용하면 환경보호에 도움이 된다는 안내 문구가 세탁을 원할 경우 욕조나 바닥에 놓아두라는 메시지와 함께 적혀 있었다. 그런데 놀랍게도 "환경보호에 도움"이 되는 쪽을 선택하는 사람은 전체 숙박객 중 15퍼센트가 되질 않았다. 이러한 상황에서 나는직원들과 함께 브레인스토밍을 진행했고, 한 객실 관리자가 기발한아이디어를 내놨다. 그것은 사람들의 환경 인식에 호소하는 방법대신에 안내 문구를 수정하자는 것이었다. 이렇게 말이다. "열 명의고객 중 일곱 명이 수건을 재사용해서 환경보호를 하고 있습니다.당신도 동참하시겠습니까?" 이 간단한 수정 작업은 큰 변화를 몰고왔다. 몇 달 후 객실관리팀은 "열 명중 일곱"을 "열 명 중 아홉"으로 다시 바꿔야 했다. 그 아이디어는 호텔에, 그리고 지구에 좋은 영향을미쳤다.

상식과 비용 절감을 동시에? 이보다 더 좋은 일이 있을까? 이러한

> 가장 좋은 방법은 비용 측면에서 뚜렷하게 영향을 미칠 수 있는 프로젝트로 시작해서 하나씩 성과를 거두고, 계속해서 규모를 키워나가는 것이다.

일은 상식팀 활동의 절반 정도에서 일어난다. 프로젝트를 시작하기에 앞서, 이로부터 비롯되는 비용 절감의 이득을 50 대 50으로 나누기로 분명히 해두자. 다시 말해 전체 이득의 절반은 해당 부서의 몫이다. 그리고 나머지 절반은 상식팀으로 돌아가게 함으로써 노력과 지속적인 확장을 보장하자.

이러한 접근 방식의 최대 이점은 비판과 반대의 목소리를 누그러뜨릴 수 있다는 것이다. 반대를 하는 사람은 어느 조직에나 있다. 사실 많이 있다. 이러한 사람들을 프로젝트에 끌어들이기 위한 은밀한 당근이 있다. 그것은 해당 부서가 프로젝트에 투자만 하도록 하는 것이 아니라, 이로부터 나온 이득의 50퍼센트를 가져가도록 보장하는 것이다. 단기적인 90일 프로젝트가 성공을 거둘 때마다 그 경제적 가치를 계산해서 돌려주고 이를 모범 사례로 보여주자. 누가 돈을 버는 프로젝트를 반대하겠는가?

CEO와 경영진이 비용 절감과 상식이 함께하고 상식팀이 실제로 기능을 한다고 확신할 때, 그 영역을 넓혀야 한다. 이제 비용 절감과 직접적인 연관이 없는 상식 문제에도 주목해야 한다. 물론 그중 일부는 실제로 비용 절감에 기여할 것이다. 그러나 그렇지 않다고 해도 비용 절감 프로젝트를 통해 확보한 자원을 활용하여 자족적인 방식으로 프로젝트를 이끌어나갈 수 있다.

기운을 북돋우기

일단 경영진으로부터 지지를 받았다면, 상식팀의 활동 범위를 전반적인 조직문화를 포괄하는 쪽으로 넓혀나가야 한다. 그런데 왜 문화에까지 신경을 써야 하는가? 그 이유는 비용 절감만으로는 직원들의 사기를 높일 수 없기 때문이다. 직원들이 내놓은 아이디어가 이렇다 할 진척을 보이지 않을 때, 그들은 조만간 변화가, 혹은 현재 상태에 대한 저항이 아무런 쓸모가 없다고 생각하게 될 것이다. 조직에 불어넣어야 할 가장 중요한 것은 바로 '희망'이다. 희망은 확고한 지점을 통해 모습을 드러낸다. 희망은 회의주의를 누그러뜨린다. 희망은 산소와 같다. 더 많은 개선이 이뤄질수록 더 많은 희망이 고개를 들 것이다. 그리고 더 풍부한 산소가 사무실과 복도를 가득 메울 것이다.

내가 함께 일했던 글로벌 투자 기업의 한 직원은 컴퓨터와 관련된 규칙에 주목했다. 그 규칙은 고위급일수록 더 빠른 IT 서비스를 누릴 수 있다는 것이었다. 하지만 마우스 하나 교체하는 데 2주일이 걸린다는 사실이 직원들의 사기에 어떤 영향을 미칠 것인지 생각해 보자. 이에 대해 그 직원은 케이블이나 마우스, 어댑터 등 자주 고장나는 제품을 판매하는 자판기를 사무실에 설치하자는 아이디어를 내놨다. 그는 애플의 지니어스바^{Genius Bar}에서 영감을 얻어 자체적으로 운영되는 구내매장을 열었다. 이 매장은 먼저 온 사람에게 먼저 서비스를 제공했다.

　직원들이 자발적으로 나선 또 다른 사례는 스위스국제항공에서 찾을 수 있다. 기존에 그 항공사 승무원은 기내에서 제기된 불만을 직접 처리할 권한이 없었다. 대신에 그들은 보고서를 써야 했다. 그렇게 쓴 보고서는 외부 불만처리센터로 접수되었고, 접수 한 건을 처리하는 데 평균 89달러의 비용이 들었다. 물론 답변이나 해결책을 듣기 위해 수개월을 기다리는 동안 고객의 불만은 점점 더 커져만 갔다. 이러한 상황에서 상식팀은 지침을 간단하게 수정했다. 바로 고객 불만이 발생했을 때 직접적으로 처리할 수 있는 권한을 승무원에게 주는 것이었다. 이후로 대부분의 사건(음료수를 쏟는 것과 같은)이 89달러를 들이지 않고서도 쉽게 해결되었다. 결국 스위스국제항공은 큰 비용을 줄일 수 있었고, 승객과 승무원 모두 만족했다.

외면화

희망과 산소로 조직문화를 개선했다면, 이제 직원들이 객관적인 시각으로 비즈니스를 바라보도록 함으로써(그리고 공감을 새롭게 주입함으로써) 그들에게 월급을 주는 사람, 즉 고객에게 초점을 맞추도록 해야 한다.

　몇 년 전 마이크로소프트는 오피스 제품 구매자들로부터 매월 수

십만 통의 전화를 받았다. 많은 구매자는 값비싼 소프트웨어를 구매했다면 평생 고객지원을 받을 수 있을 것이라고 생각했다. 그러나 마이크로소프트는 고객들이 웬만해서는 서비스센터 전화번호를 발견하기 힘들게 만들어놓는 방식으로 대응해왔다. 이러한 상황에서 한 팀이 간단하고 기발한 아이디어로 문제를 해결했다. 이들은 먼저 통화 목록을 작성해서 이를 유형별로 분류했다. 그리고 거기서 반복적으로 나타나는 패턴을 분석했다. 그 결과, 수십만 건의 통화에서 80퍼센트 이상을 100가지 미만의 주제로 분류할 수 있다는 사실을 확인했다. 이후 그 팀은 각각의 주요 사안에 대해 해결책을 하나씩 마련하는 식으로 문제해결에 착수했다.

오늘날 오피스 사용자가 전화를 걸어 지원을 요청할 때, 마이크로소프트는 문제를 확인하고 난 뒤 '페이퍼paper'라는 것을 발송한다. 그리고 이를 통해 문제의 99퍼센트를 해결한다. 이 서비스는 모두 무료다. 보다 복잡한 문제의 경우, 고객은 정해진 요금을 부담하고 전문가로부터 지속적인 상담을 받을 수 있다. 그리하여 오피스 구매자들은 자신들의 요구 사항을 바로 해결할 수 있게 되었다. 그리고 마이크로소프트는 비용 절감과 동시에 다음 번 오피스 업데이트를 위한 소중한 데이터를 확보하게 되었다. 이런 것이 곧 상식적인 해결책이다.

그리고 좀 더 궁금한 것들

이상적인 차원에서 상식팀은 CEO에게 보고해야 한다. 혹은 그에 맞먹는 지위의 인물에게 보고해야 한다. 그 이유는 무엇일까? 그것은 상식팀이 다양한 부서에 걸쳐 일해야 하기 때문이다. 상식팀의 독립성이 높아질수록 성공 가능성 역시 높아진다.

조직의 리더가 상식팀 설립을 고려하도록 만들기 위해서는 사전 물밑 작업이 필요하다. 이를 위해 먼저 제한적인 권한으로 해결할 수 있는 몇 가지 문제를 확인하자. 예를 들어 6장에서 살펴봤듯이 회의 시작 후 10분 안에 확인 작업을 하지 않으면 예약이 취소되어 그 방이 다시 할당되도록 되어 있는 회의실 예약 시스템에 대해 생각해보자. 이 사례에서 회의실을 예약했던 한 직원은 이런 의문을 품었다. 대체 얼마나 많은 사람이 예약을 해놓고 회의실에 나타나지 않는 걸까? 그 시스템에 따르면 65퍼센트에 달했다. 하지만 그 직원이 직접 확인한 바로는 5퍼센트에 불과했다. 그렇다면 회의실 확인 기능이 왜 필요하단 말인가? 결국 그 기업은 그 기능을 폐지했다. 이후 그 직원은 일상적인 문제점을 계속해서 제기했고, 많은 이들이 그와 비슷한 문제와 관련하여 조언을 얻기 위해 그를 찾아오기 시작했다.

그렇게 그 직원이 해결한 문제의 목록은 상식팀을 설립하는 데 필요한 기반이 되었다. 그 모습을 지켜본 경영자는 그 직원에게 보다 공식적인 차원에서 문제를 처리할 수 있도록 권한을 부여했다. 그는 이후로 부서 간의 갈등에 집중하면서(이러한 문제는 여러 부서의 참여 없이는 해결할 수 없다) 상식팀의 활동 범위를 점점 넓혀나갔다. 결국 상식팀은 CEO에게 직접 보고를 하는 지위로 승격되었다.

그런데 상식팀 설립을 부정적으로 생각하는 목소리가 나온다면? CEO나 CFO가 이렇게 묻는다면? '문제가 생길 때마다 관련 부서에서 알아서 처리하는 게 어떨까요? 굳이 독립 부서까지 만들어야 할 필요가 있을까요?'

그 대답은 간단하다. 상식팀에 데드라인을 제시하는 것이다. 다시 말해 6개월 안에 몇 가지 문제를 추적하거나 해결하지 못한다면, 상식팀을 폐지하겠다고 말하는 것이다. 그러면 상식팀에 대한 평가는 이러한 약속이나 목표를 기준으로 이뤄질 것이다. 그러나 아마도 머지않아 상식팀이 해결해야 할 문제의 규모가 애초의 예상을 훌쩍 뛰어넘으리라는 사실을 깨닫게 될 것이다. 상식팀은 문제해결을 통해 주변 사람들의 상식적 사고방식을 자극하고, 비용을 절감하고, 고객은 물론 직원들을 더 행복하게 만들 것이다. 그리고 당연하게도 그 모든 성과에 대해 평가와 인정을 받게 될 것이다.

이와 관련해서 종종 거론되는 질문과 대답을 살펴보자.

부서명을 꼭 '상식팀'이라고 해야 하는가?

물론 그럴 필요는 없다. 원하는 대로 자유롭게 짓자! 다만 상징적이고, 사람들의 관심을 자극하고, 기억에 남을 만한 인상적인 명칭을 선택하자.

성과를 곧바로 확인할 수 없다면?

상식팀이 하루아침에 모든 사람을 깜짝 놀라게 만들 것이라는 기대는 갖지 말자. 앞서 내가 언급한 5단계 프로그램을 이미 실행에 옮겼다면, 다시 거꾸로 진행해볼 것을 제안한다. 기업이 이미 확인한 문제를 확고한 지점으로 활용하자. 의자에 가만히 앉아서 다른 사람이 여러 가지 두서없는 정책을 가져오길 기다리지 말고, 대신 기존의 문제에 주목해서 몇 가지 성공 스토리를 만들어내자.

별도의 앱이나 웹사이트가 필요할까?

IT 팀을 고용하여 상식팀의 웹사이트를 따로 만들 필요는 없다. 대신에 카페테리아나 커피머신처럼 사람들이 자주 오가는 곳에 우편함을 설치하는 것으로도 충분하다. 그리고 모두가 자신이 발견한 문제를 종이에 써서 우편함에 넣도록 독려하자. 관련된 사례를 옆에 붙여놓는 것도 좋다.

어떻게 홍보해야 할까?

일단 상식팀을 만들었다면 처음부터 공식적인 발표는 하지 말자. 그보다는 먼저 몇 가지 성공 스토리를 만들어내도록 하자. 떠들썩

하게 광고를 하면 비판의 목소리만 자극하게 될 것이다. 또한 건드리지 말아야 할 문제까지 상식팀이 개입하고 있다고 의심하는 사람도 나올 것이다. 그들은 상식팀 설립에 반대하는 다양한 근거를 들이댈 것이다. '아무 변화도 일어나지 않고 있다, 그저 시간과 돈 낭비에 불과하다, 돈만 들이고 상황은 더 복잡해지고 있다' 등등.

사전 작업을 통해서 이러한 위험을 피할 수 있다. 몇 가지 문제가 있다면 이를 전술적으로 활용하자. 우리는 이러한 문제를 해결함으로써 상식팀의 목표를 사람들에게 드러낼 수 있다. 실제 사례가 마련된다면 사람들을 설득하는 일은 더욱 쉽다. 또한 여러 사례를 주기적으로 소개하는 방법도 고려해볼 만하다. 이를 통해 상식팀이 힘을 얻었다면, 기업의 커뮤니케이션 부서와 협력 방안을 모색하자. 그리고 그들의 네트워크를 활용해서 조직 전반에 희망을 주는 긍정적인 이야기를 발표하자.

그동안 당신은 상식이 무엇인지, 그리고 상식이 기업에 무엇을 의미하는지에 대해 많은 것을 배울 것이다! 여기서 원칙이 작동하게 된다.

원칙? 무슨 원칙?

반가운 질문이다. 몇 가지의 지침을 목록화해서 상식팀의 기본 원칙으로 삼자. 이러한 원칙으로 다음과 같은 것이 포함될 수 있겠다. "관료주의나 부서 간 정치보다 상식에 먼저 주목할 것", "효율성과 비용 절감보다 상식을 우선시할 것", "상식 문제는 어디에나 있으며 지위나 부서에 관계없이 누구든 해결할 수 있다."

누가 이끌어야 하는가?

이상적인 리더를 꼽자면, 열정적이고 에너지가 넘치며 사교성이 좋은 해당 산업에 정통한 인물일 것이다. 90일 개입을 떠올려보자. 누가 조직의 변화에 가장 열정적이었는가? 상식팀을 현실로 구현하기 위한 용기와 의지를 지닌 인물은 누구인가? 이상적인 리더는 사랑과 존경을 받고 인간관계가 넓어야 하며, 모든 구성원이 효율적으로 일하도록 관심을 기울일 수 있는 인물이어야 한다.

어떻게 시작해야 할까?

이 질문에 대한 대답은 '천천히, 그리고 단순하게'다. 부조리하거나 충분히 고려하지 못한, 그래서 모두를 미치게 만드는 정책이나 절차를 놓고 직원들이 투표를 하도록 하자. 우리는 이를 상식팀을 꾸리기 위한 출발점으로 삼을 수 있다. 또한 상식팀이 중요한 변화를 추진하도록 힘을 실어줄 수 있다. 투표를 통해 선정한 문제를 성공적으로 해결할 때, 많은 직원이 병목현상을 드러내는 다양한 문제를 들고 상식팀을 찾을 것이다.

상식팀은 고객과 직접 만나는 직원 및 부서와 최대한 오랫동안 시간을 보내야 한다. 그들에게 이렇게 묻지 말자. "당신이 제공하고

자 하는 서비스를 가로막고 있는 것은 무엇입니까?" 대신에 이렇게
묻자. "고객이 원하는 서비스를 가로막고 있는 것은 무엇입니까?'

무엇을 먼저 해야 할까?

상식팀은 관료주의와 관련된 기존 문제에 주목할 필요가 있다. 이
는 3개월 정도 사전 작업을 해야 하는 이유이기도 하다. 그 기간 동
안 기업의 모든 정책과 절차, 혹은 조직 내에 존재하는 상식에 반하
는 장애물을 면밀히 검토해야 한다. 한 가지 정책이 다른 정책과 관
련된 것이라면, 두 정책 모두를 조사하고 개선해야 한다.

서비스와 관련이 있는가?

지금 고객 응대 업무를 하고 있다면, 개선하려는 모든 문제를 고객
과, 그리고 추구하는 변화가 고객에게 미칠 영향과 연결 지으려는
노력이 무엇보다 중요하다. 다시 말해 내부적인 변화가 긍정적이고
개선된 고객경험으로 이어지도록 해야 한다.

어떤 방식으로 보여주는 게 좋을까?

내 경험에 비춰볼 때, 만화나 삽화가 대단히 유용하다. 우리는 이를
통해 고객 서비스 담당자와 전화 연결이 얼마나 힘든지, 혹은 업무
적으로 지불한 경비를 처리하기 위해 얼마나 다양한 방법을 동원해
야 하는지 보여줄 수 있다. 만화나 삽화는 조직 내에서 나타나는 상

식의 결핍을 분명하면서도 친절하게 보여주는 한 가지 방식이다. 게다가 유머러스하고 비공식적인 특성은 사내 정치의 등장을 막고 직원들이 기존 관행으로 돌아갈 위험을 낮춘다.

해결책을 수월하게 찾는 방법은?

8장에서 논의한 것처럼, 나는 창조성이란 두 가지 평범한 아이디어를 새로운 방식으로 연결하는 과정에서 모습을 드러낸다고 생각한다. 우리는 문제를 다른 각도에서 바라봄으로써 해답을 쉽게 찾을 수 있다. 아마존이라면 이 문제를 어떻게 해결할까? 구글이라면? 혹은 직원들의 집단지성 힘을 활용하는 크라우드 펀딩 방식도 고려해볼 수 있다. 도전 과제를 적어서 사람들이 쉽게 볼 수 있는 곳에 놓아두자. 그리고 무슨 일이 일어나는지 지켜보자.

상식팀은 어떻게 계속 성장하는가?

일단 상식팀이 궤도에 오르면 놀라운 일이 벌어질 것이다. 사람들이 자발적으로 다가오기 시작할 것이다. 그리고 그들 스스로 문제를 발견하고 해결하기 시작할 것이다. 그중 일부는 익명으로 남기를 바라겠지만, 몇몇은 자신의 이름을 적극적으로 알리고자 할 것이다.

벤치마킹할 사례가 있을까?

보이스카우트에서 가장 높은 단계인 독수리 계급에 오르기 위해서는 21개의 공훈 배지를 받아야 한다. 이들 배지는 캠핑이나 응급 구조, 운동, 비상 훈련에서 능력을 공식적으로 인정받았음을 의미하는 것이다. 보이스카우트 단원이 자신의 배지를 동료에게 보여줄 때, 이는 동기부여로 작용한다.

조직의 문제를 개선하거나 제거했다면, 성과를 인정하고 그 과정에 기여한 사람에게 고마움을 표하자. 그리고 성공을 축하하는 배지나 리본 등 다양한 형태로 보상하는 방법을 고려하자. 가능하다면 당신이 추구하는 변화를 기존의 KPI와 연결 짓자. 개선하거나 제거해야 할 말도 안 되는 규칙이나 규제를 제시한 직원들에게 그것을 거론한 이유는 무엇인지, 그리고 어떻게 부조리를 깨닫게 되었는지에 대해 회의 시간에 설명하는 방법도 고려하자.

어떤 데이터베이스가 필요할까?

상식팀이 해야 할 가장 현명한 일은 문제를 해결하거나 비판을 다루는 데 능한 서너 명의 목록을 작성하는 것이다. 목록을 다 채웠다면, 각각의 인물에게 무슨 일을 할 때 도움을 얻기 위해 연락을 취하는 다섯 사람의 명단을 요청하자. 아마도 똑같은 이름이 여러 번 등장할 것이다. 이들이야말로 변화를 주도할 사람이다. 만약 상식팀이 저항에 직면했다면, 이들로부터 큰 도움을 받을 수 있을 것이다.

상식팀이 방향성을 유지하기 위해 해야 할 일은?

상식팀도 지름길을 모색하고, 수많은 타협과 함께 후퇴하고, 열정을 잃어버리거나 주어진 권한을 진지하게 받아들이지 않음으로써 방향감각을 잃어버릴 위험이 얼마든지 있다.

하나의 부서로서의 상식을 어떻게 정의할 것인가? 이를 명판에 새기거나 잘 보이는 곳에 적어두자. 그리고 주기적으로 되돌아보자. 그리고 그 정의를 계속해서 지켜나가는 것을 핵심 과제로 삼자. 또한 다른 동료들에게도 널리 알리자.

업무가 너무 과중해진다면?

상식팀의 한 가지 간접적인 목표는 직원들 스스로 문제를 찾아 해결하도록 만드는 것이다. 직원들이 언제든 자유롭게 상식팀을 찾아올 수 있도록 허용하면서, 동시에 특정 규칙과 절차가 왜 필요한지 스스로 의문을 던지도록 만들어야 한다. 직원들이 상식팀을 지지하지 않을 때, 관료주의 청산은 불가능하다.

상식팀의 목표는 30 대 70이다. 다시 말해 상식 관련 문제의 30퍼센트는 상식팀의 몫이 되어야 하고, 나머지 70퍼센트는 다른 직원들의 몫이 되어야 한다. 상식팀이 조직 내 모든 상식 문제의 해결을 책임질 것이 아니라, 그 과제를 기업 전반에 걸쳐 사명으로 삼아야 한다.

직원들이 상식팀에 저항한다면?

어느 조직이든 상식팀으로부터 공격을 당하고 있다고 느끼는 사람은 있을 것이다. 이들은 상식팀의 존재 자체를 지극히 개인적 문제로 받아들인다. 가령 그는 상식팀이 주목하는 정책을 애초에 제기한 사람일 수 있다. 그런 사람은 언제나 존재한다. 이들을 상대로 활용해야 할 무기는 커뮤니케이션이다. 다시 말해 중요하건 사소하건 간에 다양한 성공 스토리를 계속해서 만들어 퍼뜨리는 것이다. 이러한 성공 스토리는 상식이 결국 승리할 것이라는 메시지를 조직 전반에 전하고, 또한 직원들 스스로 문제를 찾아서 해결하도록 격려한다. 비용 절감, 그리고 직원 및 고객만족을 동시에 충족시키는 프로그램에 누가 반대한단 말인가?

상식팀만으로 문제를 해결할 수 있을까?

당신이 대기업에서 일하고 있다면, 상식팀을 설립했다고 해서 모든 일이 계획대로 되거나 모든 문제가 해결되지는 않을 것이다. 상식팀이 조직 내 문제의 4분의 1을 해결했다면, 그것은 분명한 성공이다.

중요한 사실은 직원들이 단지 관성에 따라 움직이는 것이 아니라, 상식팀을 기반으로 일상적인 업무 활동을 주의 깊게 지켜보도록 훈련시킬 수 있다는 것이다. 직원들이 상식과 거리가 먼 상황을 발견했을 때, 그들은 목소리를 높여야 한다. 그러지 않을 때, 그들은 문제의 일부가 되고 만다.

상식팀은 결국 없어져야 하는가?

상식팀에게는 또 다른 숨겨진, 그리고 암묵적인 책임이 있다. 간단하게 말해서, 상식팀은 그들이 존재하지 않는 상태, 혹은 적어도 그 부서의 의미가 사라진 상태를 지향해야 한다. 조직 내 누구도 상식팀을 필요로 하지 않을 때, 그 부서는 기꺼이 사라져야 한다. 상식이 조직 내에 탄탄하게 자리 잡고 있다면, 상식팀이 나서서 문제를 해결할 필요가 있겠는가?

물론 그전까지 상식팀은 역할을 다해야 한다. 상식팀의 목표는 조직 내 모든 구성원이 내적 상식을 재발견하고 이에 따라 행동하도록 만드는 일이다. 그리고 직원이든 고객이든 다른 사람의 입장에 서서 세상을 바라보도록 만드는 일이다. 상식을 회복함으로써 우리는 또한 공감을 회복하게 된다. 상식과 공감이 제자리를 찾을 때, 상식팀의 역할은 일상적인 업무 활동으로 녹아들어가게 된다. 고객 관련 문제는 고객 서비스팀에, 직원 관련 문제는 인사팀에 할당하는 식으로 각각의 문제를 해당 조직에 분배하게 된다(다시 한번 원칙을 세우고 모두가 그 원칙에 따르도록 하자).

무엇보다 상식팀은 모든 사람에게 질문을 던지고, 규칙과 규제를 분석하고, 절차를 면밀히 검토하고, 운영 방식을 다시 고민해야 한다. 또한 헤드폰을 절대 꺼낼 수 없도록

> 상식팀은 그들이 존재하지 않는 상태, 혹은 적어도 그 부서의 의미가 사라진 상태를 지향해야 한다.

해놓은 플라스틱 포장도 고려해야 한다. 기업과 고객, 직원에게 도움이 되는 규칙과 규제는 그대로 남겨둬야 한다. 그렇지 않는 이상 모두 제거해야 한다.

비즈니스 세계의 행동이 일상적인 삶의 행동과 달라야 하는 이유는 무엇인가? 이러한 단절을 상식이라 부를 수 있을까? 그럴 수 없다.

우리 모두는 그 차이를 잘 알고 있다.

상식의 결핍을 주제로 글을 쓰는 동안 나는 기업 내에서는 물론 내 자신의 일상에서도 상식이 사라진 순간을 더 많이 만나게 되었다. 예를 들어 승강기를 기다릴 때, 사람들은 자신이 얼마나 바쁜지 알아채고는 더 빨리 도착해주기를 기대하는 것처럼 상향 버튼을 연신 눌러댄다. TV 리모콘이 작동하지 않으면 음량이나 채널 버튼을 더 세게 누른다. 그러나 문제는 배터리를 갈아야 할 시기가 지났다는 것이다. 배가 고플 때면 냉장고 문을 열고 안을 들여다보고는 그냥 닫는다. 그리고 1분 뒤 다시 한번 열어서 살펴보고 닫는다. 우리는 이러한 일을 반복한다.

이들 사례 모두 우리가 비즈니스 삶에서 그런 것처럼 일상적인 삶에서도 상식을 잃어버리고 있다는 사실을 것을 말해준다. 물론 그리 심각해 보이지는 않지만, 어쩌면 상식의 결핍을 보여주는 표면적인 현상인지도 모른다. 이와 관련해서 당신은 내게 도움을 줄 수 있다.

익명이든 아니든 이제 당신의 이야기를 들려줄 차례다. 우리 모두는 즐겁고, 화나고, 짜증나는 이야기를 다른 사람들에게 들려줄 자격이 있다. 그러니 기업 내 부조리, 기술과 관련해서 벌어지는 말도 안 되는 상황, 이해하기 힘든 절차 등 상식에 어긋나는 모든 사례를 내 웹사이트 MartinLindstrom.com/commonsense에 올려주길 바란다. 혹은 다음을 통해 공유해줘도 좋다.

@MartinLindstrom

Facebook.com/MartinLindstrom

LinkedIn.com/in/LindstromCompany

Instagram.com/LindstromCompany

이제 새로운 상식 운동을 시작할 때다. 언젠가 회의는 정시에 시작되어 끝나고, 파워포인트는 기억에서 사라지고, 규칙과 규제가 최소화되어 핵심만 남고, 공감이 지배하고…… 또한 특수부대 요원이 아니어도 헤드폰을 쉽게 꺼낼 수 있게 될 것이다.

우리 모두는 인간이다. 그렇다면 인간답게 행동해야 하지 않겠는가?

2년 전(3년 전인가?) 어느 추운 겨울날 밤, 나는 맨해튼 어퍼이스트사이드에 있는 멋진 프렌치 레스토랑인 레보도르에서 세 사람과 함께 저녁을 했다. 우리는 부추와 달팽이, 홍합, 샐러리 레물라드와 같은 요리를 먹었다. 그날 함께한 이들은 출판 에이전트인 짐 레빈과 뛰어난 출판업자 마크 포티어, 그리고 10년 넘게 나와 함께 일한 작가, 피터 스미스였다. 그날 나는 하루 종일 책의 주제와 관련해서 다양한 아이디어를 준비했고 그 자리에서 그것들을 하나씩 꺼내 보였다.

"아뇨", "좋지 않아요", "별 느낌이 없군요……."

사람들의 부정적인 반응에 점점 위축되어가고 있을 때, 짐이 프로젝트를 시작하기 전 모든 작가가 스스로에게 던져야 할 질문을 내게 했다. "당신의 열정과 제일 가까운 주제는 뭐죠?" 그제야 나는 여러 국가의 다양한 기업에서 발견했던 엄청나게 많은 부조리와 비효율성을 보여주는 수많은 사례에 대해 이야기를 늘어놓기 시작했다. "한번은 워크숍에서 어떤 여성이 '상식팀'이라는 용어를 가지고 조직 내에서 벌어지는 부조리를 설명했는데……."

그때 갑자기 짐이 끼어들었다. "이제 제목이 나왔군요." 그리고 10분 후 달팽이 요리가 나왔을 때 책의 전체적인 구성이 어느 정도 눈에 들어왔다.

누구보다 이들 세 사람, 짐과 마크, 피터에게 감사를 드리고 싶다. 이들은 책의 틀을 잡는 작업으로부터 글을 쓰고 발표하기까지 거의 모든 과정에서 도움을 줬다. 사실 그들이 관여했던 부분은 이 책의 탄생과 관련된 모든 일이었다(그들이 관여하지 않았던 유일한 부분은 나의 출생이었다. 그들이 만일 내가 태어난 날 덴마크에 있었다면, 아마도 나를 받기 위해 경쟁을 벌였을 것이다). 이들 세 사람은 말 그대로 에이스팀이었다. 피터는 내 아이디어와 유머, 경험을 하나로 묶어줬고, 또한 그 세 가지를 또 다른 차원으로 높여줬다. 그건 내가 부러워할 수밖에 없는 피터만의 특별한 능력이다. 짐은 오랫동안 변함없이 나를 믿어줬다. 그리고 마크는 책과 관련된 소식을 널리 알려줬고, 내 모든 요구 사항을 그대로 받아들여줬다.

또 다른 에이스 팀원인 호튼 미플린 하코트^{HMH}의 편집자 릭 울프에게도 고마움을 전하고 싶다. 그는 내가 나무를 더 잘 볼 수 있도록 숲에서 나를 이끌어줬다. 사려 깊고 현명한 사람인 릭은 누구나 '언젠가 꼭 함께 일을 해보고 싶은 사람'이라고 생각하게 만드는 그런

인물이다. 그와 함께할 수 있었던 것은 내게 큰 행운이었다. 이 책과 나를 끝까지 믿어준 릭에게 감사하다는 말을 전한다.

HMH에는 릭 외에도 뛰어난 인재들이 많다. 특히 수석 마케팅 책임자인 로라 브래디에게 감사드린다. 그는 HMH 출판업자 마리사 페이지와 함께 이 책의 출간 기획을 하는 데 많은 도움을 줬다. 편집 보조인 올리비아 바츠는 내 원고를 끊임없이 검토하면서 완성된 글로 다듬어줬고, 레이첼 드샤노는 탁월한 교정 능력을 발휘했다. 에드 스페이드와 콜린 머피가 이끄는 HMH 영업팀 모두에게도 그들의 뜨거운 에너지와 열정에 대해 고마움을 전한다.

린드스트롬 컴퍼니 직원들은 정보를 수집하고 원고를 검토하면서 출간을 위해 열심히 일해줬다. 그들에게 최고의 감사를 표한다. 로즈 캐머런, 캐머런 스미, 시그니 요나손, 스콧 오스만, 콘스탄티나 고가키의 도움과 지지는 내게 너무도 소중한 자원이었다.

상식은 일상복을 입은 천재다. 이 말을 하면 언제나 가일 어셀을 떠올리게 된다. 스탠다드차타드은행에서 인사팀을 이끌고 있는 가일에게 무한한 감사를 드린다. 그는 '상식팀'이라는 용어를 만들어 줬고 조직에 그 부서의 설립을 용감하게 제안했으며 언제나 탁월한 유머 감각을 잃지 않았다. 스탠다드차타드은행의 CEO 빌 윈터스에 게도 특별한 고마움을 전한다. 그는 나와 함께 영감을 자극하는 많은 대화를 나눴고, 또한 은행을 변화시키고 가일과 같은 인물(그리고 전 세계 수만 명의 직원들)이 상식을 재발견하는 업무 환경을 창조했다. 글로벌 리더십 팀에서 각국의 책임자에 이르기까지 스탠다드차타드은행에는 내가 개인적으로 감사를 드려야 마땅할 많은 사람이 있다. 부디 내가 얼마나 고마워하는지, 그리고 내가 만난 모든 이들을 얼마나 소중하게 생각하는지 알아주길 바란다.

이제는 가까운 친구가 된 훌륭한 고객들이 없었다면 이 책은 세상에 나오지 못했을 것이다. 기업 내 다양한 영역을 탐험했던 여정을 함께한 것에 대해, 각자의 조직에서 취약한 측면을 함께 공유해준 수고에 대해, 그리고 나만의 독특한 접근 방식이 새로운 가치를 만들어낼 것이라고 믿어준 것에 대해 모두에게 감사를 드린다. 결국 믿음은 모든 노력에서 그 절반을 차지한다. 믿음과 희망이 없다면 문화는 존재하지 않을 것이며, 강력한(그리고 상식적인) 문화야말로 기업을 성공으로 이끄는 원동력이다. 여기서 나는 이 책에 특별한 기여를 한 몇몇 고객의 이름을 거론하고자 한다.

우선 루이자 로란에게 감사드린다. 그는 나를 머스크에 소개해준 것은 물론, 전적으로 나를 믿어줬다. 루이자는 복잡한 문제를 간단하게 바라보고, 분명한 형태로 문제를 제시하고, 또한 조직 전반이 문화의 중요성을 인식하고 신뢰하게 만드는 특별한 재능을 갖고 있다. 다음으로 캐서리나 카코에게도 특별한 감사를 드린다. 머스크에서 글로벌 고객 서비스를 책임지고 있는 캐서리나는 루이자에게서 자리를 물려받아 8만 8000명의 머스크 직원과 함께 달려 나가고 있다. 캐서리나, 그리고 머스크 부사장이자 글로벌 고객 서비스

책임자인 소니 달은 어떻게 오늘날 머스크가 고객만족도 평가에서 200퍼센트 성장을 일구어낼 수 있었는지를 말해주는 중요한 인물이다.

마찬가지로 머스크 커뮤니케이션 부사장인 메트 레프소지에게도 고마움을 전한다. 메트는 커뮤니케이션 업무의 또 다른 차원을 보여줬다. 그가 말하는 커뮤니케이션의 중심에는 창조성이 자리 잡고 있다. 또한 단지 뉴스레터나 브로셔를 뜻하는 게 아니라 트위터와 인스타그램, 페이스북, 그리고 세계를 돌아다니는 GPS가 내장된 배턴을 모두 포함하는 개념이다.

머스크 선임 부사장이자 CCO인 빈센트 클라크, 그리고 CEO 쇠렌 스코우에게도 고마움을 전한다. 또한 변화의 과정을 믿고 따라와준 많은 이들에게도 감사의 말씀을 드린다. 여기에는 오마르 샴지(상식과 더불어 숨 쉬며 살아가는), 마이크 수 강 팡, 프랑크 드데니스, 울프 하네만이 있다. 이들은 닭장을 가장 먼저 박차고 나와서 나와 함께한 사람들이다. 나는 머스크에서 5000명이 넘는 직원과 개인적으로 인터뷰를 나눴다. 여기서 일일이 언급하지 못한 것에 대해 미리 사과를 드린다! 이들이 있었기에 나는 머스크에서 성과를 올릴 수 있었다.

또한 도체스터컬렉션에게도 감사를 드린다. 고객경험과 혁신을 책임지는 아나 브란트는 사소한 데이터의 중요성, 그리고 호텔 산업을 개선하기 위한 통찰력의 힘을 누구보다 앞서 이해했다. 그녀는 도체스터컬렉션과 내게 놀라운 영감의 원천이 되어줬다. 고객 서비스를 담당하는 헬렌 스미스는 뛰어난 통찰력으로 이 책에 많은 도움을 줬을 뿐 아니라 조직에 상식을 불어넣는 과정에서 중요한 역할을 담당했다. 도체스터컬렉션의 근간이라 할 수 있는 호텔 지배인들도 빼놓을 수 없다. 특히 미국 시장을 책임지는 에드워드 매디에게 특별한 감사를 드린다. 예전에도 언급했듯이 나는 에드워드가 세계 최고의 호텔 지배인이라고 생각한다. 또한 로마의 에덴 호텔을 관리하는 루카 버질리오에게도 고마운 마음을 전한다. 루카는 호텔 산업에서 작은 데이터의 가치를 진정으로 이해하는 인물이다. 영국 코워스파크 호텔 지배인 조 젠킨스, 그리고 파리에 위치한 르 모리스의 프랭카 홀츠먼 역시 뛰어난 호텔 지배인이다. 또한 로우스에 있는 내 동료들, 특히 헤더 조지와 브라이언 조지, 팀 로우, 그리고 로우스푸드 부사장이자 캠프파이어 아이디어를 처음으로 제시한 블랜던 그린도 빼놓을 수 없다. 로우스푸드에서 브랜드와 전략을 책임지는 켈리 데이비스, 내가 좋아하는 건축가인 게리 왓슨 모두 칭찬하고 싶은 인물들이다. 이들 모두 내 마음속에서 특별한 자리를 차지하고 있기에 이 책 곳곳에서 그 이름을 언급했다.

캐스키드슨의 CEO 멀린다 퍼레이와 모든 팀원들에게 나의 급진적인 아이디어를 믿고 따라와준 것에 대해 감사드린다. 더불어 비즈니스 혁신을 향한 내 접근 방식을 신뢰해준 베어링캐피털의 모든 이들에게도 고마움을 전한다.

이 책을 쓰는 동안 나는 많은 훌륭한 사람들과 대화를 나눴다. 특히 콘버전트의 회장 미키 코널리에게 감사를 드린다. 미키는 내가 가장 필요로 할 때 아낌없는 지원을 해줬다. 다음으로 내 훌륭한 친구인 티파니 포스터와 프런티어벤처캐피털 대표 프랭크 포스터, 덴마크 산업연합 대표인 라스 샌달, UBS에서 호주 및 아시아 지역의 부동산 시장을 책임지는 팀 처치 모두 소중한 시간을 할애해 많은 지적과 조언을 줬다. 스위스포스트의 전 CEO 수잔느 루오프, 스위스국제항공 상품관리 부사장 아네트 만, 라스무센 글로벌의 CEO이자 설립자인 안데르스 포그 라스무센, 인터텍의 CEO 안드레 라크루아, 샐링그룹 마케팅 책임자 카린 좀머, 셸리 색스턴, 브릴리의 니콜 플라이너, 콘버전트의 짐 모트로니, 에릭 잘타스, 구글의 아드리안 바이어스뮬러, 개리 티클은 함께 인터뷰를 나누고 최종 원고를 검토해줬으며, 또한 다양한 사례와 아이디어를 공유해줬다. 이 책을 쓰기 시작한 3년 전부터 나와 함께했던 전직 직원인 올리버 브리츠에게도 특별한 감사의 마음을 전한다.

다음으로 마셜 골드스미스가 이끄는 MG100의 훌륭한 인재들 역시 이 책을 세상에 내놓는 데 중요한 역할을 해줬다. 가장 먼저 마셜 골드스미스에게 감사드린다. 우리는 그가 나를 MG100 클럽에 초대했던 2018년에 처음 만났다. 마셜은 코칭이라고 하는 개념을 완전히 새롭게 정의했다. 무엇보다 그가 이 책의 서문을 맡아줘서 뿌듯함을 느낀다. 더불어 영감과 관대함을 끝까지 보여준 저자이자 탁월한 코치인 마크 톰슨에게도 특별한 고마움을 전한다. 그리고 레인 조엘손 코엔, 책과 관련해서 소중한 조언을 줬던 저자 도리 클라크에게 또 다른 감사를 전한다. MG100에는 정말로 많은 인재가 있다. 그들 모두를 사랑한다.

마지막으로 독자들에게 감사드리고 싶다. 부디 내 책에서 뭔가를 얻었기를 바란다. 미국 소설가 크리스토퍼 폴리니는 이렇게 말했다. "세상의 모든 바보와 다툴 수는 없으니 그냥 내버려뒀다가 한눈을 팔 때 속이는 편이 더 쉽다."

우리 모두 그들을 계속해서 속일 수 있기를!

들어가며

1   A memo from the NFL: Tim Daniels, "Report: NFL Bans Jersey Swaps, Postgame Interactions within 6 Feet amid COVID-19," July 9, 2020, https://bleacherreport. com/articles/2899474-nflbans-jersey-swaps-postgame-interactions-within-6-feet-amidcovid-19/.

2   Business Insider recently named it: Benjamin Zhang, "These Are the 10 Airlines You Want to Fly in Europe," *Business Insider*, August 13, 2018, https://www.businessinsider. com/best-airlines-in-europe-for-2018-ranked-according-to-skytrax-2018-8.

1장 상식을 사치로 여기는 사람들

1   TSA prohibiting the use: "What Can I Bring?," Transportation Security Administration, https://www.tsa.gov/travel/security-screening/whatcanibring/all.

2장 공감이 뭔가요 먹는 건가요

1   "Seeing things as they are": Emma Ward, "Perceptive and Personal Quotes by Harriet Beecher Stowe," Literary Ladies Guide, September 23, 2017, https://www. literaryladiesguide.com/authorquotes/quotes-harriet-beecher-stowe/.

2   In 2016, the Bureau of Labor Statistics: Rana Foroohar, "We're Working Harder Than

Ever, So Why is Productivity Plummeting?," *Time*, August 14, 2016, https://time.com/4464743/productivitydecline/.

3   What goes through your mind: Sam Wong, "The Feeling You Get When Nails Scratch a Blackboard Has a Name," *New Scientist*, February 28, 2017, https://www.newscientist.com/article/2123018-the-feeling-you-get-when-nails-scratch-a-blackboard-has-a-name/.

4   According to the *New York Times*: Pamela Paul, "From Students, Less Kindness for Strangers?," *New York Times*, June 25, 2010, https://www.nytimes.com/2011/09/30/opinion/brooks-the-limits-of-empathy.html.

5   According to a 2019 report: Niraj Chokshi, "Your Kids Think You're Addicted to Your Phone," *New York Times*, May 29, 2019, https://www.nytimes.com/2019/05/29/technology/cell-phone-usage.html.

6   In another study from a few years ago: Shalini Misra, Lulu Cheng, Jamie Genevie, and Miao Yuan, "The iPhone Effect: The Quality of In-Person Social Interactions in the Presence of Mobile Devices," *Environment and Behavior* 48, no. 2 (July 1, 2014): 275–298, https://journals.sagepub.com/doi/10.1177/0013916514539755.

7   "People who had conversations": Ibid.

8   Cogito, a Boston-based company: Kevin Roose, "A Machine May Not Take Your Job, but One Could Become Your Boss," *New York Times*, June 23, 2019, https://www.nytimes.com/2019/06/23/technology/artificial-intelligence-ai-workplace.html.

4장 교활한 사내 정치

1   In one, a munitions plant: John Childress, "The Official and the 'Unofficial' Organization Chart," *John R. Childress' Disruptive Business Insights* (blog), March 26, 2017, https://blog.johnrchildress.com/2017/03/26/the-official -and-the -unofficial-organization-chart/.

2   The huge telecom company: Ibid.

3   "You only find out": Timestaff, "Swimming Naked When the Tide Goes Out," *Money*, April 2, 2009, http://money.com/money/2792510/swimming-naked-when-the-tide-goes-out/.

4 "Model raindrops falling on a sidewalk": Maya Kosoff, "41 of Google's Toughest Interview Questions," *Inc.*, January 26, 2016, https://www.inc.com/business-insider/google-hardest -interviewquestions.html.

5 A study done by anthropologists: CD Lynn, "Hearth and Campfire Influences on Arterial Blood Pressure: Defraying the Costs of the Social Brain Through Fireside Relaxation," *Evolutionary Psychology* 12, no. 5 (November 11, 2014): 983–1003 U.S. National Library of Medicine, National Institutes of Health, https://www.ncbi.nlm.nih.gov/pubmed/25387270.

6 According to one source, campfires produce: Jon Staff, "Returning to the Campfire," *Thrive Global*, June 19, 2017, https://medium.com/thrive-global/the-science -behind-why-we-love-campfires-can -teach-us -a-valuable -lesson-about-modern-life-8e8d567ae5b.

5장 누구를 위하여 시스템은 도입되었나

1 Observing that everyone in his: Tyler Wardis, "Busy Isn't Respectable Anymore," TylerwardIs.com (blog), https://www.tylerwardis.com/busy-isnt-respectable-anymore/.

2 "a symptom of deficient vitality": Forbes Quotes, "Thoughts on the Business of Life," *Forbes*, https://www.forbes.com/quotes/8129/.

3 "do what you think is right": Richard Milne, "Maersk CEO Søren Skou on Surviving a Cyber Attack," *Financial Times*, August 13, 2017, https://www.ft.com/content/785711bc-7c1b-11e7-9108-edda0bcbc928.

6장 회의 중독자들

1 "Walk out of a meeting": Catherine Clifford, "Elon Musk's 6 Productivity Rules, including Walk Out of Meetings that Waste Your Time," CNBC, April 18, 2018, https://www.cnbc.com/2018/04/18/elon-musks-productivity-rules-according-to-tesla-email.html.

7장 통찰을 가로막는 근시안적 규칙들

1 Until 2012, Disney prohibited: Nikelle Snader, "5 of the Worst Company Policies of

All Time," *USA Today*, May 10, 2015, Cheat Sheet, https://www.usatoday.com/story/money/business/2015/05/10/cheat-sheet-worst-company-policies/70898858/.

2   Abercrombie & Fitch once issued: Sapna Maheshwari, "Exclusive: The Hairstyles Abercrombie has Deemed 'Unacceptable,'" *Buzzfeed News*, September 3, 2013, https://www.buzzfeednews.com/article/sapna/exclusive-abercrombie -hairstyle-rules -add-to-strict-look-pol#.budZErZmD3.

3   Under S. I. Newhouse: Bob Larkin, "30 Craziest Corporate Policies Employees Must Follow," Best Life, March 21, 2018, https://bestlifeonline.com/craziest-corporate -policies-employees -mustadhere-to/.

4   The CEO, Steve DeFillippo: Mark Johanson, "Why Do Some Companies Ban Certain Words?," BBC, August 31, 2017, https://www.bbc.com/worklife/article/20170830-why -do-some-companiesban-certain-words.

5   Apple also prohibits the use: Sam Biddle, "How to Be a Genius: This Is Apple's Employee Training Manual," *Gizmodo*, August 28, 2012, https://gizmodo.com/how-to -be-a -genius-this -is-apples-secret-employee-trai-5938323.

6   At the Centers for Disease Control: VOA News, "Debate Continues on 'Banned Words' at CDC," *VOA News*, December 21, 2017, https://www.voanews.com/usa/debate-continues -banned-words-cdc.

7   This is similar to one: "Norwegian Alarm System Monitors Length of Office Lavatory Visits," *The Telegraph*, January 31, 2012, https://www.telegraph.co.uk/news/newstopics/howaboutthat/9051774/Norwegian-alarm -system-monitors –length-of -officelavatory-visits.html.

8장 규정을 지키지 않으면 널 지켜줄 수 없어

1   For example, a law is: Chris Opfer, "10 Completely Archaic Laws Still on the Books," October 29, 2012, HowStuffWorks.com, https://people.howstuffworks.com/10-archaic-laws-htm.

2   In a 2014 TED Talk: Amy Edmondson, "Building a Psychologically Safe Workplace," TedxHGSE, TedX Talks, uploaded May 4, 2014, YouTube video, 11:26, https://www.youtube.com/watch?v=LhoLuui9gX8.

3 The Harvard Business Review: Gary P. Pisano, "The Truth About Innovative Cultures," *Harvard Business Review*, January–February 2019, https://hbr.org/2019/01/the-hard-truth-about-innovativecultures.

4 In 2012, the company launched: Charles Duhigg, "What Google Learned From Its Quest to Build the Perfect Team," *New York Times*, February 25, 2016, https://www.nytimes.com/2016/02/28/magazine/what-google -learned-from -its-quest -to-build -theperfect-team.html.

5 As the *New York Times* concluded: Ibid.

9장 고장 난 회사를 복구하는 5단계 가이드

1 It's also perhaps a contributing factor: Patricia Schaefer, "Why Small Businesses Fail: Top 7 Reasons for Startup Failure," Business Know-How, April 22, 2019, https://www.businessknowhow.com/startup/business-failure.htm

THE →
MINISTRY
OF COMMON
SENSE

고장 난 회사들

초판 1쇄 발행 2021년 4월 15일
초판 3쇄 발행 2022년 8월 25일

지은이 | 마틴 린드스트롬
옮긴이 | 박세연
발행인 | 김형보
편집 | 최윤경, 강태영, 이경란, 임재희, 곽성우
마케팅 | 이연실, 이다영
디자인 | 송은비
경영지원 | 최윤영

발행처 | 어크로스출판그룹(주)
출판신고 | 2018년 12월 20일 제 2018-000339호
주소 | 서울시 마포구 양화로10길 50 마이빌딩 3층
전화 | 070-5080-4037(편집) 070-8724-5877(영업)
팩스 | 02-6085-7676
이메일 | across@acrossbook.com

한국어판 출판권 ⓒ 어크로스출판그룹(주) 2021

ISBN 979-11-90030-91-5 03320

만든 사람들
편집 | 최윤경
교정교열 | 안덕희
표지디자인 | 양진규
본문디자인 | 송은비
조판 | 박은진